U0505551

编委会

自闭症儿童

教育指导手册（第二版）

上海青聪泉儿童智能训练中心 编著

上海人民出版社

序

时隔十一年，这本凝结了青聪泉二十年自闭症教育实践经验的《自闭症儿童教育指导手册》再版，在原来的基础上不断更新完善，并且在我们引入 ECTA（扩大性沟通）[①]，打开星儿的沟通之门，重新认识了解他们之后，为他们在幼儿阶段精心编撰的课程内容就有了更多契合实际，适应学校和家庭教育的设计。就像一棵十年前种下的小树苗，用十年时间茁壮成长，已经结出了累累硕果。作为青聪泉的创始人，孩子们的洁妈妈，我感到由衷欣喜。

这本书的源起是在我们成立十周年的时候，深感创办之初曾倍受无体系不规范课程的困扰——广泛性发育障碍意味着样样都要个别化教学，如果没有系统规范的课程内容，就极易“眉毛胡子一把抓，教到哪里是哪里”。当时我们引进了香港协康会的 PEP-3 评估工具，可是如果没有相对应的课程，老师还是做不到规范统一的教学。

感谢本书第一版主编陆增德医生，她原是一名儿科医生，2000 年初就开始从事自闭症儿童干预训练，创建了首家公办自闭症儿童训练中心——上海儿童福利院“启明星乐园”项目。她在退休后接受了我们的邀约，担任青聪泉教学总监一职，并开始带领青聪泉骨干老师，开始了宝贵的尝试和摸索。

陆医生指导大家根据 PEP-3 的评估结果，结合普通儿童年龄发展的相

---

① ECTA（Expanding Communication Therapy For People With ASD，扩大性沟通）包括扩大性沟通和心理治疗两个范畴。

前者是让主要照顾者理解 ASD（自闭症谱系障碍）的个别差异特质，视发展阶段选择适合孩子的沟通方式，教导与其有联系的大人，养成与孩子沟通的习惯，并运用正向支持技巧，促进 ASD 沟通意图，建立彼此对等的沟通互动模式。

后者借由沟通互动模式的提升，以阿德勒个体心理学与发展心理学为基础，运用认知行为治疗模式，改善 ASD 的错误认知信念，提升自我概念，提升问题解决能力，增加 ASD 适应能力与人际互动能力，协助孩子勇敢筑梦。

关目标，从认知发展、语言表达、语言理解、小肌肉发展、大肌肉发展、模仿发展等各个范畴入手，对老师的教学目标、教学要求、使用什么教具、怎么分步骤，都反复推敲，并由我们的老师分任务来共同演练实践操作，发现问题大家再讨论，再三打磨补充完善，才终于走完全部的大纲，制定成册。

这本书和市面上其他自闭症书籍最大的区别是，它不是一个个模块分开的，而是有机结合的系统。这是一本有骨架的书籍，从 3 个月到 6 岁，分成 6 个领域，再也不会“想到哪里教到哪里”，也不会不顾孩子的实际发展年龄或大或小，刚刚好、恰如其分地为孩子安排了这个领域最适合他目前实际能力的教学内容。

二十年前，我在刚刚开始做一名个训老师时，我能找到的资料是 ABA 技术要点等资料，比如教孩子模仿。书里会有很多项目，但是哪些是我眼前这个 3 岁孩子可以学的，哪些是超过他年龄一时学不了的，在早期这些书籍里并没有详细说明。而我们这本指导手册里，都为你的孩子做了最精准详细的安排。

这十年，青聪泉幼儿部教学体系就是严格按照这本书在进行，并且经过了十年的磨砺，书中的精华更加精炼，有待完善的部分也在本次再版时得到了补充。是第二代的特教人才和梯队传承起了前辈的接力棒：在总院幼儿部教学主任华燕萍老师的统筹牵头之下，总院幼儿部晏抒怡院长、嘉定分院教学主任徐天啸老师、嘉定分院认知主管张晓凤老师都分别承担了相应的模块，大家群策群力，凝结了集体智慧，才为您献上这本全新的指导手册。

虽然是以 ABA 为主的个训课课程设计，但是在青聪泉实践八年之久的 ECTA（扩大性沟通）改变我们看待星儿的眼光之后，我们的课程设计更加灵活宽泛。感谢台湾宇宁身心诊所的吴佑佑医师、许美云心理治疗师，正因为她们三十年的深耕摸索，让我们跳出了传统教育的束缚，不再束缚于桌面和口语表达，而是结合了 ECTA 的字卡沟通，让孩子们在课程中有更多的机会展现能力，从而一改 ABA 的教条刻板，使得越来越多的孩子们爱上我们的课程，孩子们的课堂表现也说明了课改的成功。

感谢上海交大安泰 EMBA 校友会公益慈善委员会，为本书提供了资金赞助，让我们的新教案书得以公开出版，和广大家长、同行一起分享青聪泉二十年的教学成果。

随着自闭症发病率的逐年提高，越来越多的家庭面临着自闭症的痛苦打击，在迷茫彷徨之际，我们希望这本书能让更多的家庭，包括一些在边远地区无法接受专业训练的孩子找到方向，让他们在家庭中就可以开展切实可行、行之有效的早期特殊教育，同时也是为刚刚起步的同行、老师们提供一套相对比较系统、全面的教材。

再次感谢所有为这本书付出了时间、心血的伙伴，是你们共同的爱，点亮一盏盏心灯，为更多的孩子送去了希望。祝愿每一个读到并使用这本书的星星宝贝都能爱上学习，每天进步，在早期阶段打好基础，长大成才！

上海青聪泉儿童智能训练中心

创始人　陈洁校长

星星孩子的洁妈妈

目录

认知发展篇

3—12 个月年龄段训练目标

1—2 岁年龄段训练目标

2—3 岁年龄段训练目标

3—4 岁年龄段训练目标

4—5 岁年龄段训练目标

语言表达篇

语言理解篇

认知发展篇

3—12 个月年龄段

☆ 训练目标：学习控制自己的身体

阶段目标	教具	备注
1. 将头转向声源 （1）有声物件	小型乐器、有声响的玩具	
教学步骤	**小组课**	**家庭泛化**
① 导师用物件吸引儿童的注意力，近距离在儿童视线范围外发出声响，引导儿童把头转向有声源的地方。 ② 逐渐拉远距离。	① 音乐课：沙锤《随我摇摆》，引导儿童转向声源。 ② 绘本课：《七彩下雨天》在拟声词出现时摇晃手摇铃或沙锤，引导儿童转向声源。	① 玩乐器。 ② 撕开零食袋。 ③ 听有片头的系列儿歌。 以上玩法时注意在儿童视线范围外发出声响，吸引儿童。
阶段目标	**教具**	**备注**
1. 将头转向声源 （2）叫名字		叫名后应与儿童有互动，避免无功能地刻意叫名练习。
教学步骤	**小组课**	**家庭泛化**
① 导师近距离叫儿童名字（在他视线略斜方），引导儿童转向导师，叫名反应后进行互动。 ② 进阶为改变方位、拉远距离，直至背面远距离叫名有转头反应。	导师先叫儿童名字，儿童转向导师后，再邀请儿童互动游戏。	① 换不同人物练习（如爸爸、妈妈、奶奶等）。 ② 换不同场景练习（如家中、公园等）。
阶段目标	**教具**	**备注**
1. 将头转向声源 （3）寻找声源	有声响的玩具	
教学步骤	**小组课**	**家庭泛化**
① 导师把有声响的玩具移动到不同的方位，说“找一找”，示范并引导儿童自己去寻找。 ② 提升可以放到不同位置或者由近到远。	上课时看向老师。	① 对电话铃声有反应。 ② 对家里常见声音（炒菜、吸尘器等）有反应。

续表

阶段目标	教具	备注
2. 凝视物件消失的地方（追视物件）	小汽车、气球、泡泡、食物、能移动的物件、激光笔等	严禁用激光笔照儿童的眼睛。
教学步骤	**小组课**	**家庭泛化**
① 导师出示儿童喜欢的物件或食物吸引儿童注意力。 ② 在儿童注视下，让物件或食物发生位置移动，并说“看着”，引导儿童追视。 ③ 逐步泛化不同的物件、移动方位（上下、左右、前后）、距离、速度。	① 游戏课上玩“粘粘球”的游戏，导师将粘粘球随机粘在儿童身体各部位上（玩的过程中夸张大幅度移动粘粘球），引导儿童追视抓取。 ② 音乐课上玩“萤火虫游戏”。在偏暗的环境中导师播放音乐同时将激光笔灯光打在不同位置，吸引儿童追视（根据节奏调整灯光的移动位置和速度、频率及范围）。	① 家人出门，提醒儿童观察并目送远离。 ② 放风筝、和宠物玩耍（追视小狗奔跑）等。
阶段目标	**教具**	**备注**
3. 将食物放入口中	各类食物（儿童喜爱、方便食用、小块为宜）	
教学步骤	**小组课**	**家庭泛化**
① 导师示范拿取儿童喜欢的食物，放进自己的嘴里咀嚼吞咽。 ② 导师说“自己吃”，引导儿童自己进食。	小食课上、主题课“食物”上、日常用餐及点心时，请儿童自己将食物放入嘴里咀嚼吞咽（看儿童能力选择用手还是用工具）。	家中尝试自主进食，可以先从小块的零食开始，向三餐递进，直至独立用餐。

☆ 训练目标：开始操控物件

阶段目标	教具	备注
1. 拍打物件	鼓、琴、敲球台、桌子	
教学步骤	**小组课**	**家庭泛化**
① 导师出示鼓，示范用手掌拍鼓发出声响。 ② 在儿童注视的时候说“拍鼓”，引导儿童自己拍打鼓发出声响。 ③ 同样的方法拍打其他物件发出声响。 ④ 借助工具来敲打物件。	① 音乐课，拍打钢琴琴键。 ② 让儿童尝试用拍打来开关灯。	① 拍门（让别人开）。 ② 拍打湿纸巾的盖子（来关上湿纸巾盒）。

阶段目标	教具	备注
2. 将物件从高处丢下	闪光球、翻斗乐	不能高空抛物（如应严格制止从住宅往楼下扔物的行为）。
教学步骤	**小组课**	**家庭泛化**
① 导师拿出一个闪光球，吸引儿童注意。 ② 导师示范将手打开（动作夸张）并顺势将手中的闪光球扔下，让其发出亮光，引起儿童兴趣。 ③ 引导儿童自己拿起闪光球由高处把球丢下，给予指令“放”。 ④ 用同样的方法玩其他物品。	在学校里将垃圾丢进垃圾桶。	公园里喂鱼。
阶段目标	**教具**	**备注**
3. 抛起物件	气球、沙包	
教学步骤	**小组课**	**家庭泛化**
① 导师先拿出一个气球，吸引儿童注意。 ② 导师说“抛”并示范往上抛的动作。 ③ 导师用指令“抛”引导儿童自己把气球往上抛。 ④ 用同样的方法玩其他物品。	① 抛海洋球。 ② 飞镖游戏儿童版。	① 泼水。 ② 扔 / 抛气球。
阶段目标	**教具**	**备注**
4. 拉动物件	可拉动的玩具、轮滑鞋包、兔子灯、尿不湿袋子等	注意儿童在拉动物件过程中的安全。
教学步骤	**小组课**	**家庭泛化**
① 导师出示一个可拉动的玩具，示范边走边拉。 ② 把玩具给儿童说“拉”，随后引导儿童自己拉动其玩具。	在元宵节活动中，让儿童体验拉兔子灯。	① 用餐时，儿童自己拉着板凳至餐桌前吃饭。 ② 拉纸尿裤袋子至固定位置。

☆ 训练目标：开始发展物件存在的概念

阶段目标	教具	备注
1. 当玩具被拿走时会表现出短暂的不满情绪	儿童喜爱的玩具	
教学步骤	**小组课**	**家庭泛化**
儿童玩玩具一段时间后，导师将玩具拿走，放在儿童可看见的地方，并观察儿童情绪。	轮流玩。儿童玩玩具一段时间后，导师将玩具拿走，给下一位儿童。	
阶段目标	**教具**	**备注**
2. 找出部分被覆盖的物件	儿童喜欢的玩具或食物、布或布袋	
教学步骤	**小组课**	**家庭泛化**
① 导师拿出儿童喜欢的玩具 / 食物吸引儿童注意力，随后把部分玩具 / 食物藏于布下 / 布袋里，说“找一找”，引导儿童将整个玩具 / 食物找出（找出后可给儿童玩或吃）。 ② 一开始露出的部分多，慢慢地露出更少的部分。	① 用变魔术的形式来让儿童找出玩具 / 食物。 ② 躲猫猫，露出手脚让儿童寻找（玩具或人）。	① 在窗帘后面躲猫猫，露出手脚让儿童寻找。 ② 沙堆中寻找物品。
阶段目标	**教具**	**备注**
3. 找出完全被覆盖的物件	儿童喜欢的玩具或食物、布或布袋	
教学步骤	**小组课**	**家庭泛化**
导师拿出儿童喜欢的玩具 / 食物吸引儿童注意力，随后把玩具或食物藏于布下 / 布袋里，说“找一找”，引导儿童将整个玩具 / 食物找出（找出后可给儿童玩或吃）。	① 用变魔术的形式来吸引儿童注意，将物品放入布袋，引导儿童找出。 ② 躲猫猫。	① 在窗帘后面躲猫猫，让儿童寻找。 ② 沙堆中寻找物品。 ③ 拆礼物盒（简单易拆开）。

☆ 训练目标：尝试用声音以及动作表达

阶段目标	教具	备注
1. 发出声音或做某种动作以得到别人的反应		不要求儿童的发音一定确切。
教学步骤	**小组课**	**家庭泛化**
融入日常教学中。	① 在小组课上课前和儿童打招呼，让儿童拍一拍导师的手心或者击掌表示问候。 ② 当小组课操作遇到困难时，引导儿童发音或举手寻求导师帮助。	儿童需要吃东西时，引导儿童用手指或发音表达。
阶段目标	**教具**	**备注**
2. 利用目光接触、身体动作、叫声等要求重复有趣的东西	儿童感兴趣的事物	不要求儿童的发音一定确切。
教学步骤	**小组课**	**家庭泛化**
融入日常教学中。	① 小食课中将食物分小块发给儿童品尝，当儿童想要再次得到食物时引导儿童举手或发音表达。 ② 游戏课中当儿童对活动感兴趣要求重复时，引导儿童举手或发音表达。	对有兴趣的玩具，有重复再要的表现时，引导儿童抬头或用其他简单动作表达，也可以用声音表达。

1—2 岁年龄段

☆ 训练目标：发展注视眼前事物的能力

阶段目标	教具	备注
对简单的图片感兴趣	图卡（动物、水果、蔬菜等）、书（物件书、布书等，无文字的为宜）	
教学步骤	**小组课**	**家庭泛化**
① 导师先出示一张（页）色彩鲜艳的图卡或书，吸引儿童注意力。 ② 对儿童说“看图片 / 书”，向儿童讲解图卡上的内容 1—2 句，如“红色的苹果”“好吃的苹果”等。 ③ 引导儿童观察图卡或书，每张 5 秒左右，可指认或描述（红、苹果等）。	在小组课上导师出示与主题相关的图片，引导儿童观察，可简单描述。例如，在以“超市”为主题时，可出示薯片等食物图片引导儿童观察描述。	给儿童观察家庭照片、食品包装袋等。

☆ 训练目标：发展视觉的追视能力

阶段目标	教具	备注
能追视物体移动 1. 追视球 2. 追视汽车	儿童喜欢的闪光球、彩色皮球、汽车	
教学步骤	**小组课**	**家庭泛化**
① 导师出示儿童喜欢的球或汽车，吸引儿童的注意力。 ② 在儿童注视的时候慢慢推动，说“看球”“看车”，引导儿童追视物件的移动（移动方向可以随时改变：左右、上下、前后改变。移动速度可由慢到快提升）。	① 在小组课上，导师根据儿歌《小雨滴溜滑梯》与儿童互动。例如，当儿歌唱到“滴溜滴溜”时，导师就把球滚动到儿童的腿上，或者肚子、手、肩膀，等等，引导儿童追视。 ② 萤火虫提灯笼：导师利用激光笔在较暗的房间里根据音乐的律动，移动光源，引导儿童追视和互动（看一看、拍一拍、踩一踩）。 ③ 追视多米诺骨牌逐渐翻倒。	① 手影游戏：利用手电筒光投影在墙面上，结合手部动作（可以做不同动物形态），引导儿童追视手影。 ② 踩影子游戏：可在户外，玩相互踩影子的游戏。 ③ 追视泡泡。

续表

阶段目标	教具	备注
3. 找物品	透明杯子、半透明磨砂杯子、不透明杯子、各种儿童有兴趣的玩具或食物	
教学步骤	**小组课**	**家庭泛化**
① 导师拿出儿童感兴趣的玩具或食物，在儿童注视下将其放在一个杯子下面（根据儿童能力选择不同透明度的杯子作为起步）。对儿童说“拿 ××”，引导儿童拿出来。可用该玩具或食物作为奖励。 ② 将 2—3 个杯子倒扣在儿童面前，将玩具或食物放在其中一个杯子下面，不要移动杯子，引导儿童拿出来，可用该玩具或食物作为奖励。 ③ 将 2 个杯子倒扣在儿童面前，将玩具或食物放在其中一个杯子下面，移动一次杯子（移动方向可前后，左右）后，引导儿童找并拿出来，可用该玩具或食物作为奖励。 ④ 逐渐增加杯子数量（最多 4 个杯子）。 ⑤ 方法同前，将透明或半透明杯子换成不透明杯子，移动次数可增加（3—4 次）。	在小组课上，导师根据儿歌《金色太阳》与儿童互动。例如，在白板上贴上若干云朵，在儿童注视下将太阳藏在某朵云下面，移动云朵，边唱儿歌边引导儿童将太阳找出来。	家长可将儿童喜欢的食物握在自己的其中一只手里，在儿童注视下，两只手互换，引导儿童寻找，可将该食物作为奖励。

☆ 训练目标：发展视觉的辨别能力

阶段目标	教具	备注
1. 能看见柱板上的洞 （1）将四块同色积木放在指定位置	积木、图形底板、也可用小肌肉 1—2 岁的插柱底板	如图 1—1 所示。
教学步骤	**小组课**	**家庭泛化**
① 导师出示积木和画有图形的卡纸或插柱底板，吸引儿童注意力，可让儿童观察图形卡纸或插柱底板凹陷处，并示范将积木放在卡纸正确位置或插柱底板正确凹陷处。 ② 示范后，导师引导儿童自己操作，说“放积木”（可以先留一个空缺处让儿童操作）。 ③ 逐渐增加空缺数量。	① 在体能课上导师可引导儿童将横杆插在积木上。 ② 小食课上导师可引导儿童将巧克力酱注入冰格模具中。	① 把鞋放进格子鞋柜。 ② 将袜子放进带有格子的收纳盒里。 ③ 把鸡蛋放进煮蛋器。

续表

阶段目标	教具	备注
1. 能看见柱板上的洞 （2）插棒冰 （3）插笔	棒冰模具、笔、长条形笔筒、圆形笔筒（有否孔洞看能力）	如图 1—2 所示。
教学步骤	**小组课**	**家庭泛化**
① 导师出示棒冰模具或笔和笔筒，吸引儿童注意力，导师示范将棒冰插入棒冰模具或将笔插进笔筒。 ② 导师对儿童说“插棒冰 / 笔”，引导儿童自行将棒冰插入棒冰模具或将笔插进笔筒（可根据儿童能力调整棒冰 / 笔和棒冰模具 / 笔筒的数量及大小）。	小食课上导师引导儿童用果叉叉水果沙拉吃。	① 插利乐包装饮料的吸管。 ② 将筷子插进筷笼里。
阶段目标	**教具**	**备注**
1. 能看见柱板上的洞 （4）果叉插橡皮泥	果叉、橡皮泥	注意使用果叉的安全。
教学步骤	**小组课**	**家庭泛化**
① 导师将胶泥做成饼状放入一小盒内，示范将果叉插在胶泥上。 ② 对儿童说“插橡皮泥”，要求儿童照做。	小食课上请儿童用果叉叉食各种食物。	生活中请儿童用果叉叉食各种食物。
阶段目标	**教具**	**备注**
2. 能辨别简单的形状 （1）形状拼板	形状拼板（基本形状：圆形、三角形、正方形）	
教学步骤	**小组课**	**家庭泛化**
① 导师出示拼板吸引儿童注意力，告诉儿童“一样形状的拼板放一起”，并示范将相同的形状拼板放进正确位置。 ② 导师留出一个空缺，引导儿童将相同形状拼板放入该位置。 ③ 逐渐增加空缺数量。 ④ 引导儿童自己完成整个拼板。	导师在创意乐或艺术课上，使用形状海绵棒在画有相应形状的底图上拓印。	各种形状礼盒包装或饼干盒子，引导儿童将盖子盖到合适相配的盒子上。
阶段目标	**教具**	**备注**
2. 能辨别简单的形状 （2）形状配对	形状图卡 、配对底板（基本形状：圆形、三角形、正方形）	如图 1—3 所示。

教学步骤	小组课	家庭泛化
① 导师出示基本形状图卡与配对底板，示范将同样形状的图卡放在底板上，并告诉儿童“一样的形状放一起”。 ② 导师留出一个空缺，引导儿童将相同形状图卡放入该底板位置。 ③ 逐渐增加空缺数量并变换底图上各形状的位置，可将形状图卡逐个交给儿童。 ④ 引导儿童完成基本形状图卡配对。	以元宵节为主题的小组课上，导师出示不同形状的灯笼，并引导儿童找到相同形状的灯笼放在一起。	可同形状拼版。
阶段目标	**教具**	**备注**
2. 能辨别简单的形状 （3）贴画（贴果树、贴泡泡、贴车轮、贴气球等）	水果、气球、泡泡、轮子图卡及相对应的图形底板	如图 1—4、1—5 所示。
教学步骤	**小组课**	**家庭泛化**
① 导师出示各种儿童感兴趣的贴画，吸引儿童注意力，告诉儿童“贴一贴”，并示范给儿童看（如把水果贴贴在果树上的与水果形状相同的预留位置上）。 ② 导师留出一个空缺，引导儿童将水果贴在该空缺处。 ③ 逐渐增加空缺数量。 ④ 引导儿童完成整张贴画。 ⑤ 以同样的方式教导儿童完成其他贴画。	以季节为主题的小组课上，导师出示各种水果、蔬菜、鲜花的贴画，引导儿童完成。	贴邮票、自制形状饼干。
阶段目标	**教具**	**备注**
3. 对手势有反应		① 此目标以日常生活训练为主。 ② 在生活常规中，表达同一意义的手势不尽相同，均可使用。
教学步骤	**小组课**	**家庭泛化**
当儿童经历某个情景时，导师配合做出符合当时情景的常用手势 / 动作。例如，希望儿童走近，可做“过来”手势，引导儿童走过来。 （手势包括给我、起立、蹲下、坐下、停、走、拥抱、飞吻、打招呼、握手、击掌、安静等）	在交通安全的主题课上，玩“我是小司机”的游戏，导师可根据红绿灯的变化，做出“走”或“停”的手势，引导儿童观察手势并玩假装过红绿灯的游戏。	生活中，当儿童在不能喧哗场地发出声音时，家长可把手指放在嘴边，做一个“嘘”的动作，让儿童明白“应安静”。

续表

阶段目标	教具	备注
4. 能辨别面部表情（哭、笑）	哭、笑图卡或照片	
教学步骤	**小组课**	**家庭泛化**
① 导师播放一段“哭”的视频给儿童观看，告诉儿童“他在哭”，并描述“哭”时的面部特征。 ② 以此教儿童“笑”的面部表情。 ③ 导师可出示照片或图卡，引导儿童辨别出“哭”或“笑”的面部表情。 ④ 随机复习已学过的面部表情。	① 小组课上可讲关于情绪的绘本，并且可以模仿表情。 ② 在以“认识自己”为主题的课上，导师可以和儿童一起讨论自己在什么情况下会“哭”/“笑”，导师可设计情景，引导儿童选择。	当身边有孩子哭时，家长可告诉儿童：他哭了，可以拿纸巾擦眼泪。

☆ 训练目标：发展对声音的辨别能力

阶段目标	教具	备注
能辨别声音，按指令做动作 1. 对周围声音（门铃、电话、电视机）的辨别	生活中常见可发声的居家用品	
教学步骤	**小组课**	**家庭泛化**
融合在日常生活中。例如，家中门铃响了，问儿童“门铃响了，该怎么做”，引导儿童走向门或指向门；电话铃响了，问儿童“电话响了，该怎么做”，引导儿童指电话机或走到电话机旁。	① 当教室有人敲门时，引导儿童将注意力转向门口。 ② 当上课铃声响起时，引导儿童坐在椅子上。	闹钟响要起床。
阶段目标	**教具**	**备注**
能辨别声音，按指令做动作 2. 听指令做动作		
教学步骤	**小组课**	**家庭泛化**
① 融入课堂中。例如，上课了，导师要收回儿童的玩具，可给予儿童指令“给我”，引导儿童将手中物品归还给导师。 ② 依此教其他指令，如起立、坐下、放进去、过来、跳一跳等，引导儿童执行。	音乐课可根据儿歌“拉个圈圈走走”，听到儿歌中“蹲下，起立”等指令，引导儿童跟着做相应的动作。	① 过年做客时，家长说：恭喜恭喜。引导儿童做简单的拜年动作。 ② 和家人告别时，当说到：再见，可以和家人做飞吻的动作。

☆ 训练目标：发展对味道的辨别能力

阶段目标	教具	备注
能辨别不同的味道	各种味道的食物：棒棒糖、巧克力、白糖、柠檬、山楂、小虾米、咸菜、香辣味食物、苦瓜、莲心、苦丁茶等	此目标以日常生活训练为主。
教学步骤	**小组课**	**家庭泛化**
① 导师拿出某一种味道的食物（如甜的棒棒糖），给儿童舔一舔，告诉儿童“这是甜的”。 ② 尝试其他甜味的食物告诉儿童“这是甜的”。 ③ 依次给儿童尝试其他几种味道（酸、咸、辣、苦）。 注：食物的味道须单一，不能一种食物混合多种味道。本项目只要求儿童辨别不同味道的差别，不要求知道味道的名称。	① 食物主题课上，给儿童尝各种味道的食物，并告诉儿童味道。 ② 小食课导师和儿童一起制作课堂上教授的食物，并品尝味道。	日常给儿童吃食物的时候，可告诉儿童食物的味道。

☆ 训练目标：能辨别来自自己身体的感觉

阶段目标	教具	备注
能表示有如厕的需求		此目标日常生活训练为主。
教学步骤	**小组课**	**家庭泛化**
结合日常自理。		

☆ 训练目标：开始发展物件不变的概念

阶段目标	教具	备注
1. 配对外貌以及特征相同的物件 （1）配对教具 （2）配对服饰 （3）配对日用品 （4）配对玩具	（1）珠子、雪花片、小蘑菇、积木、夹子、扣链 （2）裤子、衣服、袜子、鞋子 （3）杯子、牙刷、碗、梳子、勺子 （4）小汽车，球，毛绒小玩具	如图 1—6 所示。
教学步骤	**小组课**	**家庭泛化**
① 导师出示 2 套教具（如 2 片雪花片、2 个球、2 块积木、2 颗珠子），拿出其中 2 件相同的教具（如 2 片雪花片）并告诉儿童这是一样的。接着把 2 片雪花片放在一起（可放在小篮子里或小盘子里），告诉儿童“一样的放一起”。 ② 给儿童 1 片雪花片，说“一样的放一起”，引导儿童放入面前正确的篮子 / 盘子中（一个篮子 / 盘子里放 1 片雪花片，另一个放干扰物）。 ③ 导师接着出示 2 种或 2 种以上物件，引导儿童把一样的放一起。物件摆放位置可调换（调换位置：左右、上下）。	游戏课：玩钓鱼玩具。要求儿童钓一样的鱼。	收拾整理袜子、鞋子，一样的放一起。
阶段目标	**教具**	**备注**
2. 在熟悉的环境下，通过提示辨认惯用物件 （1）从大盒内寻找相同的物件	小汽车、球、雪花片、积木、毛绒玩具（儿童感兴趣的玩具，准备两组一样的）	如图 1—7 所示。
教学步骤	**小组课**	**家庭泛化**
① 导师在桌子上放两个空盒子，在其中一个盒子内放入数件物品，每种物品放相同的两件（可先放 2 对物件，放之前可给儿童观察）。 ② 导师拿出盒子里的一件物品，说“找一样的”，要求或引导儿童在盒子里拿出相同的物件，配成一对后放入另一个盒子。用同样的方法拿另外一对物件。 ③ 可逐渐增加物件对的数量至 3—4 对。	游戏课可以玩寻找物件的游戏，导师准备两组相同的物件。事先在教室藏好其中一组物件，并引导儿童拿另一组物件中的一到两种去寻找和它相同的物件。	吃饭时，引导儿童拿相同的碗筷（家长可事先准备一副碗筷放在桌子上，引导儿童去厨房拿相同的）。

续表

阶段目标	教具	备注
2. 在熟悉的环境下，通过提示辨认惯用物件 （2）按指示到熟悉的地点去拿物品	儿童熟悉的物品（成对相同物品）数对	
教学步骤	**小组课**	**家庭泛化**
① 导师出示一个物件，并且在儿童注视下把相同的另一个放在离儿童有一定距离的地方，说“找 × ×”，引导儿童去找相同的物件。 ② 随后可以把不同的物件放在不同的地方，让儿童去找。 ③ 距离拉远，放的位置从不遮挡到遮挡。	① 游戏课可以玩寻找物件的游戏，导师准备两组相同的物件。事先在教室藏好其中一组物件，并引导儿童拿另一组物件中的一到两种去寻找和它相同的物件。 ② 游园会时玩“找 × ×”的游戏。	按指示到家中熟悉的地点寻找日常用品。
阶段目标	**教具**	**备注**
3. 在不同情况下及无环境提示下辨认出惯用物品 （1）听到熟悉的物件名称时，找出该物件	儿童喜欢并熟悉的物件：书、水彩笔、玩具	
教学步骤	**小组课**	**家庭泛化**
① 导师拿一个儿童熟悉并且喜欢的物品放在桌上离儿童较近的位置，对儿童说：“把 × × 给导师”或“把 × × 给我”。 ② 然后把桌上的物品慢慢移动到其他地方，放在柜子上或是盒子内，扩大寻找范围。 ③ 放不同的物件引导儿童拿。	① 课间休息时，可引导儿童拿玩具或自己的水杯。 ② 创意乐课程时引导儿童自己拿水彩笔，剪刀等需要的物品。	洗澡时引导儿童拿自己的衣服。
阶段目标	**教具**	**备注**
3. 在不同情况下及无环境提示下辨认出惯用物品 （2）配对物件图卡	物件图卡（日常用品、水果、蔬菜等），每类 2—4 种，每种 2—6 张	如图 1—8 所示。
教学步骤	**小组课**	**家庭泛化**
① 导师出示两张一模一样的物件图卡（如苹果）吸引儿童注意，并告诉儿童“这是一样的”。 ② 导师示范把两张图卡放在一个小盘子里，并告诉儿童“一样的放一起”。并引导儿童将同样的图卡放在一起。 ③ 儿童明白后，参照物件配对的方法进行图卡配对。可增加图卡种类（如苹果、香蕉）引导儿童练习。在操作过程中，可变换盘子的位置（如左右，上下）。 ④ 儿童熟练后，可由 2 种图卡增加到 4 种图卡。也可使用不同类别的图卡。	① 绘本《森林里的冰激凌店》，引导儿童拿和导师一样的冰激凌，并配相同辅料。 ② 音乐课上配对相同音符。	① 用吃完的零食包装袋，引导儿童将一样的包装袋放一起或按包装买一样的零食。 ② 和儿童玩扑克牌，准备两副扑克牌，将一样的扑克牌放一起。

续表

阶段目标	教具	备注
4. 辨认不同款式的同一种物件 （1）将用途相同、外形略异的物件分类	珠子、积木、夹子、小蘑菇、雪花片、牙刷、杯子、勺子、袜子、鞋、球、小汽车等外形略不同的同类物件各 3—4 个	如图 1—9 所示。
教学步骤	**小组课**	**家庭泛化**
① 进行不同款式同一种物件的分类，先是 2 类，如杯子和珠子各 1 个分别放在两个小盘内，再拿不同款式的杯子给儿童，说“杯子和杯子放一起”，要求或引导其把用途相同、外形略异的物件放一起。用同样的方法进行其他物件的分类。 ② 物件种类由 2 类增加至多类；每类的款式由 2 款增加到 4 款。	① 主题课“过年”，引导儿童将不同种类的糖果放在果盘里。 ② 主题课“超市购物”，引导儿童将不同面值的纸币放在一起。	① 在家中，将不同款式的服饰分类放进橱柜里（例如，袜子和袜子放一起，裤子和裤子放一起）。 ② 逛超市时，引导儿童观察同一区域里不同款式的同类物件。
阶段目标	**教具**	**备注**
4. 辨认不同款式的同一种物件 （2）将外形略异物品的照片或图卡分类	上述物品的照片或图卡	
教学步骤	**小组课**	**家庭泛化**
操作与上一个目标相同，把用途相同、外形略异的物件改成相关照片和图卡即可。	小组课中可将物件换成图卡操作。	家长可引导儿童将水电煤缴费单和超市购物小票分类放一起。
阶段目标	**教具**	**备注**
4. 辨认不同款式的同一种物件 （3）适当运用用途相同而外形略异的物件	珠子、小汽车、球、夹子、袜子、鞋子、杯子、牙刷、勺子、碗、梳子等外形略不同的物件	使用不同款式的物件。
教学步骤	**小组课**	**家庭泛化**
① 导师出示不同款式的球，给儿童互动（例如，皮球，拍一拍；足球，踢一踢；弹力球，弹一弹）。 ② 引导儿童使用其他的不同款式的同类物件。	① 创意乐课上穿不同款式的珠子。 ② 自理课上用不同款式的梳子梳头。	使用不同的杯子喝水（吸管杯、广口杯、奶嘴杯、保温杯、纸杯）。

☆ 训练目标：认识与自己有关的事物

阶段目标	教具	备注
1. 辨认出自己的名字（对叫名字有反应）		不建议没有目的地高频练习。
教学步骤	**小组课**	**家庭泛化**
① 导师坐在儿童的对面，近距离叫儿童的名字，引导儿童回答“哎”，或是对没有用语言表达的儿童要求看导师一眼（如儿童不是很喜欢对视，儿童有其他明显的唤名反应即可）。儿童有反应后，可给他喜欢的玩具或食物。 ② 慢慢拉开距离，按照上述要求操作。 ③ 导师拉开距离从不同方向叫儿童名字，要求儿童有所回应。	早课上点名，要求儿童做出注视或起立等动作。	在要求做事前先叫名字，引导儿童做出反应。
阶段目标	**教具**	**备注**
2. 能辨认出自己在镜子中的影像以及说出名字	镜子、儿童和家人近期照片、有儿童的视频	勿在特定时间内不停地反复训练。
教学步骤	**小组课**	**家庭泛化**
① 导师让儿童照镜子，问儿童“镜子里的是谁”，引导儿童拍拍自己或者说出自己的名字。 ② 让儿童辨认自己以及家人的照片（照片中应包含儿童，亲友的人数逐渐增多）。 ③ 可给儿童观察一段有他的视频，并引导儿童找出自己。	在以家人为主题的课程上，请儿童从自己的家庭照片中找出自己。	试新衣服时，家长引导儿童观察镜子中的自己。
阶段目标	**教具**	**备注**
3. 辨认属于自己的物件	儿童的各种物品、不是儿童的各种物品	
教学步骤	**小组课**	**家庭泛化**
① 导师把儿童常用的物品如书包放在桌子上，再在旁边放上不是儿童的物品，下指令“找找桌上 ×× 的东西”，引导儿童拿自己的物件。 ② 用同样的方法，让儿童找出自己的其他物件。	① 自理课上，请儿童自己选择自己的各种物件。 ② 午睡时走向自己的床铺，起床时穿上自己和衣袜和鞋。 ③ 课间口渴时用自己的水杯喝水。 ④ 帮助儿童为自己创作的作品署名，增强儿童对“自己的物件”的荣誉感。	① 结合日常生活，拿自己常用的物品，如鞋、杯子、书包等。 ② 外出旅行前，请儿童自行准备自己小行李箱（或背包）里的物件。

续表

教学步骤	小组课	家庭泛化
		③ 引导学习“别人的物件（不是自己的物件）我不拿”的行为规范。 ④ 给自己的物件贴名字贴。
阶段目标	**教具**	**备注**
4. 辨认自己身体 1—5 个部位 （1）照镜子指出五官、手、脚 （2）按指令指出五官	镜子	
教学步骤	**小组课**	**家庭泛化**
① 让儿童照镜子观察自己的五官，导师用手指一指儿童的五官并告诉五官的名称（先一个一个教）。 ② 让儿童指一指自己或者导师的这个五官。 ③ 导师下指令“指一指 ××”，让儿童用手指或在五官上贴上贴纸或戴上饰物。 ④ 同样的方法教手、脚。再随机复习已学过的。	① 主题课“认识自己”。 ② 表演节目前的装扮，涉及五官和四肢。 ③ 绘本课结合绘本《从头动到脚》互动。	① 各种体检前，请儿童辨认自己的五官和手脚并学习配合身体检查。 ② 参与买自己或者父母的眼镜、口红、耳环、鞋子、手套，知道这些物件和五官及四肢的关系。
阶段目标	**教具**	**备注**
4. 辨认自己身体 1—5 个部位 （3）指认娃娃的五官	五官鲜明的娃娃、毛绒动物玩具	
教学步骤	**小组课**	**家庭泛化**
① 和儿童复习对着镜子指五官的游戏。 ② 向儿童出示娃娃，导师手指娃娃的鼻子，说“娃娃的鼻子”。 ③ 向儿童出示娃娃，说“指鼻子”，请儿童自己指娃娃的鼻子或按指令在不同部位贴贴纸。 ④ 以同样的方式教授指娃娃的其他五官，再随机复习已学会的五官名称。	① 音乐课上唱《小手拍拍》，歌词中唱到“眼睛在哪里？鼻子在哪里”等，请儿童指娃娃或者毛绒动物的五官。 ② 游戏课上和娃娃玩简单的“扮家家”游戏：把食物塞在娃娃嘴巴里、拉拉娃娃的小手，等等。	① 家里有宠物的，在喂养宠物的过程中，把食物喂进宠物嘴巴、把宠物的手脚擦一擦。 ② 和儿童玩“抓虫子”的游戏：把大贴纸贴在娃娃的五官上假装“虫子”，请儿童听指令“抓鼻子上的虫子”。

阶段目标	教具	备注
4. 辨认自己身体 1—5 个部位 （4）五官图	五官图	如图 1—10 所示。
教学步骤	**小组课**	**家庭泛化**
① 向儿童出示五官图，五官图上贴好眉毛、眼睛、耳朵、嘴巴图，剩留鼻子的空位。 ② 导师拿出鼻子，贴在鼻子的空位上，同步说“贴鼻子”。 ③ 请儿童手拿鼻子，导师说“贴鼻子”，请儿童自己贴“鼻子”（若对于儿童来说有困难，可以放一张贴好的完全一样的五官图给儿童做参照）。 ④ 按上述方法依次学会贴其他五官。随机抽取前几个步骤里已学会的五官加上新学的五官，进行复习。 ⑤ 儿童会贴整个五官图。	① 主题课“认识我们的身体”，请儿童贴五官图。 ② 结合特定场景的不同五官学习：哭的嘴 / 笑的嘴、害怕的眼睛（眼神）/ 开心的眼睛（眼神）等。	① 配合玩具“你长什么样”，自己选择各种式样的五官，贴在娃娃脸上。 ② 与家人互动玩指五官、手、脚的游戏。

☆ 训练目标：学会常用物件的名称以及功用

阶段目标	教具	备注
1. 依照名称找出适当的物件 （1）找水果 （2）找动物 （3）找日用品 （4）找学习用品 （5）找服饰 （6）找交通工具 （7）找玩具 （8）找蔬菜	（1）苹果、香蕉、橘子、葡萄、西瓜、梨等模型 （2）大象、猴子、老虎、长颈鹿、鸡、狗、猫等动物模型 （3）毛巾、牙刷、梳子、杯子、勺子、碗、镜子等 （4）笔、纸、书、剪刀等 （5）鞋、袜、衣服、裤子 （6）汽车、飞机、轮船、火车等玩具或模型 （7）积木、娃娃、球、雪花片、琴、珠子等 （8）青菜、黄瓜、茄子、土豆、萝卜、西红柿等模型	
教学步骤	**小组课**	**家庭泛化**
① 导师把一个苹果（实物）放在桌上，告诉儿童这是苹果，请儿童摸一摸、闻一闻、尝一尝，再次强调这是“苹果”。		

续表

教学步骤	小组课	家庭泛化
② 将苹果放在桌子上对儿童说："这是苹果，指一指苹果。"（也可以导师指着苹果说："这是苹果，把苹果给导师。"）在辅助前，导师应给予儿童3—5秒等待时间。 ③ 儿童能做对之后，可用不同的方式增加难度。如可以把苹果放在离儿童较远的地方，也可增加一个干扰物，让儿童选出正确的水果，注意调换正确水果和干扰物的位置。都能选对后，可以再增加干扰物，比如3选1、4选1。 ④ 实物会了之后，再用模型。根据孩子能力选择实物或者模型。 ⑤ 同样的方法学习其他水果，也可以把已学过的加入随机复习。 ⑥ 展示不同样子的、不同颜色的、切开的/削皮的各种状态的水果让儿童学习了解。 其他操作同①	① 主题课"认识食物"，让儿童学习各种水果的生长过程并选择。 ② 在小食课上做和水果有关的食物。 ③ 社区活动超市采购，列购买水果的购物清单（图片方式）并现场购物。 ④ 在音乐课上学习歌曲《水果歌》。	① 请儿童选择每位家人喜欢的水果并按能力参与清洗、去籽、装盘等过程（观察水果的各种状态）。 ② 超市或市场采购。 ③ 有条件可去农场采摘。
阶段目标	**教具**	**备注**
2. 会模仿使用居家常见的物件 （1）懂得常见物件的用途	杯子、勺子、小汽车、球、牙刷、毛巾、电话机、梳子、笔、食物等物件	
教学步骤	**小组课**	**家庭泛化**
① 导师拿出杯子，做出喝水的动作和声音，指导并要求儿童做同样的动作。并强调杯子是喝水用的。 ② 导师向儿童提问："喝水用什么？"或"用什么喝水？"，引导儿童回答"杯子"或拿取杯子，做出喝水动作为更佳。 ③ 用同样的方法教其他物件的用途。	① 自理课上及学校日常中，涉及日常自理的各种常用物件都可以教授用途。 ② 玩职业角色游戏，教授儿童感兴趣的职业中涉及的物件用途，如厨师（锅子、叉子等）、医生（听诊器等）、消防员（水管、斧子等）等。	① 扮家家游戏中，常见物件用途的选择和使用。 ② 家里因物品用完需采购时，在超市相应货架前询问儿童"洗脸用什么，我们来买"。 ③ 招待客人时、日常生活中，请儿童按需求拿取常见物件满足生活需求（如"洗脚啦，拿什么？"）

阶段目标	教具	备注
2. 会模仿使用居家常见的物件 （2）按用途选物品	杯子、勺子、小汽车、球、牙刷、毛巾、电话机、梳子、笔、食物等物件	
教学步骤	**小组课**	**家庭泛化**
① 导师将不同的 2 个物件放在儿童面前（如一个杯子、一条毛巾），逐一讲解这是什么、有什么用，并示范给儿童看是怎么用的。 ② 然后提问儿童“可以喝水的是哪个?”，要求选出杯子，儿童做出喝水动作为更佳。 ③ 可以逐渐增加到 3—4 个中选 1 个或 2 个，学习不同的居家常见物件。 ④ 有必要时可将物件名称和功用再提醒一遍。	同上。	同上。

☆ 训练目标：学会简单的类别概念

阶段目标	教具	备注
将常见物件分类（2—4 组物件分类）	笔、珠子、勺子、球、夹子、积木、袜子、小汽车、小熊、橡皮、雪花片等物件，每种 4—5 件（外形及颜色相同）	
教学步骤	**小组课**	**家庭泛化**
① 导师准备 2 组物件（如笔和积木），每组 4—5 件（外形及颜色相同），在 2 个篮子内各放 1 个，其余待分类的物件一件一件出示。 ② 导师示范做“我们来分类，笔和笔放一起”。之后请儿童自己做。笔的分类会做了之后学习积木的分类，再混合做分类。 ③ 调换干扰物件或者物件摆放位置。 ④ 用同样的方法教其他的物件，最多 4 组物件一起做分类。 ⑤ 还可以提升为用另外一个容器盛放其余待分类的所有物件，儿童自己一一拿取和分类。	① 在小食课后，请儿童自行收纳整理同样的锅碗瓢勺等；在创意乐课后，请儿童自行收纳整理同样的剪刀胶棒双面胶等。 ② 帮助导师收纳整理教室内各类物件。	① 指导儿童把积木、书等分类放在一起。鞋、衣服、碗、勺等分别放在相应的地方，做家居收纳整理。 ② 去超市观察货架。

☆ 训练目标：学会简单因果关系

阶段目标	教具	备注
1. 认识到自己的行为可以使物件产生效果 （1）开关灯		应在“需要时”开关灯。
教学步骤	**小组课**	**家庭泛化**
① 导师在儿童进教室时，可以让儿童把教室的灯打开，告知儿童“上课了，开灯”；下课的时候离开教室，让儿童把灯关掉，告知儿童“下课了，关灯”。 ② 导师在儿童进教室时，故意发出疑问：“好黑啊，怎么办？”引导儿童开灯。	① 每日个训课出入个训室时、出入教室时、天色变化需要调整室内光线明暗时，都可以请儿童自己开关灯。 ② 小组课上放视频时、玩影子游戏时、其他有需要时，请儿童帮忙操作开关灯。	① 日常出入房间、天色变化需要调整室内光线明暗时，都可以请儿童自己开关灯。 ② 需要时控制旋转渐变明暗的台灯。 ③ 一般小区楼道内设置声控灯，让儿童知道可用多种不同方式控制不同灯。
阶段目标	**教具**	**备注**
1. 认识到自己的行为可以使物件产生效果 （2）敲打物件	声控玩具、装有食物的小罐头、小木琴、电话机	
教学步骤	**小组课**	**家庭泛化**
① 导师拿出玩具放在桌上，打开开关，让其发出声音或者光线，先吸引儿童的注意。 ② 等儿童看过来的时候，把开关关上（玩具停止响动/发光），问“怎么会响/发光？”，引导儿童自己打开玩具的开关，让玩具发出声响，导师说“你让它响了/发光了”。 ③ 和儿童玩的过程中，语音语调要夸张，要让儿童感到快乐。 ④ 导师把装有食物的小罐头放在桌上，引导儿童打开盖子，拿出里面的东西、或者敲打小木琴等。	① 音乐课上用不同动作可以让不同乐器发声。 ② 挤压洗手液盖后会出洗手液、按压小便池/马桶冲水按钮会出水等。	① 日常生活中学习操控物件。 ② 会关闹钟。 ③ 会控制电视和其他家用电器遥控器。

阶段目标	教具	备注
2. 知道自己某些行为的后果		① 此目标以日常生活训练为主。 ② 让儿童知道行为的后果，特别是不良行为的后果。但应用儿童可以理解的方式与其提前约定惩罚方式。
教学步骤	**小组课**	**家庭泛化**
在日常生活中训练，儿童出现不良行为、做错事时要给予惩罚或批评，使儿童知道自己某些行为的后果。		

☆ 训练目标：学习物件在空间上的位置及先后次序

阶段目标	教具	备注
1. 知道有些物件有特定的摆放方式和位置 （1）杯子要杯口向上放好 （2）鞋放在鞋柜里 （3）牛奶放在冰箱里 （4）毛巾挂在钩子上 （5）牙刷放在杯子里 （6）自己拿放玩具		此目标以日常生活训练为主。
教学步骤	**小组课**	**家庭泛化**
上述操作在日常生活中训练。特别是第 6 项，到玩具柜中拿取需要的玩具，玩好后将其放好。		
阶段目标	**教具**	**备注**
2. 会将物件摆放成有意义的式样 （1）叠高 2—8 块立方体积木 （2）叠书、杯子、盘子、碗	（1）立方体积木 8 块 （2）叠书、杯子、盘子、碗	
教学步骤	**小组课**	**家庭泛化**
① 导师拿出 2 块积木，告诉儿童“我们要叠积木”。 ② 老师示范叠积木，要求儿童看好，边叠边说“叠积木”。	① 游戏课上玩“谁叠得高”的游戏。 ② 主题课“职业”时用此方式模拟搭房子。	① 和父母、兄弟玩“谁叠得高”的游戏。

续表

教学步骤	小组课	家庭泛化
③ 导师把积木给儿童（一块块给 / 一起给 / 儿童自己拿，由儿童能力决定），说“叠积木”，必要时给予适当辅助（指一指积木上面或者手把手辅助）。 ④ 会了之后，再增加积木数量。叠书、杯子、盘子、碗的操作同上。	③ 将叠书、杯子、盘子、碗的练习融入自理课和学校自理中。	② 将叠书、杯子、盘子、碗的练习融入日常家务。
阶段目标	**教具**	**备注**
2. 会将物件摆放成有意义的式样 （3）叠拳头		
教学步骤	**小组课**	**家庭泛化**
① 如儿童不知道如何向上叠时，导师可以先教儿童叠手掌。先示范给儿童看：导师先将手掌放在桌上，引导儿童手掌盖在导师手掌上，相继叠加。 ② 不会握拳的儿童，导师可先教儿童如何握拳（握得不紧的可在拳中放一合适大小硬物）。 ③ 导师告诉儿童“我们一起叠拳头”，导师和儿童全都双手握拳，两人交替向上叠拳头。	游戏课上玩“叠拳头”“敲榔头”的游戏。	玩“叠拳头”“敲榔头”的游戏。
阶段目标	**教具**	**备注**
2. 会将物件摆放成有意义的式样 （4）鞋、手套、袜子、筷子成对摆放	鞋、手套、袜子、筷子	
教学步骤	**小组课**	**家庭泛化**
① 导师示范把一只鞋子放在鞋柜里 / 地上，拿起另一只说“一样的鞋子放一起”并摆放成对。 ② 导师问“鞋子怎么放?”，引导儿童把一样的鞋子摆放成对。 ③ 可以增加干扰物（其他鞋子），以巩固学习成果。 ④ 手套、袜子、筷子都按上述操作教授成对摆放。	① 感统课脱鞋后入感统室、午睡前脱鞋收拾内务，练习鞋成对摆放。 ② 自理课练习晾袜子和收袜子；餐前准备时，也可进行相关练习。 ③ 主题课或游戏课玩“角色扮演”——小小服务员、小小营业员等，把该项目融入课程。	① 家中餐前准备，儿童把筷子成对摆放。 ② 父母、家人回家时，帮助大人把鞋成对放入鞋柜。 ③ 参与袜子晾晒后收下并配对、折叠等家务工作。
阶段目标	**教具**	**备注**
2. 会将物件摆放成有意义的式样 （5）仿排积木	积木 4 块	

教学步骤	小组课	家庭泛化
① 导师把 2 块积木搭成火车状，告诉儿童“搭一样的”，引导儿童仿搭，搭完后一起用仿声等假装玩积木火车。 ② 2 块积木会了之后，再一块一块增加积木数量，将积木搭成火车状并一起假装玩。	① 音乐课上把方形硬座排成火车状的一列，儿童一一入座，合着音乐玩耍。 ② 选取有动物头像的积木进行仿排，结合排队、先后等增加趣味性。	① 仿排积木玩各种火车游戏。 ② 仿搭多米诺骨牌并推翻。

☆ 训练目标：会使用工具解决空间问题

阶段目标	教具	备注
使用木棒或小凳子去拿较远或较高的物件		此目标以日常生活训练为主。
教学步骤	**小组课**	**家庭泛化**
在日常生活中训练，设置情景，让儿童有机会使用工具。		

2—3 岁年龄段

☆ 训练目标：发展对视觉刺激的专注力

阶段目标	教具	备注
能专心注视着电视节目及电影内容		此目标以日常生活训练为主。
教学步骤	**小组课**	**家庭泛化**
融合在日常生活中，家长陪伴儿童看有意义的电视节目或电影，边看边配合简单的词语或夸张的动作（从开始几分钟逐渐延长时间到 10—15 分钟）。		

☆ 训练目标：发展对视觉刺激的辨别能力

阶段目标	教具	备注
1. 能分辨出非几何图形的拼板	木质拼板（非几何图形）	如图 1—11 所示。
教学步骤	**小组课**	**家庭泛化**
① 导师展示拼板并示范如何把每一块拼板放入正确位置。引导儿童关注底板图案或轮廓的一致性特质。 ② 导师拿一块拼板说“一样的放一起”，引导儿童自己做。 ③ 先留 1—2 块给儿童拼，然后逐渐增加，直到儿童能全部独自完成。	① 主题课“国庆节”，和儿童拼中国地图拼板（选几个省即可）。 ② 主题课“交通工具”“食物”“动物世界”，以相关拼板为教具辅助授课，增加趣味。 ③ 小食课，做糕点和糖果，把成品和模具进行匹配。	
阶段目标	**教具**	**备注**
2. 能辨别简单的图案 （1）图卡配对	生活用品、水果、蔬菜、动物等的图卡，配对板	如图 1—12 所示。
教学步骤	**小组课**	**家庭泛化**
导师出示两张相同的图卡，将其中一张贴在配对板上，并示范将另一张相同的与之配对，然后引导儿童自己做，用指令“一样的放一起”。当儿童能够配对以后，增加图卡数量或改变图卡摆放位置来做提升，使其操作。	游戏课上用两副扑克牌玩“扑克牌配对”（俗称“抽乌龟”）的游戏。	拿着包装袋去超市找到同样包装的零食并购买（孩子喜欢的）。

阶段目标	教具	备注
2. 能辨别简单的图案 （2）组合水果，食物	水果、食物（切切乐玩具）	如图 1—13 所示。
教学步骤	**小组课**	**家庭泛化**
① 导师将已切开的“切切乐”展示给儿童看（一开始块数少，2—3 块为佳），告知儿童“我们来拼 ××”并示范把它组合拼完整。 ② 导师把切块给儿童说“拼起来”，引导儿童自己组合切切乐。 ③ 逐渐增加切切乐的块数和品种。	结合小食课、主题课（食物）、进行活动开展。	日常请儿童观察水果和其他食物整体和分块的特征（如橘子和橘瓣、蚕豆荚和蚕豆粒）。
阶段目标	**教具**	**备注**
2. 能辨别简单的图案 （3）物品图卡分类排列	汽车、房子、杯子、气球、苹果、鞋（同色不同样式）的图卡	如图 1—14 所示。
教学步骤	**小组课**	**家庭泛化**
① 导师先将 2 种物品图卡贴在粘贴板上，说“×× 和 ×× 排一起”，示范将其余同类的贴在一起，然后引导儿童照样子贴。 ② 逐渐增加物品图卡的数量和品种。	奖励得到的小红花贴纸等奖励，自己贴到奖励板上排成一排。	① 整理相册，把同一个人的照片放一起。 ② 打印儿童喜欢的各种动画人物图片，请他将图片按 ×× 分类排列做纪念册。
阶段目标	**教具**	**备注**
2. 能辨别简单的图案 （4）按序排列	汽车、房子、杯子、气球、苹果、鞋（同色不同样式）的图卡	
教学步骤	**小组课**	**家庭泛化**
① 导师先将 2 种不同物品图卡按序排成一排（贴在粘贴板上，一开始由 2 张图卡开始），引导儿童观察。导师说“排成一样的”，并用手指逐个指图卡（由儿童左边至右边），指一张按顺序排一张。示范将图卡按同样顺序排列。 ② 引导儿童自己操作。 ③ 逐渐增加物品图卡的数量和品种。		
阶段目标	**教具**	**备注**

阶段目标	教具	备注
3. 能辨别 2—4 种颜色（红、黄、蓝、绿）（1）按颜色配色卡	色卡	
教学步骤	**小组课**	**家庭泛化**
① 导师先拿出一张色卡粘在粘贴板上，然后指令“一样颜色放一起”同时示范将相同颜色的色卡贴在它的旁边。 ② 导师引导儿童自己配对。 ③ 导师在配对板上分别粘上两种不同颜色的色卡，然后指令“一样颜色放一起”引导儿童配对。 ④ 颜色可从 2 种增加到 4 种（更好能力提升为自行从 2—4 种颜色中选出对应的 1—2 种进行配对）。	① 按颜色配对整理不同颜色的手工纸。 ② 主题课上玩“营业员”的游戏，收进纸币分类（按纸币不同颜色）存放在收款机的不同分隔里。 ③ 主题课“交通工具”课上，用图卡玩“共享单车”按色配对的游戏；“超市购物”课上，用图卡玩“薯片按色（不同口味）”配对（整理货架）的游戏。	几副不同的扑克牌弄混了，按背面底色不同进行区分整理。
阶段目标	**教具**	**备注**
3. 能辨别 2—4 种颜色（红、黄、蓝、绿）（2）按颜色插物品	花、花瓶、笔、笔筒等	
教学步骤	**小组课**	**家庭泛化**
老师引导儿童按颜色插放，并告诉同样颜色的放一起。操作步骤同按颜色配色卡。	① 配对笔和笔套。 ② 自理课“按季节选衣服”，可让儿童按颜色配对同色穿搭套装。 ③ 艺术课玩“变色龙”游戏，按变色龙身上的颜色猜它遇到什么（如变色龙变黄色就是遇到了香蕉）。	① 按颜色配同款袜子。 ② 配套同色发饰品、配套同色日用品（同色碟子和叉子等）。
阶段目标	**教具**	**备注**
3. 能辨别 2—4 种颜色（红、黄、蓝、绿）（3）积木配色卡	色卡底板、彩色积木	
教学步骤	**小组课**	**家庭泛化**
① 导师展示色卡底板及彩色积木，说“放在一样的颜色上面”示范将积木放在色卡底板的相同颜色上（根据色卡底板从左往右的顺序逐一递给儿童相应的积木）。 ② 掌握后让儿童根据底板上的顺序，选择相应的颜色进行配对。		用不同颜色积木代表不同的地铁线路，玩将地铁线路和地铁标志色配对的游戏。

☆ 训练目标：发展对声音的辨别能力

阶段目标	教具	备注
能辨别发出声音的物件	摇铃、响板、沙锤、铃铛、小锣等	干扰物的声音与原物件的声音应当有很大差异。
教学步骤	**小组课**	**家庭泛化**
① 导师拿出两个外表及声音一样的物件 / 乐器，使其中一个发出声音，引导儿童拿起另一个物件 / 乐器模仿老师的方法使其发出声音，同时说“声音一样的”。 ② 导师在儿童看不到的地方一样操作，说“拿声音一样的物件 / 乐器给老师”，并引导儿童将声音一样的物件 / 乐器给老师。 ③ 逐步提升（物件 / 乐器放在更远处或者加入干扰物）	① 在音乐课上，请儿童辨认不同乐器。 ② 在主题课“交通工具”课上，辨别不同交通工具的声响。 ③ 游戏课上玩“谁在说话”的游戏。	对家中常用家用电器的声音有反应（听到门铃响会去开门）。

☆ 训练目标：辨别来自身体的感觉

阶段目标	教具	备注
辨别不同感觉 1. 尖、钝	圆锥体物件、桌角、牙签、笔尖等	
教学步骤	**小组课**	**家庭泛化**
导师引导儿童用手去触摸不同形状的物品，边摸边告诉儿童这是“尖的”或“钝的”。	结合生活中的常识和安全。	结合生活中的常识和安全。
阶段目标	**教具**	**备注**
辨别不同感觉 2. 黏、滑	胶水、橡皮泥、黏粥、丝巾、油纸、玻璃、镜子	
教学步骤	**小组课**	**家庭泛化**
① 导师出示并引导儿童触摸数件黏的物件，感受黏的触感，导师说“黏的”。请儿童辨别选择出黏的物品（有干扰物）。 ② 用同样的方式教“滑”。 ③ 提升方案：也可请儿童用口语回答问题“这是什么感觉？”。	① 主题课“认识自己的身体”，请儿童体会人类触觉的用处。 ② 小食课上，请儿童用触觉感受不同食物。	① 日常泛化时不一定用手，还可以用脚。 ② 可以带着儿童去踩泥坑、滑冰、轮滑等。

续表

阶段目标	教具	备注
辨别不同感觉 3. 软、硬、粗、细、冷、热、干、湿	不同材质的物品	
教学步骤	**小组课**	**家庭泛化**
教法同 2	① 软 / 硬、冷 / 热、干 / 湿的辨别除了触觉，还可以用味觉；还可以感受变化的过程（如粗的橡皮泥被搓细的过程）。 ② 结合学校日常常规自理和一日流程泛化。	结合日常生活训练。

☆ 训练目标：发展将物件符号化的能力

阶段目标	教具	备注
1. 实物与照片配对 （1）教具配对 （2）服饰配对 （3）日用品配对 （4）玩具配对	（1）珠子、雪花片、小蘑菇、积木、夹子、扣链及对应的照片 （2）裤子、衣服、袜子、鞋子及对应照片 （3）杯子、牙刷、碗、梳子、勺子及对应照片 （4）小汽车，球，毛绒小玩具及对应照片	
教学步骤	**小组课**	**家庭泛化**
① 导师拿出一张物件照片放进篮子，展示在儿童面前，导师说指令“把一样的放一起”同时示范将相应的物件和对应的照片放一起。 ② 导师引导儿童完成以上步骤。 ③ 导师另拿出一张物件照片（干扰物）放入另外一只篮子中，增加配对的数量，还是拿出步骤 1 中的物件，说指令“把一样的放一起”同时示范将相应的物件和对应的照片放一起。 ④ 导师引导儿童完成以上步骤（直至两样物件可以正确配对两张照片）。 ⑤ 提升方案：将物件数量增加到 4—6 件给儿童配对相应照片。	① 结合图片交换玩“小小营业员”的游戏。 ② 用照片做流程图，教授在校日常习惯（如用椅子、饭盒的照片教授午餐过程）等。	① 根据照片去超市购买同样的物品（可以是儿童喜欢的）。 ② 家庭收纳时在收纳箱 / 盒外贴上照片（如鞋盒外贴上对应鞋子的照片便于辨别和下次拿取）。

阶段目标	教具	备注
2. 实物与图卡配对 （1）教具配对 （2）服饰配对 （3）日用品配对 （4）玩具配对	（1）珠子、雪花片、小蘑菇、积木、夹子、扣链及对应的图卡 （2）裤子、衣服、袜子、鞋子及对应图卡 （3）杯子、牙刷、碗、梳子、勺子及对应图卡 （4）小汽车、球、毛绒小玩具及对应图卡	① 图卡和实物应是不同样式的同类物品，与照片不同。 ② 如图1—15 所示。
教学步骤	**小组课**	**家庭泛化**
同上。	同上，把照片换成图片即可。	同上，把照片换成图片即可。
阶段目标	**教具**	**备注**
3. 指出照片内的物件名称 （1）指出教具 （2）指出服饰 （3）指出日用品 （4）指出玩具	（1）珠子、雪花片、小蘑菇、积木、夹子、扣链照片 （2）裤子、衣服、鞋、袜照片 （3）杯子、牙刷、碗、梳子、勺子照片 （4）小汽车、球、毛绒小玩具照片	
教学步骤	**小组课**	**家庭泛化**
① 导师将一张物件照片贴在粘贴板上，并展示在儿童面前。 ② 导师下指令“指一指 ××”同时导师示范伸出食指，指出相应照片。 ③ 导师用指令引导儿童自己操作以上第 2 步。 ④ 导师将另外一张照片也贴在粘贴板上，并将两张照片同时展示给儿童，引导儿童在有干扰物时也能指对。 ⑤ 同样方法教授其他照片，直至儿童能够指对导师同时任意给出的 4 张照片。	绘本课玩“我讲故事你来指”的互动。	和儿童看相册（手机照片），玩指认的互动。
阶段目标	**教具**	**备注**
4. 辨别线条画或图卡内的物件名称 （1）选出物件图卡（参照附页《物件名称词汇表》）	词汇表中的各物件图卡	按照词汇表列出的各类物件名称，在掌握一级词汇的基础上，再学习二级词汇。

续表

教学步骤	小组课	家庭泛化
① 导师出示物件图卡，和儿童一起辨识并告知图卡内容。 ② 问“图卡里的是什么？”或在有干扰项时（从 2 张开始）询问“哪一张是 ××？”引导儿童选出或说出图卡中物件的正确内容。 ③ 增加不同图卡数量至 4 张儿童都能选对或说对，或者提升至同一物件不同图卡（如整个西瓜和切开的西瓜片，或不同外观的衣服的图卡）都能选对或说对。	各种小组课时可用图卡泛化此内容。	根据购物清单进行购物。
阶段目标	**教具**	**备注**
4. 辨别线条画或图卡内的物件名称 （2）影子与物件配对 ① 图卡与影子配对	物件图卡、相对应的影子图卡	① 物件图卡以剪出轮廓、没有留白为佳。 ② 练习之初，影子要区别明显，便于观察和辨别。 ③ 如图 1—16 所示。
教学步骤	**小组课**	**家庭泛化**
① 导师和儿童玩影子游戏，引导儿童观察物件和其影子的轮廓关系。 ② 导师拿出一张物件图卡（没有留白部分），用光影照射，观察其影子后拿出一样的影子图卡，说“找影子配一配”，示范将相应的物件图卡放于影子图卡之上。 ③ 导师引导儿童自己完成以上步骤。 ④ 导师更换影子和物件图卡，引导儿童泛化练习。 ⑤ 导师增加干扰项时（3—4 组），儿童也能正确辨别物件与相应影子图卡。 ⑥ 导师也可反向操作，引导儿童根据影子找相应图卡，以此作为提升。对于能力较好的儿童，可让儿童说出物件影子的名称。	① 导师利用有不同造型的投影灯在房间里移动，引导儿童与对应的造型影子互动（拍一拍、踩一踩）。 ② 镂空画。导师引导儿童用蜡笔在镂空板中涂色，完成影子创作。	① 亲子影子游戏，互相追逐踩彼此的影子。 ② 手影。 ③ 拓印画，家中选取不同素材和颜料，与儿童合作拓印创作。
阶段目标	**教具**	**备注**
4. 辨别线条画或图卡内的物件名称 （2）影子与物件配对 ② 物件与线条画配对	剪刀、梳子、袜子、笔、雪花片、夹子、牙刷等物件及线条画	① 练习之初，不同线条画要区别明显，便于观察和辨别。 ② 如图 1—17 所示。

续表

教学步骤	小组课	家庭泛化
① 在儿童观察注视下，导师用铅笔沿物件轮廓勾画，现场展示线条画的做法。引导儿童直观将两者对应。 ② 导师将该物件放在线条画上说“找线条画”，并引导儿童自己完成。也可更换其他组进行泛化练习。 ③ 导师逐步增加干扰项，让儿童在 3—4 个选择中，完成物件和线条画的配对。 ④ 对于能力较好的儿童，可让儿童说出物件简笔画、线条画的名称。	① 镂空画：指导儿童沿着镂空板内侧描画创作。 ② 创意乐课程，导师引导儿童沿手指边缘画出小手轮廓，并在此基础上延展作品。	家长引导儿童在家中找出不同几何图形对应的日常用品。

☆ 训练目标：认识物件的特性

阶段目标	教具	备注
1. 认识物件与一些明显特征的关系	发声动物玩具、各种发声的交通工具、音乐盒、乐器、定时器等	
教学步骤	**小组课**	**家庭泛化**
① 拿出会发声响的动物玩具，让儿童把玩，不时地按动开关，让玩具发声，引导儿童自行去按动开关，说“按动开关”，观察玩具发声的特征。用同样的方法尝试别的发声物品。 ② 尝试引导儿童了解生活中的其他物件及其特性，及应对方式：“有声音——是电话响了，要怎么办?”“接电话”，或模仿动物叫声及指出是什么动物的叫声。	① 感统课规定时间到了，定时器响了，知道要换项目。 ② 听到口哨声，知道要开始跑步。 ③ 电话或手机响了，知道要去接（或望向电话 / 手机）。	① 门铃声响了，知道要开门或往门的方向看。 ② 马路上的洒水车、救护车、消防车经过，知道要去找车的位置。 ③ 日常坐电梯、坐公交、坐地铁时，听到提示音知道要安坐好，等待出发。
阶段目标	**教具**	**备注**
2. 配对 4 种基本颜色的物件并说出色名（红、黄、蓝、绿） （1）颜色配对 ① 颜色、形状相同的物件	积木片、珠子、雪花片、几何片、纽扣板、色卡	

续表

教学步骤	小组课	家庭泛化
① 导师拿出颜色相同、形状相同的一组物件（同类，如都是积木）组成对子，把其中一个放在篮子里，另一个给儿童并指令“一样的颜色放一起”，引导儿童放入篮子。 ② 用另一颜色的物件做干扰物（颜色不同，形状相同的积木），用指令“一样的颜色放一起”引导儿童配对，直到可以完成四种颜色的配对。 ③ 用同样方法尝试别的教具，此目标只要求同类物件四色配对即可。	自理课上练习按颜色配对袜子。	飞行棋、跳棋或其他棋类的棋子按颜色放置在棋盘上。
阶段目标	**教具**	**备注**
2. 配对 4 种基本颜色的物件并说出色名（红、黄、蓝、绿） （1）颜色配对 ② 颜色相同、形状不同的物件	积木片、珠子、雪花片、几何片、色卡、螺栓、纽扣板	
教学步骤	**小组课**	**家庭泛化**
① 导师拿出颜色相同、形状不同的一组物件（同类，如都是积木）组成对子，把其中一个放在篮子里，另一个给儿童并指令“一样的颜色放一起”，引导儿童放入篮子。 ② 用另一颜色的物件（也是积木，形状可任意）做干扰物，给出指令“一样的颜色放一起”，引导儿童配对，直到可以同时完成四种颜色的配对。 ③ 用同样方法尝试别的教具，此目标只要求同类物件四色配对即可。		① 按颜色对头饰进行分类。 ② 寻找自然中的叶子和花朵。
阶段目标	**教具**	**备注**
2. 配对 4 种基本颜色的物件并说出色名（红、黄、蓝、绿） （1）颜色配对 ③ 颜色相同的不同物件	纽扣板、积木片、珠子、雪花片、色卡	
教学步骤	**小组课**	**家庭泛化**
① 导师拿出一组颜色相同的各种不同物件，把其中一个置于小篮子里，另一个交给儿童并指令“一样的颜色放一起”，引导儿童放入篮子。 ② 当儿童熟练掌握后，增加干扰物。用同样的方式尝试别的颜色和物件，直到可以同时完成四种颜色的任意物件配对。	① 课前将相同颜色的成套座椅对应摆放。 ② 按颜色整理轮滑鞋及护具装袋。	① 整理床品四件套。 ② 餐前把家中碗勺筷按颜色成套摆放在桌上（布置餐具）。 ③ 按颜色配对衣裤套装（家中大堆衣裤洗晒后）。

阶段目标	教具	备注
2. 配对 4 种基本颜色的物件并说出色名（红、黄、蓝、绿） （1）颜色配对 ④ 颜色相同的不同物件的图卡	颜色相同的不同物件的图卡	如图 1—18 所示。
教学步骤	**小组课**	**家庭泛化**
方法同上 把物件换成图卡		
阶段目标	**教具**	**备注**
2. 配对 4 种基本颜色的物件并说出色名（红、黄、蓝、绿） （2）辨认并说出颜色名称	色卡、雪花片、积木片等	儿童在掌握一种颜色后，再学习另外一种颜色。
教学步骤	**小组课**	**家庭泛化**
① 导师拿出一张红色色卡 / 雪花片 / 积木等，用缓慢且清晰的声音说出“红色”，放在桌上并要求儿童仿说“红色”，然后说“把红色给我”。 ② 当儿童可以熟练拿出红色色卡 / 雪花片 / 积木等并说出名称，再用另一种颜色的物品做干扰物，引导儿童拿出红色并说出颜色名称。 ③ 直到儿童能按指令在四种颜色中正确拿出物件并说出其颜色名称。	① 通过模仿涂色，引导儿童说出相应的颜色并选择画笔涂色。 ② 通过绘本《彩虹色的花》《变色龙》，说出故事中相应的颜色，或者其他形式和颜色选择表达有关的互动。	① 过马路时观察红灯、绿灯、黄灯，并能说出相应颜色。 ② 超市购物引导儿童买绿色的蔬菜、黄色的香蕉、红色的苹果等。 ③ 坐地铁，找线路，说出地铁标志色。
阶段目标	**教具**	**备注**
3. 配对 4 种常见形状的物件并说出名称（圆形、三角形、正方形、长方形） （1）形状配对 ① 形状、颜色相同	拼板、积木片、便利贴、纽扣板	
教学步骤	**小组课**	**家庭泛化**
① 导师拿出形状相同、颜色相同的一组物件（同类，如都是积木）组成对子，把其中一个放在篮子里，另一个给儿童并指令“一样的形状放一起”。 ② 把另一形状的同类物件做干扰物（颜色相同），引导儿童配对并指令“一样的形状放一起”，直到可以同时完成四种形状的配对。 ③ 用同样方法尝试别的教具，此目标只要求同类物件四种形状的配对即可。		

续表

阶段目标	教具	备注
3. 配对 4 种常见形状的物件并说出名称（圆形、三角形、正方形、长方形） （1）形状配对 ② 形状相同、颜色不同	拼板、积木片、磁吸片、便利贴、纽扣板	
教学步骤	**小组课**	**家庭泛化**
① 导师拿出形状相同、颜色不同的一组物件（同类，如都是积木）组成对子，把其中一个放在篮子里，另一个给儿童并指令“一样的形状放一起”。 ② 把另一形状的同类物件做干扰物，颜色可任意，引导儿童配对并指令“一样的形状放一起”，直到可以同时完成四种形状的配对。 ③ 用同样方法尝试别的教具，此目标只要求同类物件四种形状的配对即可。		
阶段目标	**教具**	**备注**
3. 配对 4 种常见形状的物件并说出名称（圆形、三角形、正方形、长方形） （1）形状配对 ③ 形状相同、物件不同	积木片、纽扣板、拼板等	如图 1—19 所示。
教学步骤	**小组课**	**家庭泛化**
① 导师拿出一组形状相同的不同物件，把其中一个置于小篮子里，另一个交给儿童并指令“一样的形状放一起”，引导儿童放入篮子。 ② 当儿童熟练掌握后，增加干扰物。用同样的方式尝试别的形状和物件，直到可以同时完成四种形状的任意物件配对。	音乐课《月儿圆》中找到身边各种圆形物体（泛化至三角形、长方形、正方形等）。	
阶段目标	**教具**	**备注**
3. 配对 4 种常见形状的物件并说出名称（圆形、三角形、正方形、长方形） （1）形状配对 ④ 形状相同、物件不同的图卡	物件图卡	如图 1—20 所示。
教学步骤	**小组课**	**家庭泛化**
方法同上，把物件换成图卡	数学课玩“图形宝宝捉迷藏”组图。	

续表

阶段目标	教具	备注
3. 配对 4 种常见形状的物件并说出名称（圆形、三角形、正方形、长方形） （2）辨认并说出形状	积木片、拼板、纽扣板、形状图卡	儿童掌握一种形状后再学习另一种形状。
教学步骤	**小组课**	**家庭泛化**
① 导师拿出一块圆形积木 / 图卡（或其他物件），以缓慢及清晰的声音说出“圆形”，并要求儿童仿说“圆形”，或下指令“把圆形给我”。 ② 直到儿童可以熟练地拿出圆形积木 / 图卡并说出名称后，拿出其他形状的物件或图卡做干扰物，让儿童准确地拿出圆形的那个并说出名称。 ③ 用上述同样的方法让儿童仿说出三角形、正方形、长方形，直到儿童能按照指令在四种形状中正确拿出物件并说出其形状。	① 游戏课时，使用各种形状的积木、摆件、物件图卡，创设图形王国。 ② 导师在音乐课 / 绘本课上，通过律动《形状变变变 / 图形恰恰恰》或绘本《形状小镇》、《我的建筑形状书》让儿童找出相应图形。	① 儿童吃零食时（形状饼干），引导儿童说出形状名称。 ② 引导儿童描述身边物件的不同形状，如长方形的桌子、圆形的红绿灯、圆形的轮胎。

☆ 训练目标：知道物件与物件之间的关系

阶段目标	教具	备注
1. 将有共同功用的物件联系起来 （1）可吃与不可吃的物品分类 （2）食物与玩具分类 （3）食物与服饰分类 （4）笔与玩具分类	（1）熟悉的食物 / 食物模型、其他物品、分别贴有嘴巴和红色大叉的盒子 （2）食物模型、小玩具、分别贴有嘴巴和红色大叉的盒子 （3）食物模型、服饰、分别贴有嘴巴和红色大叉的盒子 （4）笔、小玩具	
教学步骤	**小组课**	**家庭泛化**
① 导师出示可吃与不可吃的物品若干样和分别贴有嘴巴和红色大叉的图案的两个盒子，告知儿童我们来分类，指令：“把可以吃的放一起，不可以吃的放一起。” ② 导师示范，例如，拿出饼干，告知儿童“这是饼干，可以吃的，把可以吃的放一起”，同时将饼干放入贴有嘴巴的盒子里。反之，不可以吃的，示范放到贴有红色大叉的盒子。导师重复上述操作，直到将全部物品分完。	整理书包，导师引导儿童将文具和玩具分类放在不同盒子里，引导儿童将文具类、书本类放入书包。	① 餐后整理，家长引导儿童将剩余可吃食物和不可吃的（如碗筷等）分类放在不同地方。 ② 剥蚕豆等家务完成后，把能吃的蚕豆和不能吃的豆荚分类放进碗里和垃圾桶里。

续表

教学步骤	小组课	家庭泛化
③ 导师依次将物品给到儿童，并强调“×× 可以吃 / 不可以吃”，然后告知儿童“可以吃的放一起 / 不可以吃的放一起”，引导儿童分类放进相应的盒子里。 ④ 最终导师可以把全部物品交给儿童，在项目开始时下达指令，请儿童独立分类。 ⑤（2）—（4）项操作方法同（1）。		③ 儿童在桌上玩乐过后，家长引导儿童整理自己的书桌，将笔和玩具进行分类，分别放在盒子里。
阶段目标	**教具**	**备注**
2. 将功用上有关联的物品联系起来 （1）相关物品配对	鞋一袜、笔一纸、牙刷一牙膏、绳子—珠子、碗一勺、剪刀一纸、梳子—镜子等物品	笔—纸； 袜子—鞋子； 碗—勺； 杯子—吸管； 纸—剪刀； 扫帚—簸箕； 衣服—裤子； 珠子—绳子； 毛巾—脸盆； 牙刷—牙膏（杯子）； 枕头—被子； 生日蛋糕—蜡烛—勺子。
教学步骤	**小组课**	**家庭泛化**
① 导师给儿童看场景图（如儿童在画画）后出示一支笔，问：“画画还要用什么？——用笔和纸”，同时示范将笔与相关功用的物件（纸）放在一个篮子里。 ② 用指令用同样方法引导儿童自己完成功用配对，有干扰物时也能完成。也可用口语回答。 ③ 泛化不同场景和提问方式，如提问方式可以改成“什么可以用来画画？”，也要求儿童正确配对。	① 创意乐：剪纸，剪刀—纸； ② 自理课：晾衣服，衣服—衣架； ③ 轮滑课：轮滑鞋—头盔—护具。	睡觉时知道自己放好枕头铺开小被子，吃饭时知道自己放好碗和餐具，洗脚前知道拿脚盆和毛巾等。
阶段目标	**教具**	**备注**
2. 将功用上有关联的物品联系起来 （2）相关物品图卡配对	以上物件的图卡	

续表

教学步骤	小组课	家庭泛化
操作方法同上，只是把物件换成图卡即可，也可用粘贴板操作。	① 主题课：冬天—穿棉袄—戴围巾—戴帽子—戴手套。 ② 体能课：乒乓球拍—乒乓球—乒乓球桌。	拍摄儿童各种日常照片，如戴着头盔坐电瓶车的、雨天撑着伞（穿着雨披）穿着雨鞋的、游泳时穿着游泳衣戴着游泳镜/游泳帽/游泳圈的，和儿童翻阅照片并指认。

☆ 训练目标：发展进一步的分类概念

阶段目标	教具	备注
1. 将物件按形状分类 （1）相同颜色、不同形状的物件分类	形状拼板、拼块、积木、扣子（相同颜色、4 种基本形状）	
教学步骤	**小组课**	**家庭泛化**
① 导师准备 2 种相同颜色不同形状的积木若干。 ② 导师向儿童出示一块三角形的积木，边说“三角形”，边把积木放在一个盒子里。导师再向儿童出示一块圆形的积木，说“圆形”，把积木放在另一个盒子里。导师每次分类时强调积木的形状。 ③ 导师给儿童“三角形”和“圆形”的积木，说“××形和××形放一起”，请儿童自己分类。 ④ 用同样方式教授其他基本形状的分类，并提高至对 4 种基本形状的物件进行分类。本项目只要求在同类物品里完成。	在主题为“过年”的小组课上，请儿童把圆形和正方形的红“福”字以及长方形的对联按形状进行整理。	① 利用“丹麦蓝罐曲奇”里面不同形状的饼干进行叠放分类。 ② 玩“形状柱条”玩具。
阶段目标	**教具**	**备注**
1. 将物件按形状分类 （2）不同颜色、不同形状的物件分类	形状拼板、拼块、积木、扣子（不同颜色、4 种基本形状）	

续表

教学步骤	小组课	家庭泛化
方法同上	① 在自理课上，请儿童把各种形状的碗碟、餐具、杯垫按形状分一分，叠一叠。 ② 在主题为“过年”的小组课上，请儿童把各种形状糖果和巧克力分一分。	
阶段目标	**教具**	**备注**
1. 将物件按形状分类 （3）按形状穿珠子	形状珠子	
教学步骤	**小组课**	**家庭泛化**
① 按照上述不同颜色、不同形状的物件分类的方法，先把 2 种不同形状的珠子分一分（如圆形和三角形）。 ② 导师示范把分类后所有圆形珠子串在一起，边串边说“圆形串一起”，继而再让儿童串。 ③ 用同样的方式让儿童先分类，再把所有三角形珠子串一起。 ④ 按上述方式教会儿童 4 种基本形状珠子按形状分一分，并把同样形状的珠子串一起。 ⑤ 可以提升为不先分类，各种形状珠子放于一盒内，儿童自己拿取后按形状穿珠子。	在母亲节前夕的创意乐课程上，可以按形状串珠子送给妈妈。	生活中准备玉米粒、胡萝卜丁、杨桃片、香肠段，按照不同形状串一串，做烤串。
阶段目标	**教具**	**备注**
1. 将物件按形状分类 （4）按形状排队	不同形状的小动物，每种各 4—5 个（细节处可略有不同）	如图 1—21 所示。
教学步骤	**小组课**	**家庭泛化**
① 导师出示两种动物，每种动物拿出四到五个，示范将外形一样的动物排在一起，导师对儿童说“外形一样的排一起”。 ② 导师给儿童两种动物说：“外形一样的排一起”，引导儿童自己做。也可以根据儿童的能力从一种小动物开始排，慢慢增加种类。动物种类逐渐增加至 4—5 种。 ③ 待儿童熟练后可改变排列方向（上下排等）继续操作。	① 绘本课《小熊宝宝绘本 13 · 散步》，导师边讲绘本边请儿童把绘本里出现的动物排一排。 ② 创意乐课上，导师把对折过的纸用动物模具压剪后展开，请儿童观察动物排一排的效果。	① 玩过家家游戏，把小动物排一排。 ② 排“好多鱼”“动物饼干”。

阶段目标	教具	备注
1. 将物件按形状分类 （5）贴果树	苹果、梨、桃子、橘子图卡和树的底板图	如图 1—22 所示。
教学步骤	**小组课**	**家庭泛化**
① 导师出示两棵树的底板图。 ② 导师出示苹果，边说“形状一样的贴一起”，边把苹果贴在苹果树上。 ③ 导师出示梨，边说“形状一样的贴一起”，边把梨贴在梨树上。 ④ 导师再多示范几次后给儿童梨或苹果，说“形状一样的贴一起”请儿童自己贴。 ⑤ 待儿童学会后逐渐增加水果种类数。	① 在以“餐桌礼仪”为主题的自理课上，请儿童按形状分水果装盘，学习招待客人。 ② 在以“超市购物”为主题的自理课上和社区活动中，请儿童购买指定种类的水果，装在同一个购物袋里。	将日常用品分类。例如，将书、积木、衣服、鞋、袜子、碗、勺子、杯子等分别排放。

☆ 训练目标：理解事情或动作上的先后次序

阶段目标	教具	备注
1. 能聆听及理解简单的故事 （1）念儿歌		此目标以日常生活训练为主。
教学步骤	**小组课**	**家庭泛化**
与儿童面对面念 / 唱儿歌，玩简单游戏，要求儿童参与并将注意力延长。		
阶段目标	**教具**	**备注**
1. 能聆听及理解简单的故事 （2）讲故事	绘本、故事书（画面简单清晰，少文字或无文字）	
教学步骤	**小组课**	**家庭泛化**
导师利用色彩鲜明、画面简单的图书引发儿童的兴趣，绘声绘色地跟儿童讲故事。按儿童能力将持续时间逐渐延长至 5 分钟以上。可根据故事情节，提一些简单的问题，要求儿童指认或说出答案。	绘本课和各类主题课。	① 讲亲子绘本（加入互动）。 ② 讲睡前故事。
阶段目标	**教具**	**备注**
2. 知道活动的顺序 （1）生活程序	生活程序图卡（2—3 张）	如图 1—23 所示。

续表

教学步骤	小组课	家庭泛化
① 先从儿童日常熟悉的生活程序开始，按序逐张展示相应的程序图卡，并告诉儿童该图卡的简单意思（也可同步模拟操作该张图卡内容），帮助儿童理解辨认。 ② 导师把程序图卡混在一起，引导儿童按图卡上的意思找出相应的图卡（如“哪张是洗手？”）。 ③ 导师示范将程序图卡按顺序排列，并告诉儿童“先……然后……”，帮助理解程序的先后。说“按先后排一排”，引导儿童自己将程序图卡按顺序排列。	① 自理课上的各种操作步骤，在教授时结合生活程序图卡。 ② 在校日常自理场景的环境布置，应结合生活程序图卡。	① 在家日常自理场景的环境布置，应结合生活程序图卡。 ② 结合家庭生活习惯，训练儿童遵循生活程序。例如，回家先换鞋，然后把鞋放在鞋柜里，帮助儿童建立良好的生活习惯。
阶段目标	**教具**	**备注**
2. 知道活动的顺序 （2）活动程序	滑滑梯、剪纸、穿珠等活动程序图卡（2—3 张）	如图 1—24 所示。
教学步骤	**小组课**	**家庭泛化**
操作同上	① 结合校内外各种活动，可以用活动程序图卡帮助儿童适应。 ② 创意乐和各种手工课程，在教授时结合活动程序图卡。	结合日常各种活动，可以用活动程序图卡帮助儿童适应。

☆ 训练目标：明白相对性的概念及词语

阶段目标	教具	备注
1. 知道大 / 小的意思 （1）物件大小分类	鱼、苹果、衣服等贴图（大小各若干）	如图 1—25 所示。
教学步骤	**小组课**	**家庭泛化**
① 导师向儿童展示大小鱼若干和 2 个大小不同的鱼缸图，示范将大小鱼分别贴在相应的鱼缸图上。 ② 导师说“按大小分一分”，引导儿童自己进行操作。	① 绘本课讲《白雪公主》《三只熊》时，结合故事情节，做把白雪公主和小矮人、三只熊的生活用品分一分的互动。 ② 帮助整理教具室：大小雪花片、大小蘑菇钉分类等。	① 洗好晒干的家人和儿童的大小袜子、内衣裤等，请儿童分类，放入大小不同的篮子里。 ② 旅游或外出前整理，把小包物件和大包物件分别放入大小不同的背包或行李箱内。 ③ 把家中包好的大小馄饨放入大小不同的锅中烹饪（只要求放入）。

续表

阶段目标	教具	备注
1. 知道大 / 小的意思 （2）物件大小排序（同类物件）	套娃、套杯、套圈等	
教学步骤	**小组课**	**家庭泛化**
① 导师出示大、中、小三个套娃，说“从大到小排一排”，示范按大小顺序依次排列好。 ② 让孩子模仿导师排序，理解指令“从大到小”后，再让孩子自己排序。 ③ 可由 3 个增加到 5 个套娃。其他物件同样操作。	① 主题课“中国传统美德”中讲《孔融让梨》的故事，结合实物 / 模型演绎。 ② 手工课程上把圆片由大到小，粘贴成鱼儿吐出的泡泡或者雪人的样子。	① 家中父亲、母亲、儿童的日常生活用品按从大到小排列整理（刷牙杯子、拖鞋等）。 ② 玩搭建的玩具时，或者叠放物品时，有大的放下面，小的放上面会比较稳固的生活常识。 ③ 按形状从大到小叠餐盘、碗。
阶段目标	**教具**	**备注**
1. 知道大 / 小的意思 （3）物件（图卡）大小辨别 ① 同类物件	套圈、球、积木、珠子、杯子、套娃等物件	
教学步骤	**小组课**	**家庭泛化**
① 导师同时出示同类物件大小各一个，比如大小两个球。用对比的方式（如前后放置大小明显或比划轮廓等）指着大的球说：“大的。”用同样的方式对比其他物件，并先教授“大的”。 ② 导师把大小两球放在桌上，说“拿大的给我”，引导儿童正确选择。在桌子上变换不同位置让孩子辨认拿取，再换另一类物件，直到孩子能正确无误地在同类物件中拿取“大的”。 ③ 再教认“小的”，方法同上。 ④ 可随机换指令：“把大的 / 小的给我。”	① 结合简单的太阳系八大行星的知识，进行辨别行星大小的互动。 ② 绘本课《小老鼠上灯台》，用选大小的方式选择猫和老鼠的体型，进行老鼠洞能否穿过的互动。	生活中有意识地引导儿童大的水果 / 食物给父母长辈吃的孝道美德，避免溺爱。
阶段目标	**教具**	**备注**
1. 知道大 / 小的意思 （3）物件（图卡）大小辨别 ② 不同类物件	套圈、球、积木、珠子、杯子、套娃等物件	

续表

教学步骤	小组课	家庭泛化
教学方式同上。 不同类物件（如一大球一小碗，最好是很明显的大小对比）。	① 玩小蚂蚁搬食的互动（主题课或者音乐课结合《小蚂蚁搬豆豆》），把食物和蚂蚁的体型做对比。 ② 结合主题课“超市购物”最后把购买物品放入购物袋的实操环节，知道先放“大的”物品，再放“小的”物品的收纳常识。	① 超市购物后，把所买物件放入购物袋，应先放大的、硬的物件，再放软的、小的物件。 ② 结合生活实践，明白小的物件才能放进大的空间（如盒子）的生活常识。
阶段目标	**教具**	**备注**
1. 知道大/小的意思 （4）大小对应关系（提升训练）		如图 1—26 所示。
教学步骤	**小组课**	**家庭泛化**
① 导师拿出儿童和自己的手套（大小对比明显），比对手套和手掌大小差别，并示范把大的戴在导师手上、小的戴在儿童手上，也可泛化其他物件。 ② 用图卡做同样的示范，并可延伸至其他，如大象住大房子，小老鼠住小房子等。 ③ 用实物或者图卡，给出指令“大小怎么穿/住/戴”，请儿童自行操作大小对应关系。	① 绘本课上结合绘本《这是我的》《白雪公主》泛化大小对应关系。 ② 结合“猫捉老鼠”等游戏，探索“小鼠洞”和“大猫咪”。	结合生活常识学习。
阶段目标	**教具**	**备注**
2. 知道长/短的意思（高/矮、粗/细）	长/短、高/矮、粗/细的物件及物件图卡	掌握一种（一组）概念后，再学习另一种（一组）概念。
教学步骤	**小组课**	**家庭泛化**
① 导师拿出 2 个同类物件（长短不同），通过对比等直观方式让儿童感知，同时进行描述（先描述长的物件）。例如，妈妈的筷子长、宝宝的笔长等。	① 排队要按照身高从矮到高的队伍顺序。 ② 导师在绘本课上，讲述《好饿的小蛇》，让儿童喂小蛇吃东西，如长长的甘蔗、短短的手指饼干，引导儿童找出相应的物件，清楚知道长/短，粗/细的概念。	① 引导儿童在家和爸爸妈妈比身高，知道高/矮。也可以在身高图上画上每一次测高的痕迹，见证儿童的“长高”。 ② 绘画时，引导儿童知道：蜡笔是粗粗的、短短的，水彩笔是细细的、长长的，涂色

续表

教学步骤	小组课	家庭泛化
② 导师下指令："请把长的筷子给我"。儿童正确完成后，再进行其他物件的泛化。 ③ 再用同样的方式学习短、高、矮、粗、细。	③ 植树节种下的小树，用参照的方式见证它的长高。	不同大小的区域可选择不同粗细的笔。 ③ 每日自己搭配衣裤，建立夏天穿短袖短裤、冬天穿长袖长裤的常识。 ④ 理发时观察头发由长变短。 ⑤ 用本目标的知识解决生活实际问题：玩具滚到床下去，拿长棍子把它拔出来。

☆ 训练目标：明白简单的数量概念

阶段目标	教具	备注
1. 明白多 / 少的意思 （1）一个和全部的概念	小零食、积木、雪花片、珠子	
教学步骤	**小组课**	**家庭泛化**
① 导师从一包饼干中拿出一块，并伸出一根指头，请儿童同样拿一块，拿对了就让儿童吃，并强调"拿一块"。 ② 可以用不同的积木、雪花片来让孩子"拿一个"，直到孩子能正确拿取"一个"。 ③ 再教"全部"的概念，方法同上。 ④ 教学或生活泛化中随机拿取"一个"或"全部"。	① 体能课：丢沙包（一个一个丢，捡的时候全部捡回）。 ② 午餐时饭包里的用具一个一个拿出，午餐结束整理饭包时全部收回。	① 丢垃圾时，将桌面上的垃圾全部丢掉。 ② 超市购物后，帮助父母把所买物品全部放入购物袋并检查是否有遗漏。
阶段目标	**教具**	**备注**
1. 明白多 / 少的意思 （2）对应配对物品	勺、碗、鞋、袜、牙刷、杯子	
教学步骤	**小组课**	**家庭泛化**
① 导师示范并用指令"一个 × × 放一个"引导儿童将 3 个勺子分别放入 3 个碗或杯子里，并强调一个里面放一个。 ② 逐渐增加数量，操作同上。 ③ 用同样的方法操作其他物件一一配对。	① 游戏课玩抢椅子游戏。 ② 主题课职业小小服务员（摆餐具：一碗一筷、摆茶具：一碟一杯一勺）。	① 餐前摆放碗筷勺。 ② 睡前一只袜子塞在一只鞋子里、冬天一只手套收在一个衣服口袋里等。

续表

阶段目标	教具	备注
1. 明白多 / 少的意思 （3）物件（图卡）多少的辨别	雪花片、珠子、硬币、豆子	不只通过视觉，也可让儿童从外观、触觉上来辨别。
教学步骤	**小组课**	**家庭泛化**
① 导师先将同种物件（量不同）装在两个相同的容器内（当着孩子面装或让儿童装更佳），指着多的一份说“这是多的”。换其他的容器装其他的物件，做同样的示范。 ② 下指令“拿多的”，引导儿童拿正确。泛化至其他物件都能拿对。 ③ 再用相同的方法，教授辨别“少的”。 ④ 最后提升至对不同的物件都能区分多少。	① 比赛剥豆子，相同时间内将剥好的豆子分别放在自己的容器中，请大家选取“多的”获胜，“少的”鼓励。也可用相同方式进行钓小鱼、运沙包比赛。 ② 学校里奖励的小红花比较多少，增强儿童荣誉感。	① 家中的米饭、水果、零食，请儿童将“多的”给长辈。 ② 用同花色扑克牌比数字大小（花色多少）的互动游戏。
阶段目标	**教具**	**备注**
1. 明白多 / 少的意思 （4）唱数（1—5）	儿歌	
教学步骤	**小组课**	**家庭泛化**
导师示范儿歌“一二三四五，上山打老虎”，引导儿童跟随说出，可加入适当的动作和互动，直至儿童可独立表达。随后泛化至其他数字儿歌，例如“五只猴子吃香蕉”等。	导师在课间活动中运用数字儿歌与儿童一起互动，或者用集体指令让儿童背诵。	数 5 个数（当作发令提示）就开跑。
阶段目标	**教具**	**备注**
1. 明白多 / 少的意思 （5）数数（1—2）	小物件、积木、鞋子、袜子、手套、绘本、零食等	
教学步骤	**小组课**	**家庭泛化**
① 导师取 2 块积木并排摆开，指令“数一数”。导师示范，伸出右手食指，指着一块积木数“1”再指另一块积木数“2”。 ② 导师给出指令“数一数”，辅助儿童伸出食指，指积木并慢慢数“1、2”。 ③ 儿童能够独立完成数数“1—2”并泛化至其他物品。	① 原地踏步时配合“1—2—1—2”的规律指令。 ② 音乐课：《幸福拍手歌》（如果感到高兴你就拍拍手——1—2）。	① 洗手液挤两下。 ② 每天数出 2 元硬币用于购物或者坐摇摇车。
阶段目标	**教具**	**备注**
1. 明白多 / 少的意思 （6）数字配数字（1—5）	数字卡片、写有 1—5 的数字底板	

教学步骤	小组课	家庭泛化
导师出示 1—5 的数字卡片，用指令“相同的数字放一起”，示范并引导儿童将数字卡片与底板上的数字配对。有困难时从 2 个数字开始。	① 个人工作课：数字配对，数字拼图、嵌板。 ② 电影鉴赏课前，按座位票上的数字找到相应座位。	看病、拿号等待或者排队时，凭手上单据中的数字（如 5 号房、3 号窗口、15 号等位），进行社会化的练习。
阶段目标	**教具**	**备注**
2. 明白有 / 无（空 / 满）的意思	小物件、2 个容器	不只通过视觉，也可让儿童从外观、触觉上来辨别。
教学步骤	**小组课**	**家庭泛化**
① 导师向儿童展示两个一样的容器，一个盛着物件，另一个是空的，指着有物件的说“有”，换用不同的容器、不同的物件做同样的示范。 ② 导师指着其中有物件的容器问“有没有”，引导儿童辨认（用口语、点头 / 摇头或其他方式）。 ③ 掌握“有”以后用同样的方式再教“没有”，再提升至随机辨认。同时，盛放物件的容器也可提升至不同。 ④ 用同样的方法教“空 / 满”。	① 导师教儿童知道冲厕所时小便池 / 马桶中的水满了，需要停止按压开关。 ② 学校各种设施（洗手池、马桶、活动器械等）有人在使用时，须等待。	① 在家中让儿童知道垃圾桶里的垃圾满了，需要去倒垃圾。 ② 让儿童积累生活经验：器皿中盛放水和食物不要太满，以免翻出或拿取不易。

3—4 岁年龄段

☆ 训练目标：发展对视觉刺激的辨别能力

阶段目标	教具	备注
1. 辨别出不同颜色（6—8 种） （1）按颜色分色卡	8 种颜色的色卡（红、蓝、黄、绿、黑、白、橙、紫）	
教学步骤	**小组课**	**家庭泛化**
① 导师将几种颜色的色卡（如红蓝黄绿各 4 张）混放在一起，示范将其分类好，“把一样的颜色放一起”，相同的颜色的卡片放在一起。 ② 指示儿童按照颜色分类，“把一样的颜色放一起”。 ③ 可由 4 种颜色（红蓝黄绿）逐渐增加到 6—8 种（红蓝黄绿黑白橙紫）。	① 绘画课上，导师拿出红蓝黄绿色卡各 4 张贴在黑板上。把剩余色卡发给儿童，让儿童把对应颜色的色卡贴到黑板上。 ② 四种颜色完成后，逐渐增加到 6—8 种（红蓝黄绿黑白橙紫）。	结合生活中的物件进行分类（如玩具、书本等），一样颜色的放一起。
阶段目标	**教具**	**备注**
1. 辨别出不同颜色（6—8 种） （2）色卡仿排	8 种颜色的色卡（红、蓝、黄、绿、黑、白、橙、紫）	如图 1—27 所示。
教学步骤	**小组课**	**家庭泛化**
① 导师把不同颜色的色卡排列，如“红、黄、蓝、绿的色卡排列在粘贴板上”。 ② 指示儿童把色卡按顺序排列在对应颜色下面，“按一样的顺序排列”。 ③ 增加数量、改变排列方法或改变排列方向（横排或竖排），可由四种颜色逐渐增加到 6—8 种，如“红、黄、蓝、绿、黑、白、橙、紫的色卡排列在粘贴板上”。	体能课上，导师摆出踩石过河的教具，如红、黄、蓝、绿 4 块教具，让儿童按顺序、颜色排列。	结合生活中的物件进行仿排（如果蔬、玩具等），让儿童按指定颜色、顺序排列。
阶段目标	**教具**	**备注**
1. 辨别出不同颜色（6—8 种） （3）挑选指定颜色的物件	不同大小、形状的 8 种颜色物件（如彩色大纽扣、雪花片、珠子、套杯、球等）	

续表

教学步骤	小组课	家庭泛化
① 导师准备 2 套物件，每套含有如前所述的 6—8 色（两套所含颜色种类相同），但物件的大小、形状、种类可各异。 ② 导师从自己盒子里拿出一个物件，发出指令“拿一样颜色的给我”，要求儿童按照指令拿出一样颜色的物件给导师（除颜色外，还可以要求按其他属性拿物件，如形状、大小）。	社交课上，导师准备两套不同颜色的卡片，手持相同颜色卡片的儿童可以组成一组，成为本节课的搭档。	结合日常生活辨别出不同颜色。如整理袜子时，父母可以先拿出一只袜子，随后让儿童找一样颜色的袜子放在一起。
阶段目标	**教具**	**备注**
2. 辨别出复杂的几何图形 （1）配对 5—12 种图形	形状卡片（圆形、三角形、正方形、长方形、十字形、五角星形、椭圆形、梯形、菱形、半圆形、爱心形、月牙形）	如图 1—28 所示。
教学步骤	**小组课**	**家庭泛化**
① 导师每次出示不同形状的图卡 3—5 张，并复习形状名称，如圆形、三角形、正方形的形状图卡。 ② 逐一把相应形状图卡给儿童，发出指令“把一样的形状放一起”，可先示范。例如，圆形、三角形、正方形的形状图卡各两张，把相应的形状图卡放一起，“一样的形状放一起”。 ③ 随后逐渐增加形状数量，可由 5 种提升到 8—12 种。	绘画课上，导师准备若干不同形状的图卡两套，分发给儿童，手持相同形状卡片的儿童可以组成一组，来画出自己所拿到的形状。	结合日常生活，辨别出不同形状。如整理玩具，父母可以先拿出一种形状，随后让儿童找一样的形状放在一起。
阶段目标	**教具**	**备注**
2. 辨别出复杂的几何图形 （2）将图卡与影子底板配对	物件图卡、影子底板	如图 1—29 所示。
教学步骤	**小组课**	**家庭泛化**
导师逐一将不同的物件图卡给儿童（剪去物件图卡的留白会更佳），让儿童按照图卡上物件的形状轮廓与影子底板进行配对。	创意乐课上，导师用手电筒照出常用物件的剪影轮廓，指导儿童找出同伴的影子。	家长用光影投出不同的生活物件的影子，让儿童区分出不同的影子。

☆ 训练目标：发展对听觉刺激的辨别能力

阶段目标	教具	备注
1. 能辨别节奏韵律 （1）敲物件	鼓、木琴、沙锤、筷子、碗、杯子等物件各两套	
教学步骤	**小组课**	**家庭泛化**
① 导师拿出鼓、木琴、沙锤等物件，先示范有节奏地敲物件（鼓、木琴、沙锤等）两下。 ② 要求儿童模仿敲物件两下，节奏、韵律可随儿童掌握的情况改变。	音乐课上，导师拿出鼓、木琴、沙锤等物件，要求儿童模仿敲物件，节奏、韵律可随儿童掌握的情况改变。	家长可以用乐器有节奏的敲击，让儿童有节奏的模仿敲击。
阶段目标	**教具**	**备注**
1. 能辨别节奏韵律 （2）有节奏的肢体动作		
教学步骤	**小组课**	**家庭泛化**
① 导师示范有节奏地拍手（或跺脚、拍腿）的连续动作。 ② 要求儿童模仿有节奏的肢体动作（可参照儿歌做动作）。	① 音乐课上，导师可以和儿童做音乐游戏，如有节奏地拍手、点头、跺脚。 ② 课间操的时候大家一起做广播体操或跳律动舞蹈。	家里练习做广播体操或跳律动舞蹈。

☆ 训练目标：逐渐认识身体的不同感觉

阶段目标	教具	备注
1. 辨别疲倦、疼痛、痒等感觉	跳床、跳绳、篮球等	
教学步骤	**小组课**	**家庭泛化**
① 当儿童在真实场景中感受到疲倦、疼痛、痒等感觉时。 ② 导师及时把儿童的感觉说出来，如“我累了”“我这里疼了”“这里很痒”，让儿童感受身体对应的感觉。	感统体能课上，如导师训练跳床、跑步、拍球等项目时，导师及时把相关的感觉说出来，如“我累了”“我这里疼了”“这里很痒”，让儿童感受身体对应的感觉。	家长在真实场景中，如跑步时、撞伤时，及时告诉儿童，疲倦、疼痛、痒等感觉。
阶段目标	**教具**	**备注**
2. 辨别食物的不同质感		
教学步骤	**小组课**	**家庭泛化**
① 融合在生活中训练，先从吐皮（葡萄皮）、吐果核（橘子籽、西瓜籽、枣核）开始训练。 ② 再训练吐骨头、吐鱼刺。	小食课上，可以品尝不同的食物（如橘子、葡萄、西瓜），从而练习吐皮、吐核。	融入日常生活训练，如吃水果或吃排骨时家长告诉儿童不同食物的质感，让儿童练习吐果核或骨头等。

☆ 训练目标：认识更深入的物件特性

阶段目标	教具	备注
1. 辨认 6 种或以上的颜色 （1）按指令拿取颜色并说出名称（黑、白、橙、紫）	颜色积木、雪花片、色卡、彩色杯、蜡笔、彩色铅笔	
教学步骤	**小组课**	**家庭泛化**
① 先复习以前学过的 4 种颜色。导师拿出 2 种颜色的色卡或物品放在桌上（其中一种颜色是已掌握的）。 ② 导师指着另一种颜色对儿童说“把 ×× 色的给老师”，引导儿童拿该颜色的色卡或是物件，放在导师的手上。 ③ 用同样的方法教其他颜色，随后由 2 种颜色增加到 4—5 种，逐步增加到 6—8 种，并能正确拿取一种颜色并说出名称。	绘画课上，导师拿出一盒彩铅，告知儿童每个的颜色，引导儿童按指令拿取颜色并说出名称。	融入日常，如绘画、玩玩具等，父母引导儿童区分并说出不同颜色。
阶段目标	**教具**	**备注**
1. 辨认 6 种或以上的颜色 （2）仿排物件	雪花片、颜色积木、色卡	
教学步骤	**小组课**	**家庭泛化**
① 导师拿出 2 种颜色的积木，如红色的两块，白色的两块。 ② 顺序是红、白、红、白。对儿童说“我排红色，你排白色”，引导儿童和导师轮流排列。 ③ 或是仿排，导师在桌子上排好积木，对儿童说：“和老师排一样的。” ④ 用同样的方法排列色卡或其他物件，随后由两种颜色增加到 4—5 种颜色，逐步增加到 6—8 种。	社交游戏课上，导师要求儿童按序排列（红黄蓝绿），引导儿童在电子屏幕上玩仿排彩色方块小游戏。	融入日常，家长与儿童一起整理多盒彩笔，家长先按序整理好一盒彩笔，引导儿童按一样排列顺序整理好其他几盒彩笔。
阶段目标	**教具**	**备注**
1. 辨认 6 种或以上的颜色 （3）接龙	雪花片、颜色积木、色卡	
教学步骤	**小组课**	**家庭泛化**
① 导师拿出 7 种颜色（例如，红橙黄绿青蓝紫）的物件（如色卡、雪花片），让儿童先辨认。 ② 然后导师示范接龙（不同颜色排列，如红橙黄绿青蓝紫）。	社交课上，导师引导儿童听指令按不同帽子颜色接龙，如“红色帽子的排第一个，后面排的是黄色帽子，然后是蓝色帽子”，引导儿童按颜色接龙。	融入日常亲子游戏：接龙游戏，家长让儿童听指令和自己轮流按不同颜色的玩具接龙。

续表

教学步骤	小组课	家庭泛化
③ 对儿童说“把红（或橙黄绿青蓝紫）放上去”，引导儿童和导师一起轮流排列。		例如，家长把红色的小车放第一个，儿童把黄色的小车放第二个，家长和儿童一起轮流排列。
阶段目标	**教具**	**备注**
1. 辨认 6 种或以上的颜色 （4）涂色	画纸、蜡笔	
教学步骤	**小组课**	**家庭泛化**
① 导师拿出画有图案的纸放在桌上，给儿童几支不同颜色的蜡笔。 ② 引导儿童搭配好颜色涂色，或拿出范画，让儿童照样仿涂。	绘画课上，导师拿出画有图案的纸，引导儿童自行搭配涂色，或导师拿出范画引导儿童照样仿涂。	家长准备涂色本引导儿童涂色或拿出范画让儿童仿涂。
阶段目标	**教具**	**备注**
1. 辨认 6 种或以上的颜色 （5）颜色分类	日常用品、水果蔬菜类的卡片、投掷游戏	
教学步骤	**小组课**	**家庭泛化**
① 导师拿出水果类卡片，问儿童香蕉是什么颜色的，引导儿童回答。同样的方法问儿童其他物品。 ② 引导儿童分类，指令：“把一样的颜色放一起。”用同样的方法分类其他物件卡片。 ③ 分类后导师可拿起一类颜色，要求儿童说出“× 色的水果有哪些”“哪些水果是 × 色的”。	体能课上，导师拿出投掷游戏，引导儿童颜色分类，如“把红色的球投到红色的位置，把蓝色的球投到蓝色的位置”。	融入日常，家长引导儿童按颜色分类。例如，玩玩具、整理衣服时，引导儿童把一样的颜色放一起。
阶段目标	**教具**	**备注**
2. 辨认其他常见的形状（例：十字、半圆、菱形、椭圆、五角星） （1）辨认形状 ① 配对形状图卡	积木、形状图卡	如图 1—30 所示。

续表

教学步骤	小组课	家庭泛化
① 导师拿出两块不同形状的积木放在桌子上（如菱形、五角星），然后拿出一块和桌上其中一块相同的积木（如菱形或五角星）对儿童说："一样的形状放一起。" ② 同样的方法，图卡配图卡，积木配积木，相同的形状不同大小图卡配对，再由两种形状增加到 4—5 种配对，逐步增加到 6—8 种。	社交课上，导师出示多块形状积木，玩找朋友的游戏，儿童需要辨认出手中积木的形状，然后找到另一块相同的积木。	生活中，和妈妈一起做饼干，准备多个形状模具做饼干，按形状排列，并让儿童辨认形状。
阶段目标	**教具**	**备注**
2. 辨认其他常见的形状（例：十字、半圆、菱形、椭圆、五角星） （1）辨认形状 ② 辨别并说出形状名称	积木、形状图卡	
教学步骤	**小组课**	**家庭泛化**
① 导师出示 2 种形状图卡，如菱形和五角星。指示儿童拿某一块（如菱形），并反复强调这是菱形形状。 ② 然后下指令："把菱形给老师"，引导儿童拿菱形，再要求说出形状名称（可由 2 种增加到 4—5 种），逐步增加到 6—8 种配对。	数学课，导师出示多张形状图卡并告知每个形状名称，随后问儿童：这是什么形状？引导儿童说出形状名称。	过家家游戏，用胶泥做各种形状，并让儿童说出形状的名称。
阶段目标	**教具**	**备注**
2. 辨认其他常见的形状（例：十字、半圆、菱形、椭圆、五角星） （2）日常生活物件形状 ① 生活物件图卡按形状分类	形状图卡、生活物件图卡	
教学步骤	**小组课**	**家庭泛化**
① 导师出示两张形状图卡，如十字形和五角星图卡放在桌子上，然后再拿出若干张十字形或五角星形状的生活物件图卡，引导儿童观察图形并对儿童说："一样的形状放一起。" ② 同样的方法把其他形状物件图卡进行分类。	社交课"找朋友"，导师出示 2 个头套：十字，半圆给儿童，出示若干张生活图卡给其他儿童，引导儿童"一样的形状排一起。"	观察居家常用物品的形状，出示生活物件图卡，引导儿童按形状分类。
阶段目标	**教具**	**备注**
2. 辨认其他常见的形状（例：十字、半圆、菱形、椭圆、五角星） （2）日常生活物件形状 ② 形状和物品连线	形状连线图	

续表

教学步骤	小组课	家庭泛化
导师引导儿童画连线图，把相同形状的物品连起来。		家长可以在家带儿童做连线图的练习册，把相同形状的物品连起来。
阶段目标	**教具**	**备注**
2. 辨认其他常见的形状（例：十字、半圆、菱形、椭圆、五角星） （2）日常生活物件形状 ③ 说出物件的形状	物件图卡	
教学步骤	**小组课**	**家庭泛化**
① 导师出示形状物件的图卡，要求儿童说出某些物件的形状。 ② 如指着风筝图卡问儿童：“什么是菱形的？这个菱形是什么？风筝是什么形状的？”	数学课上练习认识图形，导师出示若干张生活物件图卡，如指着医院标志问“这个是什么形状”，引导儿童说出“十字星”。	外出时，引导儿童观察路边很多建筑形状或是物件形状，引导儿童说出形状。
阶段目标	**教具**	**备注**
2. 辨认其他常见的形状（例：十字、半圆、菱形、椭圆、五角星） （2）日常生活物件形状 ④ 提升训练（根据儿童能力进行）	小棍、牙签、胶泥	
教学步骤	**小组课**	**家庭泛化**
① 导师引导儿童用小棍或牙签搭出简单的形状，也可以用胶泥捏出形状。 ② 举例：圆形——球、表、钟、饼干、电扇、苹果、橘子、西瓜；三角形——饼干、蛋糕、尺、衣架、积木；正方形——饼干、蛋糕、棋盘、瓷砖、盒子、方巾、积木、窗；长方形——微波炉、冰箱、衣柜、积木、文具盒、门；十字形——医院标志、120 急救车标志；半圆形——尺、积木、帽子；菱形——风筝、积木、蛋糕、纽扣。	创意乐课上玩形状大比拼，让儿童用胶泥捏出各种形状，并说出形状。	观察居家常用物品的形状，根据实际情况让儿童选择某种形状的食物或物品。例如，“你想吃什么形状的蛋糕”“饼干在圆形的盒子里”。
阶段目标	**教具**	**备注**
3. 辨认常见的味道（酸、甜、辣、咸） （1）尝味道	酸、甜、辣、咸的食品	

教学步骤	小组课	家庭泛化
① 导师先拿没有放糖的水给儿童尝，再把放了糖的水给儿童尝，做一个对比。 ② 导师告诉儿童，放了糖的水是甜的，用同样的方法告诉儿童其他味道。	小食课上，导师可引导儿童做豆沙派、柠檬水等，告知儿童相应的味道，并给儿童品尝味道。	融入日常，在品尝到酸、甜、辣、咸的味道时家长告诉儿童该味道。
阶段目标	**教具**	**备注**
3. 辨认常见的味道（酸、甜、辣、咸） （2）说出名称	酸、甜、辣、咸的食品	
教学步骤	**小组课**	**家庭泛化**
① 导师让儿童品尝甜味，强调这是甜的，并引导儿童说出“甜的”。反复尝试后，可提问儿童“这是什么味道?”要求儿童说出“甜的”。 ② 用同样的方法让儿童说出其他味道。	小食课上，导师可拿出柠檬、糖、盐、辣条等给儿童品尝，告知儿童相应的味道，要求儿童说出酸、甜、咸、辣的味道。	融入日常，吃饭、吃零食的时候，要求儿童说出是什么味道。
阶段目标	**教具**	**备注**
3. 辨认常见的味道（酸、甜、辣、咸） （3）食品的味道	酸、甜、咸、辣的食品	
教学步骤	**小组课**	**家庭泛化**
① 导师让儿童品尝糖的味道，并告诉儿童糖是甜的。随后问儿童“糖是什么味道?”“甜味的是什么?”等。 ② 同样的方法让儿童说出其他食品的味道（酸、咸、辣）。	小食课上，导师拿出多种食物让儿童品尝，如糖果、辣条，可以让儿童分别说出是什么味道，甜味、辣味分别是什么食物?	融入日常，可让儿童选择要什么味道的食物或介绍食物的味道。
阶段目标	**教具**	**备注**
4. 知道物件可具备多于一种特性（家庭训练为主）	常见物件	
教学步骤	**小组课**	**家庭泛化**
导师拿出熟悉的物件，告诉儿童其多种特性。例如，白砂糖是白的而且是甜的；橘子是圆的而且是橙色的；白巧克力是白的、方的；纸是白的、方的；鼓是圆的、会响的。	① 主题课上讲解日常知识。 ② 社交游戏课上可以玩猜一猜的游戏。导师描述物品的特征，由儿童去猜。	带领儿童去商店，让儿童观察熟悉的物件，了解相同的物件可以有各种颜色和形状。例：电话有不同的颜色、外形，但是都可以用来打电话；杯子有各种各样的形状和颜色，它们都是喝水用的；糖是甜的，有各种形状和颜色等。

续表

阶段目标	教具	备注
5. 对一些不合情理的问题做否定的回答	儿童熟悉的物件或物件图卡	
教学步骤	**小组课**	**家庭泛化**
① 导师出示儿童熟悉的物品，如苹果，要求说出名称，然后问儿童“这是香蕉吗”，引导说“不是”。用同样的方法询问其他物件，要求儿童能做出明确的否定回答。 ② 当儿童对否定的意思掌握后，可要求回答“是”或“不是”的问题，也可在此基础上用同样的方法告诉和要求儿童知道“可以吃吗”“可以玩吗”等意思。	① 主题课上，导师给儿童上安全教育课，如《过马路要看红绿灯》，引导儿童红灯停、绿灯行、黄灯等一等、过马路要走斑马线等。 ② 导师给儿童示范过马路的规则，带儿童先正确的情景模拟，再引导儿童对一些不合情理的问题进行否定，如“红灯可以走吗？”“可以横穿马路吗等？”	运用日常生活中的对话。例如，“可以横穿马路吗”“可以随意踩草坪吗”，引导儿童做出否定回答。

☆ 训练目标：能清楚掌握以及表达个别物件的用途

阶段目标	教具	备注
1. 回答有关物件用途的问题 （1）常用物件的用途	物品图卡（梳洗用品、学习用品、家用电器、餐具、服装、日用品）	
教学步骤	**小组课**	**家庭泛化**
① 导师拿出牙刷图卡问儿童“牙刷是干什么用的”，或是问儿童“刷牙用什么”，引导儿童拿取并回答。 ② 用同样的方法，问儿童其他一些常用物件的用途。	① 小食课上，导师拿出厨具图卡问儿童“平底锅是用来干什么的”，或是问“煎蛋用什么”，引导儿童拿取并回答。 ② 用同样的方法，问儿童其他一些常用的物件用途。	在日常生活中询问儿童物件用途，如“去外地旅游要乘坐什么交通工具”，引导儿童回答“汽车”“高铁”“飞机”等。“天气太热，需要怎么降温？”引导儿童说或做：“打开空调或电风扇。”
阶段目标	**教具**	**备注**
1. 回答有关物件用途的问题 （2）相关联物品配对	动作图卡、与动作图卡有关联的物品或物品图卡	如图 1—31 所示。
教学步骤	**小组课**	**家庭泛化**
① 导师展示一些物品图卡和一个娃娃，对儿童说“娃娃要吃饭了，用什么”，请儿童选择合适的物品图卡，引导儿童表示，吃饭要用碗、勺子 / 筷子，用同样的方法对其他物品做相关联的配对。	① 自理课上，导师拿出日用品图卡问儿童“要刷牙了，用什么”，引导儿童拿出对应的图卡“牙杯、牙刷、牙膏”。	融入日常，在日常生活中要求儿童自己去拿相关的物件。例如，下雨天需要准备雨伞、雨衣等，洗完衣服需要拿衣架，游泳需要泳衣游泳圈，开门用钥匙，等等。

教学步骤	小组课	家庭泛化
② 导师出示一些操作图卡，让儿童根据需要选择物品图卡进行配对，例如梳头、理发、吃饭、睡觉、洗澡、写字等。	② 绘画课上，导师拿出绘画相关图卡问儿童“绘画需要用什么”，引导儿童拿出对应的图卡“画纸、油画棒”。	
阶段目标	**教具**	**备注**
1. 回答有关物件用途的问题 （3）五官 / 手脚用途	五官和五官用途的图卡，手脚和手脚用途的图卡	如图 1—32 所示。
教学步骤	**小组课**	**家庭泛化**
① 导师拿出五官和手脚图卡，让儿童指认。 ② 随后进行五官和手脚的功能性配对，可先进行操作，帮助儿童理解，如听电话要用耳朵、拍球要用手、踢球要用脚等。	① 体能课上，练习拍球 / 踢球时，告诉儿童拍球要用手，踢球要用脚。 ② 音乐课上，导师带领儿童做有关手脚的律动，如幸福拍手歌、小手拍拍等。	融入日常。例如，拍球要用手，骑自行车要用脚蹬，用手拧开瓶盖，玩“闻香寻宝”游戏（遮挡眼睛，闻香识果蔬）等。

☆ 训练目标：开始学习抽象的分类概念

阶段目标	教具	备注
1. 家庭成员的角色，指出他们的性别 （1）称呼	家庭成员照片	
教学步骤	**小组课**	**家庭泛化**
① 导师拿出家庭成员，如爸爸的照片，问儿童：“这是谁呀？” ② 引导儿童说：“爸爸。”用同样的方法，让儿童说出其他家庭成员的称呼。	① 主题课上，导师拿出班级老师和家人的照片，问儿童：“这是谁呀？” ② 引导儿童说：“× 老师。”用同样的方法，让儿童说出其他成员的称呼。	① 家庭活动日，主动问候长辈。 ② 儿童被问候时，学会回应称呼。
阶段目标	**教具**	**备注**
1. 家庭成员的角色，指出他们的性别 （2）性别	家庭成员照片	

续表

教学步骤	小组课	家庭泛化
① 导师拿出家庭成员的照片，告诉儿童爸爸是男的，妈妈是女的。 ② 引导儿童说出正确的性别。	主题课《认识家庭》，了解家庭成员的性别。	融入日常，让儿童根据家庭目前男女比例人数，进行男女分队游戏。
阶段目标	**教具**	**备注**
1. 家庭成员的角色，指出他们的性别 （3）性别分类	家庭成员照片、男女标识图卡	如图 1—33 所示。
教学步骤	**小组课**	**家庭泛化**
① 导师出示男女标识并分别贴在粘贴板上。 ② 再拿出家庭成员的照片，引导儿童分类，并告诉儿童"爸爸是男的"，引导儿童把爸爸的照片放在贴有男性标识的地方。 ③ 用同样的方法引导儿童再把妈妈的照片放在贴有女性标识的地方。	① 主题课上可以讲一期有关男女知识的课程内容。做一些性别分类的课题。 ② 体能课，让班级按男女分队练习项目。 ③ 做操时，男生站一队女生站一队。	日常生活中认识男、女卫生间的标志，知道自己是男 / 女，要上男 / 女的卫生间。
阶段目标	**教具**	**备注**
2. 对物件进行分类 （1）按类别分 （2）按颜色分 （3）按形状分 （4）按大小分 （5）按功用分	（1）动物、蔬菜、交通工具等图卡 （2）文具、衣服、生活用品等图卡 （3）食物、生活用品等图卡 （4）动物、玩具等图卡 （5）生活用品等图卡	
教学步骤	**小组课**	**家庭泛化**
① 导师将 2 类物件图卡放在桌子上，例如水果、衣物，对儿童说"把一样的放在一起"或"把水果放在一起"，引导儿童按类别分类。 ② 根据儿童能力从 2 类增加到 3—4 类。	主题课上，导师拿出衣物类、食物类放到桌子上，再出示洗衣机、冰箱图卡，问儿童"什么可以放到冰箱里？什么可以放到洗衣机里"，引导儿童按类别分类。	融入日常，在家庭中让儿童整理物品，把玩具蔬菜水果衣服等按颜色分类。

阶段目标	教具	备注
3. 比较相同和不同 （1）外形相同和不同	熟悉的物件	
教学步骤	**小组课**	**家庭泛化**
① 在分类的基础上，学习相同和不同的概念。 ② 例如：导师出示 3 只相同的杯子和 1 只不同的杯子，对儿童说“哪些杯子是相同的”，引导儿童找出相同的。 ③ 掌握后再教找出不同的，并能按指令拿取相同和不同的。	小食课上，导师拿出若干形状饼干，如圆形、正方形、三角形。导师先示范，并对儿童说“哪些饼干形状是相同的”，引导儿童找出相同和不同之处。	融入日常，餐桌上摆放瓶装饮料 3 个罐装 1 个，并对儿童说“哪些饮料是相同的”，引导儿童分别找出相同和不同。
阶段目标	**教具**	**备注**
3. 比较相同和不同 （2）类别相同和不同	熟悉的物件	
教学步骤	**小组课**	**家庭泛化**
① 导师出示同类物件 2—3 件、不同类物件 1 件。 ② 例如水果 3 个、衣服 1 件，引导儿童找出相同的，并能按指令拿取。 ③ 同样先学习相同的，掌握后再学习不同的。	主题课上，导师拿出同类物件 2—3 件、不同类物件 1 件，如交通工具模型 3 个、洋娃娃 1 个，引导儿童找出相同和不同。	归纳整理桌子物品，引导儿童找出相同和不同。如“杯子和玩具”“食物和玩具”
阶段目标	**教具**	**备注**
3. 比较相同和不同 （3）特征相同和不同（颜色、形状）	熟悉的物件	
教学步骤	**小组课**	**家庭泛化**
① 同（2）。 ② 引导儿童说出“× × 是相同的（一样的），因为它们都是 × ×”。	在“认识水果”主题课上，导师拿出 3—4 个水果，如西红柿、苹果、草莓、香蕉，让儿童观察这些水果的相同和不同之处，引导说出“西红柿、苹果、草莓是相同的，因为它们都是红色的”。	收拾衣服，按长短袖整理，引导儿童观察并说出：“这些衣服是一样的，都是短袖。”

☆ 训练目标：理解事情的先后次序

阶段目标	教具	备注
1. 明白时间的概念，能分辨过去以及现在发生的事情（理解程序图 3—4 张）	程序图卡	
教学步骤	**小组课**	**家庭泛化**
① 导师按活动程序，逐一向儿童展示每张图卡，并告诉儿童图卡的内容，然后把图卡混在一起，要求儿童按程序排列。在理解“先……然后……”的基础上说出或指出哪个是第一步、第二步……。 ② 导师说出程序图的意思，要求儿童按意思辨别并拿取。	小食课上，导师拿出煮面程序图卡，如第一步烧开水、第二步放面、第三步搅一搅、第四步煮熟后捞出，引导儿童按步骤拿取程序图卡。	融入日常，通过程序图，家庭模拟各种技能练习，如洗手、洗脸。

☆ 训练目标：理解事物之间的相互关系

阶段目标	教具	备注
1. 会使用连接词“因为……所以……” （1）选择用具	日常用品图卡	
教学步骤	**小组课**	**家庭泛化**
① 导师拿出儿童熟悉的物件图卡放在桌上，如碗、筷子和剪刀的图卡，说“把吃饭用的给老师”，让儿童把筷子和碗放在导师的手上。 ② 用同样的方法做其他日常用品的配对。	自理课上，导师拿出洗漱用品图卡，让儿童选择刷牙需要的用品。	家庭训练：吃饭时让儿童摆放自己的碗筷。
阶段目标	**教具**	**备注**
1. 会使用连接词“因为……所以……” （2）理解相关联的原因（背后的原因）	相关联的物品图卡（西瓜、刀；生日蛋糕、打火机、梳子等）	
教学步骤	**小组课**	**家庭泛化**
① 导师拿出西瓜、刀、筷子图卡，问儿童“要吃西瓜，我们要用什么切”，引导儿童选择刀，并告诉儿童：“刀可以用来切西瓜。”再拿出生日蛋糕、打火机、梳子的图卡，问儿童“过生日要点蜡烛，我们需要什么呀”，引导儿童选择打火机，告诉儿童：“点蜡烛要用打火机。” ② 同样的方法让儿童找出或说出其他相关联的物品图卡。儿童正确选择后，可问儿童“为什么要用刀 / 打火机”，引导儿童说出“因为刀可以切西瓜，打火机可以点蜡烛，所以要用刀和打火机”。	“认识冬天”的主题课上，导师出示围巾、手套、帽子的图卡，问儿童“天冷了，要戴什么”，引导儿童拿出围巾、手套、帽子的图卡，告诉儿童“天冷戴围巾、手套、帽子可以保暖”，并问儿童为什么，引导儿童说出“因为天冷了，所以要戴帽子”。	日常生活中泛化运用。例如，吃蛋糕让儿童拿勺子、盘子，下雨让儿童拿雨伞，衣服放在洗衣机里洗，并问儿童为什么，引导儿童说出“因为……”。

☆ 训练目标：理解物件之间在空间上的关系

阶段目标	教具	备注
1. 能复制钉板上的图案 （1）照样插钉板	小蘑菇钉	
教学步骤	**小组课**	**家庭泛化**
① 导师拿出小蘑菇钉，先插好式样，再让儿童插同样的图案。顺序是先插直线：横线、竖线、十字形、斜线。 ② 再插形状：三角形、正方形、长方形、菱形。 ③ 最后插图案：花、雨伞、船等。	创意乐课上，用蘑菇钉插小花小草：导师拿出蘑菇钉，先插好式样，再引导儿童“和老师插一样的”。	亲子互动：共同用蘑菇钉完成一个爱心图形。
阶段目标	**教具**	**备注**
1. 能复制钉板上的图案 （2）照图片插钉板	小蘑菇，不同样式的图案照片（直线、形状、图案）	如图 1—34 所示。
教学步骤	**小组课**	**家庭泛化**
导师拿出小蘑菇钉以及图卡照片放在桌上，对儿童说“和照片插一样的”，引导儿童按照顺序看照片上的图案插出图形。	创意乐课上，用蘑菇钉插小花小草：导师拿出蘑菇钉及图卡照片放在桌上，引导儿童插和照片上一样的图形。	亲子一起参考图样，用蘑菇钉共同完成一幅画。
阶段目标	**教具**	**备注**
1. 能复制钉板上的图案 （3）仿搭积木	积木、积木图卡照片	如图 1—35 所示。
教学步骤	**小组课**	**家庭泛化**
① 导师先拿出积木给儿童，然后自己搭一个造型，让儿童搭和自己一样的。 ② 随后再拿出积木图卡照片，对儿童说“和照片搭一样的”，引导儿童按顺序观察并搭出同样的积木图案。	乐高课上，导师先示范用积木图形，如房子，引导儿童搭一样的形状，随后提升按图样搭形状。	亲子互动：搭积木。
阶段目标	**教具**	**备注**
1. 能复制钉板上的图案 （4）画连线	连线图卡	如图 1—36 所示。
教学步骤	**小组课**	**家庭泛化**
导师示范后让儿童画连线及照图画连线。	绘画课上，导师出示虚线图案及完整图案，引导儿童按照图片连线。	日常控笔练习：连线图。

续表

阶段目标	教具	备注
1. 能复制钉板上的图案 （5）画迷宫	迷宫图卡	
教学步骤	**小组课**	**家庭泛化**
导师让儿童在迷宫的图卡上画出迷宫的线路。	社交课上，导师出示花朵采蜜迷宫图纸，儿童分饰不同蜜蜂走出迷宫采出蜂蜜。	玩家庭 DIY 迷宫，如用积木片摆出不同弯曲迷宫。
阶段目标	**教具**	**备注**
2. 完成 4—6 块的拼图（照样拼图）	4—6 块拼图、拼图的照片	
教学步骤	**小组课**	**家庭泛化**
导师把拼图以及拼图的照片拿给儿童，引导儿童对照照片并按顺序拼出图案。	社交游戏课，大家一起玩拼图游戏，2 人一组完成 4—6 块的拼图。	玩亲子拼图。

☆ 训练目标：开始学习数字及其意义

阶段目标	教具	备注
1. 能念数（1—10） （1）走步数楼梯		
教学步骤	**小组课**	**家庭泛化**
导师让儿童练习走一步数一步。	体能课上，导师搭出阶梯教具引导儿童走一步数一步。	融入日常，可以让儿童练习走一步数一步。
阶段目标	**教具**	**备注**
1. 能念数（1—10） （2）拍手游戏，数字儿歌		
教学步骤	**小组课**	**家庭泛化**
导师和儿童做互动游戏，唱数字儿歌。例：“你拍 1，我拍 1，你拍 2，我拍 2……”	导师在课前带领儿童做手指谣游戏，如“数字歌”。	亲子互动唱数字儿歌，如“数鸭子”等。
阶段目标	**教具**	**备注**
2. 能挑选数字 （1）认识数字	数字卡片（1—10）	

教学步骤	小组课	家庭泛化
导师出示数字卡片，让儿童按指令辨认相应的数字卡片。	数学课，导师让儿童到黑板前按指令辨认相应的数字。	家长准备相应的数字卡片 / 海报，让儿童按指令辨认相应的数字。
阶段目标	**教具**	**备注**
2. 能挑选数字 （2）数物件选数字	画有若干物件的图卡、数字卡片	
教学步骤	**小组课**	**家庭泛化**
导师出示数字卡片和物件图卡，让儿童数出图卡上的物件数量，并选择相应的数字图卡。	数学课，导师出示数字卡片和物件图卡，如一张有三辆汽车的图卡，让儿童数出图卡上汽车的数量，并选择相应的数字图卡。	亲子游戏，玩数物件图卡取数字的桌面游戏。如数糖果图卡选出对应的数字图卡就能得到相应的糖果。
阶段目标	**教具**	**备注**
2. 能挑选数字 （3）排列数字（1—10） ① 按顺序排列数字	数字卡片、扑克牌	
教学步骤	**小组课**	**家庭泛化**
① 导师拿出 1—5 的数字卡，放在桌上引导儿童进行排序。 ② 然后再引导儿童排出 1—10。	数学课，导师拿出 1—10 的数字卡片，引导儿童进行排序。	亲子扑克牌从 1—10 排序。
阶段目标	**教具**	**备注**
2. 能挑选数字 （3）排列数字（1—10） ② 从任一数开始按顺序排列数字	数字卡片、扑克牌	
教学步骤	**小组课**	**家庭泛化**
① 导师从任意一个数开始让儿童进行排序。例如，导师拿出数字 2 放在桌上，问儿童“2 的后面是什么”，让儿童进行排序。 ② 儿童熟悉后，从任意一个数开始让儿童数到 10。	① 数学课，导师拿出数字卡片随机抽取 1 张，让儿童排序。例如，导师拿出数字 4，问儿童“4 后面是什么”，让儿童进行排序。 ② 儿童熟悉后，从任意一个数开始让儿童数到 10。	亲子扑克牌，家长随机抽取一张，让儿童从任意一数开始按顺序排列数字。

续表

阶段目标	教具	备注
2. 能挑选数字 （3）排列数字（1—10） ③ 找出缺少的数字	数字卡片、数字拼板	
教学步骤	**小组课**	**家庭泛化**
① 儿童能够从任意数到10后，导师可让儿童找出缺少的数字，如导师在桌上提供2、4、5，问儿童缺什么数字，让儿童把数字3排在4的前面。 ② 同样的方法，从任意一个数排列到10，问儿童缺什么。	① 社交游戏课，导师带领儿童玩找数字宝宝游戏，让儿童找出缺少的数字。 ② 数学课上，玩“丢失的数字”游戏。	亲子互动让儿童寻找缺少的数字积木。
阶段目标	**教具**	**备注**
2. 能挑选数字 （4）按序连线	数字连线图卡，标有数字的穿线板，标有数字的涂色图纸	
教学步骤	**小组课**	**家庭泛化**
① 运用数字连线图卡让儿童进行连线，或是用标有数字的穿线板让儿童穿线。 ② 或是运用标有数字的涂色图纸进行涂色。	社交游戏课上，导师拿出标有数字的穿线板，引导儿童按顺序穿线。	让儿童按序排列带有数字的磁吸小火车。
阶段目标	**教具**	**备注**
3. 利用唱数的方法数出物件的数量（1—10） （1）数手指		
教学步骤	**小组课**	**家庭泛化**
① 导师先把自己的手伸出来（先数手指数到5），然后让儿童伸出手来，让儿童数数。 ② 让儿童再由1数到10。	音乐课上，课前律动让儿童跟着《五只小猴荡秋千》做动作。	亲子互动时，和儿童一起唱带有数字的儿歌。
阶段目标	**教具**	**备注**
3. 利用唱数的方法数出物件的数量（1—10） （2）数物件	积木、雪花片、珠子、小蘑菇各10个	
教学步骤	**小组课**	**家庭泛化**
① 导师先把5块积木放在桌上，让儿童点数。 ② 用同样的方法换其他物件让儿童点数，再逐渐增加到10个让儿童数。 注意：要把物件排成一条线让儿童数。	数学课上，导师让儿童做小兔子数胡萝卜的游戏，让儿童点数。	让儿童数一数盒子里的糖果、数一数新买的水果数量。

续表

阶段目标	教具	备注
3. 利用唱数的方法数出物件的数量（1—10） （3）知全数	积木、雪花片、珠子、小蘑菇各 10 个	
教学步骤	**小组课**	**家庭泛化**
① 儿童能比较熟练地数数后，导师让儿童数物件，问儿童"几个呀"，引导儿童说出全数。 ② 先数 5 以内的数，随后用同样的方法增加数量一直到 10，让儿童数完后能说出不同数量的全数。	数学课上，导师引导儿童数积木游戏并能说出全数。	购物时让儿童数出购买物件的数量，引导儿童并能说出全数。

☆ 训练目标：学习数量的概念

阶段目标	教具	备注
1. 相同数量配对 （1）物件配对物件	雪花片、积木、磁力贴	
教学步骤	**小组课**	**家庭泛化**
① 导师把几个雪花片放在桌上，要求儿童在雪花片下面配对同样数量的物件，一一对应。 ② 随后用同样的方法慢慢把数量从 5 以内增加到 10。 ③ 儿童掌握后，把物件放在盒内，要求配对相同数量。	数学课上，玩"我们一样多"的游戏，导师出示几个数量的物件，要求儿童每次出示相同数量的其他物件，如雪花片、珠子等。	分享相同数量的物品，如家长给儿童两个苹果，引导儿童分享相同数量的物品给家长。
阶段目标	**教具**	**备注**
1. 相同数量配对 （2）物件配对图卡	雪花片、积木、物件图卡	
教学步骤	**小组课**	**家庭泛化**
① 导师出示一些小物件和一张物件图卡，要求儿童数出图卡上的物件数量。 ② 数完后要求与图卡同样数量的物件配对。 ③ 同样的方法换其他物件进行配对。	社交课上，导师引导儿童玩"手拉手"游戏。导师拿出小物件和物件图卡，将儿童分为两组，一组拿图卡一组拿小物件，物件和图卡相匹配的儿童做出手拉手动作。	模拟购物场景，将所需物品数量画到图卡上，让儿童拿出和图卡一样的数量，如买橘子，图卡上画 6 个橘子，儿童去买 6 个。

续表

阶段目标	教具	备注
1. 相同数量配对 （3）图卡配对图卡	物件图卡	
教学步骤	**小组课**	**家庭泛化**
① 导师把画有不同数量物件的图卡展示给儿童，指导儿童把数量相同的放一起。 ② 注意：在配对时均是从1—5逐渐增加到10。	数学课上，玩图卡配对游戏，导师拿出6辆车与6个车库、6只小狗与6个狗窝等样式的图卡，引导儿童把物件数量相同的图卡放到一起。	在家玩水果消消乐的游戏。例如，家长拿出画有2个水果的图卡，让儿童拿出和家长数量相同的图卡配对。

☆ 训练目标：明白比较的概念

阶段目标	教具	备注
1. 比较物件大小（最大，最小） （1）排序	套娃、套杯、套圈、大小不等的物件	
教学步骤	**小组课**	**家庭泛化**
导师把从大到小的同类物件拿给儿童，引导儿童从大到小（或从小到大）排列。同样方法排序其他物件（先同类物件，再不同类物件）。	社交游戏课上玩套娃游戏，从小到大排序套娃。	亲子整理衣柜游戏，按照大中小给衣服排序挂到衣柜里。
阶段目标	**教具**	**备注**
1. 比较物件大小（最大，最小） （2）辨认最大、最小	套娃、套杯、套圈、大小不等的物件	
教学步骤	**小组课**	**家庭泛化**
① 导师拿出大小不等的几块积木放在桌上，引导儿童把最大的积木给导师，儿童掌握后用同样方法教最小的。同样方法辨认其他最大、最小物件。 ② 先同类物件辨别，随后可以不同类物件进行辨别。	社交游戏课，导师拿出套杯引导儿童辨认最大的套杯和最小的套杯。	亲子整理鞋柜游戏，让儿童把最大的和最小的鞋子拿出来。
阶段目标	**教具**	**备注**
1. 比较物件大小（最大，最小） （3）涂色	图画、蜡笔	

教学步骤	小组课	家庭泛化
导师展示图画，要求儿童“把最大的××涂成×色”或是“把最小的××涂成×色”，并引导儿童涂色。	创意乐课上，导师拿出形状不同的苹果图画，引导儿童按指令给最大的、最小的苹果涂色。	亲子绘画，家长拿出大小不一的太阳图画，让儿童给最大的、最小的涂色。
阶段目标	**教具**	**备注**
2. 比较物件长短 / 粗细（最长、最短 / 最粗、最细 / 最高、最矮） （1）排序	积木、尺、吸管、绳子	
教学步骤	**小组课**	**家庭泛化**
导师把长短 / 粗细不一的同类物件拿给儿童，引导儿童按长短 / 粗细排列。用同样方法排列其他物件（先同类物件，再不同类物件）。	数学课上，导师拿出长短 / 粗细不一的几条绳子，引导儿童按长短 / 粗细排列。	亲子活动，让儿童把裤子按长短 / 粗细排列。
阶段目标	**教具**	**备注**
2. 比较物件长短 / 粗细（最长、最短 / 最粗、最细 / 最高、最矮） （2）辨认最长、最短	同（1）	
教学步骤	**小组课**	**家庭泛化**
① 导师拿出长短不等的几根木棍放在桌上，引导儿童把最长的木棍给导师，儿童掌握后用同样方法教最短的。同样方法辨认其他最长、最短物件。 ② 先同类物件辨别，随后可以不同类物件进行辨别。	数学课上，导师拿出长短不一的几把尺子，引导儿童辨认最长、最短。	让儿童辨认出最长最短的裤子。
阶段目标	**教具**	**备注**
2. 比较物件长短 / 粗细（最长、最短 / 最粗、最细 / 最高、最矮） （3）涂色	图画、蜡笔	
教学步骤	**小组课**	**家庭泛化**
操作方法参照比较物件大小 1.（3）操作要求。	操作方法参照比较物件大小 1.（3）操作要求。	操作方法参照比较物件大小 1.（3）操作要求。
阶段目标	**教具**	**备注**
3. 比较多少（最多、最少） （1）物件比较	3 个盒子、豆子、米粒、小馒头、水果模具	

续表

教学步骤	小组课	家庭泛化
导师把不同数量的豆子分别放入3个容器内，让儿童观察，并且告诉儿童哪个里面最多、哪个里面最少，随后让儿童辨别，再换其他物件让儿童辨别。	社交课上，导师让儿童玩买水果的游戏，让儿童观察，比较谁买得最多和最少。	吃饭时，让儿童比较谁碗里的饭最多，谁碗里的饭最少。
阶段目标	**教具**	**备注**
3. 比较多少（最多、最少） （2）液体的比较	水、3个相同容量透明的容器	
教学步骤	**小组课**	**家庭泛化**
① 导师把水分别倒入3个相同的容器，让儿童通过液面显示来辨别哪个里面最多、哪个里面最少。 ② 提升训练：导师把米粒或豆子分别倒入3个相同的袋子内，引导儿童去摸和观察这3个袋子，辨别其多少，知道体积大的里面最多，体积小的里面最少。	数学课上，导师准备饮料和数个一次性杯子，随机将饮料倒入杯子里，让儿童比较最多最少的饮料。	准备杯子、水、颜料，把颜料倒入杯子里，让儿童辨认哪个最多、哪个最少。

4—5 岁年龄段

☆ 训练目标：发展对视觉刺激的专注力

阶段目标	教具	备注
1. 能留意物件被收藏起来的地方，并将物件找出	小玩具、小汽车、毛绒玩具、积木、小零食等若干	
教学步骤	**小组课**	**家庭泛化**
① 导师当着儿童的面把小玩具藏起来，观察儿童是否留意。 ② 导师问儿童："小玩具不见了，你可以找到吗？" ③ 引导儿童找出小玩具给导师。 ④ 导师背着儿童把小玩具藏起来，告知儿童大致的方位，引导儿童把小玩具找出来。	绘本课上结合绘本故事，导师拿出物品，让儿童认识并说出物品的名称，随机藏起一个物品，询问儿童什么物品不在了，引导儿童寻找。	家长准备好儿童的衣服，当着儿童的面把衣服放在柜子里。引导儿童把衣服找出来。

☆ 训练目标：发展对较复杂的视觉刺激的辨别能力

阶段目标	教具	备注
1. 能辨别较复杂的图案或图形组合 （1）七巧板拼图（1—20 块）	七巧板和图样照片	如图 1—37 所示。
教学步骤	**小组课**	**家庭泛化**
① 导师出示七巧板中的两到三块拼板和图样照片。例如，拿三角形板和正方形板各一块，并出示房子图样照片。 ② 导师先示范拼出图形，并引导儿童拼出图形，"和照片拼一样的。" ③ 导师逐渐递增七巧板数量并出示相应的图样照片，让儿童根据图样照片拼出图形。	① 数学课上，先让儿童认识七巧板的各个形状。 ② 引导儿童根据导师的指令选择相应的形状拼出图形。例如，找出两块三角形，引导儿童拼出正方形，"把两块三角形拼一起"。	家长和儿童做简单拼图。例如，家长问儿童"两个三角形能拼出哪些图形"，引导儿童拼出三角形、正方形，告诉儿童"把两块三角形拼一起"。
阶段目标	**教具**	**备注**
1. 能辨别较复杂的图案或图形组合 （2）几何图形拼图	几何拼板和图样照片	如图 1—38 所示。

续表

教学步骤	小组课	家庭泛化
① 导师出示几块几何拼板和图样照片，如太阳、树木等图片。 ② 导师先示范拼出图形，并引导儿童拼出图形："和照片拼一样的。" ③ 导师逐渐递增几何拼板的数量并出示相应的图样照片，让儿童根据图样照片拼出图形。	① 数学课上，先让儿童认识几何图形。 ② 引导儿童根据导师的指令选择相应的形状拼出图形。例如，找出两块梯形、一块三角形，引导儿童拼出梯形，告诉儿童"把两块梯形和三角形拼一起"。	家长和儿童做简单拼图。例如，家长问儿童"三块梯形、两块正方形能拼出什么图形"，引导儿童拼出轮船，告诉儿童"把三块梯形、两块正方形拼一起"。
阶段目标	**教具**	**备注**
1. 能辨别较复杂的图案或图形组合 （3）多块拼图（10—15块）	多块拼图、拼图照片	如图1—39所示。
教学步骤	**小组课**	**家庭泛化**
① 导师出示多块拼图的照片，然后示范拼出拼图。 ② 引导儿童自己尝试拼出拼图。 ③ 导师逐渐递增拼图的数量，出示相应的拼图照片，让儿童按拼图照片上的样子拼出图形。	① 数学课上，导师拿出拼图和拼图照片。导师带着儿童一起互动做拼图游戏。 ② 导师先示范拼图。导师放一块，儿童放一块，直到把拼图拼完整。	和爸爸妈妈一起玩拼图游戏。
阶段目标	**教具**	**备注**
1. 能辨别较复杂的图案或图形组合 （4）排序贴图（找规律） ① 颜色图案排列	彩色珠子、小蘑菇、雪花片、小图卡	
教学步骤	**小组课**	**家庭泛化**
① 导师按照不同颜色、不同图案的规律来排列物件。 ② 导师辅助儿童按照规律来延续排列。例如，橘子→苹果→橘子→苹果。 ③ 让儿童按照规律来延续排列。 ④ 导师出示多张图卡，让儿童独立按照规律来延续排列。	数学课上，导师拿出不同颜色的图卡，引导儿童按照规律排序，如红色→蓝色→红色→蓝色等。	家长拿出多种颜色积木（3—4种颜色），引导儿童按照规律排序。例如，红色正方体→绿色正方体→红色正方体→绿色正方体等。
阶段目标	**教具**	**备注**
1. 能辨别较复杂的图案或图形组合 （4）排序贴图（找规律） ② 物品装饰贴图	瓢虫、蝴蝶、小房子、小汽车、九宫格等图样及贴画	如图1—40（a）、1—40（b）所示

教学步骤	小组课	家庭泛化
导师出示样图，先示范，再让儿童将贴画贴在相应的位置。	创意乐课上，导师出示各种动物，引导儿童找出相应动物的身体部位将贴画贴在相应的位置上。例如，找出动物的尾巴，将贴画贴在相应的位置上。	家长可以在淘宝上买一些儿童专用装饰粘贴画，和儿童一起将贴画贴在相应的位置上。
阶段目标	**教具**	**备注**
2. 能辨别文字 （1）常用简单文字配对	简单文字卡片	
教学步骤	**小组课**	**家庭泛化**
① 导师出示2套相同的简单文字卡片（2—3张/套）。 ② 告诉儿童卡片物件的名称，如“苹果”。 ③ 给儿童相对应的文字卡片：苹果。指导儿童进行配对，如“一样的文字放一起”。	语文课上，导师出示2—3张文字卡片，并说出文字名称，引导儿童将相应的文字卡片进行配对。如认识动物：奶牛—奶牛，老虎—老虎。	家长教儿童识字，先拿出简单的文字卡片，并说出文字名称，让儿童找出相应的文字卡片进行配对。例如，电视机—电视机，沙发—沙发。
阶段目标	**教具**	**备注**
2. 能辨别文字 （2）图卡文字配对	物件图卡、文字卡片	如图1—41所示。
教学步骤	**小组课**	**家庭泛化**
① 导师出示物件图卡（2—3张）。要求儿童说出图卡上的物件名称。 ② 逐一给儿童相对应的文字卡片。 ③ 引导儿童将文字与图卡内容配对。 ④ 可交替用图卡配文字，配对内容同上。	语文课上，导师出示2—3张物件图卡，要求儿童说出物件名称，并给儿童相应的文字卡片，让儿童进行配对。例如，上语文课第三课《口耳目》，导师出示口耳目图卡，让儿童进行文字配对。	家长拿出物件图卡，让儿童先认识图卡并说出图卡上的物件名称。例如，家长问“这是什么”，儿童回答“这是苹果”。再让儿童找出相应的文字，让儿童进行配对。例如，家长拿出苹果的图卡，让儿童去找苹果的文字。

☆ 训练目标：发展更细致的听觉辨别能力

阶段目标	教具	备注
能辨别说话时的节奏和韵律	绘本书、乐器	
教学步骤	**小组课**	**家庭泛化**
① 导师出示绘本书。结合故事情节，生动朗读，并让儿童跟读。 ② 注意节奏、语气、语速、停顿的变化。例如，绘本书中的一句“妈妈，生日快乐！”可以语速很快、声音平稳地朗读；也可以在“妈妈”后停顿时间长一点，念“生日快乐！”时更大声。 ③ 引导儿童模仿，感受不同的说话节奏带来的不同感受。 ④（提升）导师出示乐器，如鼓、沙锤、三角铁，一边唱儿歌，一边出示乐器伴奏，让儿童更加清晰地辨别不同的说话节奏，引导儿童进行模仿。	绘本课上，让儿童多参与角色扮演游戏，导师先示范剧本，然后让儿童模仿不同的角色。如《拔萝卜》，爷爷（深沉）、小女孩（温柔）、小猫（喵喵，可爱）、小老鼠（吱吱，轻声）等，不同人物的语气、语速都需要表现出来。	① 多听些有声绘本，促进儿童听觉辨别能力。 ② 妈妈和儿童一起有感情地朗读绘本故事。

☆ 训练目标：理解更细微或更抽象的物件属性及属性间的关系

阶段目标	教具	备注
1. 认识深 / 浅颜色的物件 （1）知道同种颜色的深浅 ① 按色系分类	彩色铅笔（18 色以上）、蜡笔	如图 1—42 所示。
教学步骤	**小组课**	**家庭泛化**
① 导师出示彩色铅笔若干。 ② 导师示范按照颜色分类放开，指令：一样的颜色放一起。 ③ 让儿童按颜色分类。 ④ 让儿童尝试颜色分类。可先从两种色系开始（红、蓝）逐渐扩充到多种色系。	绘画课上，导师出示多色蜡笔。引导儿童进行颜色分类。色系从 2 种到多种。	可以准备一些多种颜色的积木块，让儿童按颜色进行分类。
阶段目标	**教具**	**备注**
1. 认识深 / 浅颜色的物件 （1）知道同种颜色的深浅 ② 认识深浅色	彩色铅笔（18 色以上）、蜡笔	

教学步骤	小组课	家庭泛化
① 导师从同一种色系中拿出两支差别明显的彩色铅笔。 ② 让儿童看并告知深浅色。 ③ 逐渐拿取色差较小的彩色铅笔来让儿童辨别深浅色，如知道深红与淡红、深绿与淡绿等。	绘画课上，引导儿童会用同一种色系的深浅来搭配涂色。让儿童观察颜色的变化。	① 在生活中，可以引导儿童挑选同一种色系衣物服饰搭配。 ② 春天 / 秋天观察叶子颜色的深浅，创作树叶画。
阶段目标	**教具**	**备注**
1. 认识深 / 浅颜色的物件 （1）知道同种颜色的深浅 ③ 涂色	彩色图画若干、彩色铅笔	
教学步骤	**小组课**	**家庭泛化**
① 导师出示画好并涂好颜色的图画模板。 ② 让儿童在未涂好颜色的图画上照样涂色。 ③ 根据图画中的深浅色选择彩笔进行涂色。 ④ 可要求儿童指出深浅色（图画的内容符合生活常规）。	绘画课上，引导儿童和导师涂一样的图画。	在生活中，家长可以出示儿童喜欢的图画，让儿童照着图画模板涂色。
阶段目标	**教具**	**备注**
1. 认识深 / 浅颜色的物件 （2）知道不同颜色的深浅 ① 选择深 / 浅色物件	颜色深浅不同的物件	
教学步骤	**小组课**	**家庭泛化**
① 导师展示不同颜色的物件并告知儿童不同颜色的深浅色，例如粉红色、深蓝色。 ② 要求并指导儿童选择深色或浅色。	创意乐课上，引导儿童用不同颜色的深浅来搭配涂色。或用彩色颜料调出不同的颜色，让儿童观察颜色的变化。	在生活中，家长引导儿童用各种深浅颜色来搭配自己的衣物服饰。或选择物品时按指令选择深浅颜色。
阶段目标	**教具**	**备注**
1. 认识深 / 浅颜色的物件 （2）知道不同颜色的深浅 ② 说出深 / 浅色	颜色深浅不同的物件	

续表

教学步骤	小组课	家庭泛化
① 导师出示不同颜色的物件并告知儿童“×× 是深色的”“×× 是浅色的”。 ② 要求儿童按指令选择并说出“×× 是深色的”“×× 是浅色的”。	创意乐课上，导师出示图画作品，引导儿童说出图画上颜色的深浅部分。	在生活中，家长引导儿童用各种深浅颜色来搭配自己的衣物服饰，并会表达深色的、浅色的。
阶段目标	**教具**	**备注**
2. 认识几何图形（扇形、梯形、多边形）	几何图形卡、形状块、积木	
教学步骤	**小组课**	**家庭泛化**
① 导师先告诉儿童是什么形状。 ② 导师示范，要求儿童按指令拿取形状。 ③ 然后展示以往学过的多种形状。 ④ 让儿童听指令选择其中一种形状，并准确拿起或说出形状的名称。	数学课上，导师可以准备形状盒，先做出示范，并告诉儿童这是什么形状，然后让儿童根据指令找出相应的形状。例如，“找一找长方形在哪里”。	购物时，引导儿童按物品的外部特征（如形状、颜色、大小等）进行描述和购买。
阶段目标	**教具**	**备注**
3. 认识抽象的物件属性（美丽） （1）从色彩上感觉	蜡笔、简笔画若干张	
教学步骤	**小组课**	**家庭泛化**
① 导师出示一张简笔画和几支颜色较明亮的蜡笔，让儿童选择喜欢的蜡笔。 ② 导师引导儿童使用刚才挑选的蜡笔并进行涂色。导师可以和儿童各自涂色同样的简笔画。 ③ 涂完颜色后让儿童观看，边看边告诉儿童“漂亮”“好看”等词，让儿童从色彩上感觉到美感。	创意乐课上，导师展示儿童们完成的涂色作品。让儿童将作品贴在黑板上进行评比。儿童根据色彩上的美感挑选自己中意的作品。	家长带儿童玩色彩小游戏。儿童挑选出一些颜色明亮的纸，并用这些纸做简单的剪贴画。完成后让儿童欣赏美丽的作品。
阶段目标	**教具**	**备注**
3. 认识抽象的物件属性（美丽） （2）从图片上欣赏	服饰图片、风景画	
教学步骤	**小组课**	**家庭泛化**
导师出示两张相同但颜色对比明显的服饰图片或风景画让儿童观看。引导儿童欣赏美丽的图画或者服饰图片。	绘本课上，让儿童欣赏美丽的绘本图片。引导儿童知道画面的美丑。让儿童学会欣赏美丽的事物。	家长带儿童挑选美丽的服饰。让儿童边照镜子边欣赏。引导儿童建立美丑的概念。

续表

阶段目标	教具	备注
4. 认识相反词 （1）懂得相反词义	物件图卡若干（上下、长短、高矮、粗细、里外、大小、多少、空满、宽窄、好坏）	
教学步骤	**小组课**	**家庭泛化**
导师出示两张图意相反的（如能明显表现出高/低的）图卡。询问儿童："哪个高，哪个低？"引导儿童正确说出答案，并告诉儿童知道高的反义词是低，低的反义词是高。	社交课上，导师与儿童进行互动游戏（玩操作性游戏），如搭积木：导师搭一个高的，引导儿童按照反义词的意思搭一个低的。	家长与儿童进行赛车游戏。引导儿童理解反义词。例如，快和慢。
阶段目标	**教具**	**备注**
4. 认识相反词 （2）辨别好/坏行为	行为图卡或照片若干（看花/摘花、排队/抢位、闯红灯/过人行道、马路/操场踢球、整理/乱扔玩具、安静睡觉/哭闹不睡）	
教学步骤	**小组课**	**家庭泛化**
导师让儿童观看一组行为图卡。告诉儿童什么是好的行为，什么是不好的行为。引导儿童辨别。例如，问儿童"摘花对不对"，引导儿童正确说出答案"不对"。	① 社交课上，导师演示排队和抢位。 ② 引导儿童辨别好坏行为。例如，排队和抢位，哪个是好行为，哪个是坏行为。	结合日常生活及时进行好坏行为的辨别并建立规范。
阶段目标	**教具**	**备注**
5. 知道自己的年龄及简单住址	写有简单住址的图卡	
教学步骤	**小组课**	**家庭泛化**
① 导师首先告诉儿童的真实年龄。然后向儿童提问："你几岁了？"引导儿童能正确回答。 ② 先教"我住在××小区××号××室"。 ③ 再教"××路"。 ④ 引导儿童可以正确回答"你家住在哪里？""你家住在什么地方？"或"你家住在哪个小区？"等提问。	"认识家庭"主题课，导师介绍儿童的家庭地址，让儿童自己选择自己的家庭地址或说出自己的家庭地址。	回家路上，家长问儿童"我们家住在哪里"，引导儿童说出自己的家庭地址，并让儿童带路。

☆ 训练目标：能理解物件之间相似之处及共同之处

阶段目标	教具	备注
1. 能做出比较 （1）同类物品相互之间做比较	熟悉的物件图卡	
教学步骤	**小组课**	**家庭泛化**
① 导师出示图卡，如帽子、鞋。告诉儿童把帽子戴在头上，鞋穿在脚上。 ② 再出示衣服和袜子图卡，告诉儿童“衣服穿在身上”。要求并引导儿童说出“袜子穿在脚上”。 ③ 出示交通工具图卡，说“飞机是交通工具，汽车也是交通工具”。可参考词汇表逐一选出可做比较的图卡，从类别、功用、特征等多方面进行比较，进一步强化儿童对物件属性的认识。	在自理课上，导师引导儿童观察物件发现同类物品间功能特征。例如，铅笔是学习用品，橡皮也是学习用品；铅笔写错字后，可以用橡皮擦掉；小汽车是玩具，鼓也是玩具；小汽车可以发出嘀嘀声，鼓可以拍出咚咚声。	家长让儿童熟悉家庭常用的物品、生活用品类之间的区别。例如，裙子是女孩子穿的，领带是男孩子系的；牙刷、杯子是洗漱用品，发夹、手链是装饰用品。
阶段目标	**教具**	**备注**
1. 能做出比较 （2）不同类物品相互之间做比较	熟悉的物件图卡	
教学步骤	**小组课**	**家庭泛化**
① 导师出示不同类图卡，例如碗、球、奶瓶，告诉儿童“碗是圆形的”，引导儿童选择球并说“球是圆形的”。 ② 出示饼干、微波炉、杯子图卡。告诉儿童“饼干是长方形的”，引导儿童选择微波炉并说出“微波炉是长方形的”；或告诉儿童“杯子可以用来喝水”，引导儿童选择微波炉并说出“微波炉可以用来热饭”。	社交课上，导师和儿童一起玩过家家游戏，引导儿童观察物件属性特征，如苹果和球都是圆的。	玩找物件游戏：找家里长方形的物品，引导儿童找到电视机和衣柜，引导儿童说“电视机是长方形的，衣柜也是长方形的”。
阶段目标	**教具**	**备注**
2. 能理解图画中不合逻辑的地方 （1）操作性演示	大球、小篮子、粗线、小孔珠子、大脚、小鞋等实物及图卡	
教学步骤	**小组课**	**家庭泛化**
导师示范不合逻辑的做法：将大球、粗线、大脚分别放入或穿过小篮子、小孔珠子和小鞋。让儿童知道这些操作不可行。	自理课上，导师向儿童展示小的塑料袋无法套在大的垃圾桶上。	家长拿出大人的鞋和小朋友的鞋，示范儿童能把脚放进大人的鞋里，但大人不能把脚放进小朋友的鞋里。

阶段目标	教具	备注
2. 能理解图画中不合逻辑的地方 （2）理解画面中不合逻辑的地方	扣错扣子的衣服图卡、手表戴在脚上的图卡、吃鞋子的图卡、小鸟游泳、小鱼爬树的图卡等	
教学步骤	**小组课**	**家庭泛化**
导师出示内容不合情理的图卡给儿童。帮助儿童分析哪里错了，引导儿童正确指出错误的地方，并在协助下让儿童说出理由。	语文课上，导师出示有违常识的图卡，让儿童指出并说出不正确的地方。例如，出示小鱼爬树图卡，让儿童说出“鱼不能爬树，鱼是在水里游的”。	家长带儿童进行识别游戏：家长故意把衣服的扣子扣错，引导儿童指出错误的地方并将扣子重新扣好。

☆ 训练目标：明白抽象的类别

阶段目标	教具	备注
1. 按照性别将人物分类 （1）将家人按性别分类	家人照片、人物图卡、男女标志	
教学步骤	**小组课**	**家庭泛化**
① 导师出示家人照片（爸爸、妈妈、爷爷、奶奶、儿童自己）和男女标志。 ② 告诉儿童“爸爸、爷爷是男生，妈妈、奶奶是女生，宝宝是男（女）生”。 ③ 将照片贴在男女标志旁边。 ④ 引导儿童正确区分家人的性别。	① 语文课上，导师可以让儿童认识“男”“女”二字，并对多种男女标志进行分类。 ② 告诉儿童女孩是穿裙子的，男孩是穿西装的，准备多张人物图片，让儿童按男女进行分类。	家人带儿童玩男女对抗赛，男性站一列，女性站一列。
阶段目标	**教具**	**备注**
1. 按照性别将人物分类 （2）将家人和其他人物（叔叔、阿姨、哥哥、弟弟、姐姐、妹妹）按性别分类	相关人物照片、男女标志	
教学步骤	**小组课**	**家庭泛化**
① 同上。 ② 引导儿童知道“叔叔、哥哥、弟弟是男生，阿姨、姐姐、妹妹是女生”。 ③ 可以正确区分性别。	主题课上，导师出示家庭照片，让儿童指认亲戚并让他们按男女分类。	家长拿出全家福照片，让儿童分别指出谁是男生，谁是女生。数一数家里有几位男性，几位女性。

续表

阶段目标	教具	备注
1. 按照性别将人物分类 （3）男女特征配对	服饰类小物件（裙子、高跟鞋、长发、烫发、小辫子、小发饰；领带、短发、裤子）或图卡	
教学步骤	**小组课**	**家庭泛化**
① 导师出示两张男女特征明显的图卡。 ② 告诉儿童：女性的常见特征是穿裙子、穿高跟鞋、烫头发；男性的常见特征是留短发、打领带、穿裤子。 ③ 并让儿童用服饰类的小物件做配对。例如，"女生穿什么？男生穿什么"。	社交课上，导师出示长头发、长辫子、发饰、领带、短裤、长裙等物件或图卡。让儿童根据男女特征进行装饰配对。	让儿童根据爸爸妈妈的特征分别找出一套属于爸爸妈妈的衣物。
阶段目标	**教具**	**备注**
1. 按照性别将人物分类 （4）按男女特征分类	同（3）	
教学步骤	**小组课**	**家庭泛化**
① 导师重点强调儿童自身的性别特征。 ② 穿裤子、留短发的，和爸爸一样是男孩（女孩则反之）。 ③ 妈妈、姐姐、奶奶穿裙子、留长头发、穿高跟鞋，是女性。 ④ 引导儿童按照男女特征将任务按性别分类。	① 社交课上，导师出示各类男女图卡。让儿童根据男女特征进行辨别分类。 ② 再按人数进行分组游戏，根据童话故事，让儿童根据角色特征选择角色，如女孩可扮演公主、女仆，男孩扮演王子、士兵。	① 让儿童根据自己去挑选属于自己的衣物和服饰。 ② 让儿童自行去商场挑选服饰。
阶段目标	**教具**	**备注**
1. 按照性别将人物分类 （5）男女卫生间	男女标志，"男""女"字卡	
教学步骤	**小组课**	**家庭泛化**
① 导师可以教儿童认识"男""女"二字。引导儿童将文字与男女标志配对。 ② 告诉儿童女生去女厕所，男生去男厕所。让儿童理解自己的性别和男女厕所的关联。	自理课上，导师引导儿童根据自己的性别选择厕所去进行小便。	家长有意识地泛化儿童"女生去女厕所，男生去男厕所"，让儿童知道自己应该和谁一起去上厕所。
阶段目标	**教具**	**备注**
2. 相关联的事物配对 （1）职业与特征	人物职业图卡、相关职业物件图卡和模型等	

教学步骤	小组课	家庭泛化
① 先以主题游戏为主。导师出示相关医院、医生、护士、救护车、白大褂、听诊器、体温表、注射器、120 急救电话等模型或图卡。 ② 通过角色扮演和动作演示，让儿童对医生、护士的职业与相关特征有所了解。 ③ 让儿童用物件图卡去配对医生、护士的职业特征。 ④ 同样方法，让儿童进一步知道警察、厨师、消防员的职业特征。	社交课上，让儿童知道不同职业的特征，如： 警察：穿警服、戴警帽、开警车、拿警棍、110 报警电话； 厨师：白衣服、厨师帽；职业用具：勺子、铲子、炒锅等； 消防员：穿消防服、开消防车、消防水枪、灭火器、119 火警电话。 情景模拟体验。	① 家长引导儿童观察周围的环境和人物，知道医院在哪里，医院里有什么人，医院是干什么的地方，生病要去哪里看病。 ② 能分辨警察、厨师等人物，知道他们是干什么的，了解消防车、消防员、119 之间的关联，可以带儿童实地参观。
阶段目标	**教具**	**备注**
2. 相关联的事物配对 （2）四季与特征	服饰类（四季典型服装）、水果类（四季代表水果）、花草树木（四季代表花卉、树木）类的彩色图卡、四季典型风景图卡	
教学步骤	**小组课**	**家庭泛化**
① 导师先从生活中实际对应的季节教起。 a. 春天：出示春天典型风景图卡，给儿童讲解春天的基本特征，如树木、小草发芽变绿了，很多花（迎春花）开了，天气暖和了，人们穿上毛衣、外套和衬衣。 ② 让儿童选择与春季相应的物件配对。 ③ 让家人在生活实景中教导儿童感受春天及与春天相关的事物、景象。用同样方法教儿童其他三季。 a. 夏天：天气热，人们穿短袖、短裤、裙子和凉鞋，去海边或游泳池里游泳，吃冰激凌，吹电风扇、开空调等。 b. 秋天：天气转凉了，树叶变黄了，落下来了，菊花开了，人们穿上了长衣长裤，果树上的果实成熟了。 c. 冬天：天气很冷，人们穿上棉衣，戴上帽子、围巾和手套，有时候会下雪，可以堆雪人。	主题课“认识四季”，导师拿出四季的代表性水果、玩具和典型服装，让儿童根据四季的特征进行分类和辨认。也可以给娃娃搭配各季服饰。	① 家长带领儿童去服装店，引导儿童观察在售的当季服装，知道现在是什么季节。例如，夏天卖短袖，冬天卖羽绒服。 ② 家长带儿童去水果店买当季水果。

续表

阶段目标	教具	备注
2. 相关联的事物配对 （3）动物与特征 ① 动物喜欢的食物	常见动物与其有代表性食物的图卡、动物房子图卡（动物房子可以用食物做标志）、动物特征的图卡	
教学步骤	**小组课**	**家庭泛化**
① 导师出示动物图卡及相对应的食物图卡。告诉儿童动物喜欢吃什么，比如"狗爱吃肉骨头，猫爱吃鱼"。 ② 让儿童配对动物喜欢的食物，并让儿童说出什么动物喜欢吃什么食物。例如，熊猫喜欢吃竹子；猴子喜欢吃桃；小鸡喜欢吃虫子；羊喜欢吃草；兔子喜欢吃胡萝卜；老虎喜欢吃肉；猫喜欢吃鱼；狗喜欢吃肉骨头。	社交课上，导师拿出各种食物的图卡和动物面具。让儿童戴上动物面具，找到自己的动物面具对应的食物图卡。	家长带儿童去动物园。让儿童根据所看到的动物，喂动物喜欢的食物。
阶段目标	**教具**	**备注**
2. 相关联的事物配对 （3）动物与特征 ② 动物的家	常见动物与其有代表性食物的图卡、动物房子图卡（动物房子可以用食物做标志）、动物特征的图卡	如图1—43（a）、1—43（b）所示。
教学步骤	**小组课**	**家庭泛化**
① 导师出示动物图卡和相对应的动物房子图卡。告诉儿童这是什么动物的家。 ② 让儿童配对动物与动物的家，并要求儿童说出这是什么动物的家，房子上应有动物喜欢的食物标志或动物外形特征的标志，如兔子的耳朵、熊猫的头等。	语文课上，导师拿出动物房子图卡。提问儿童："这是谁的家？"引导儿童回答（以兔子为例）："兔子的家。"进一步提问："为什么这是它的家呢？"引导儿童回答："房子上有胡萝卜。"	家长带儿童观看《动物世界》。询问儿童，如"有竹子的地方是谁的家"，让儿童回答出"这是熊猫的家"。并问儿童："为什么是熊猫的家？""因为熊猫爱吃竹子。"

☆ 训练目标：学习数字与数量的关系

阶段目标	教具	备注
1. 点数、写数字	笔、数量图、黑板、绘有物件的纸张	
教学步骤	**小组课**	**家庭泛化**
① 导师出示绘有多个（10 个以内）物件的图卡，或在黑板上画出数个物件。 ② 让儿童点数后，报出总数并写下数字。	数学课上，导师出示绘有多个（10 以内）物件的图卡。让儿童点数，并说出总数，然后写下数字。	家长将买好的水果放在水果盘里，让儿童进行点数，并告诉家长总数。
阶段目标	**教具**	**备注**
2. 依数字取物件	数字卡、小物件	
教学步骤	**小组课**	**家庭泛化**
导师出示数字卡。让儿童拿出与卡上相同数量的物件，并将物件排列在数字卡片后面。	数学课上，导师出示数字图卡。让儿童拿出与数字图卡数量相同的萝卜，让小兔子吃萝卜。	家长带儿童去超市购物，先告知儿童需要采购水果的数量，让儿童依数量去货架上拿取相应的水果。
阶段目标	**教具**	**备注**
3. 找出或说出某数之前 / 后的数	1—10 的数字卡片	
教学步骤	**小组课**	**家庭泛化**
① 导师出示标有数字 1、2、3 的卡片。导师按顺序排列，告诉儿童“2 的前面是 1、3 的前面是 2”，并让儿童正确拿取。 ② 儿童完全理解后，用同样的方法学习 10 以内某数字前面是几。再尝试没有提示也能说出某数字的前面是几。用同样的方法教某数的后面是哪个数。	数学课上，导师引导儿童玩开小车的游戏。让儿童说出“3 号车的前面是几号车”。依此类推。	家长和儿童一起玩数字游戏，先把数字进行排列，让儿童报数，然后随机说一个数字，让儿童说出这个数字前面或者后面的数字。例如，妈妈说“3”，询问儿童“3 的前面是几”“3 的后面是几”，依此类推。
阶段目标	**教具**	**备注**
4. 指出或说出数字的多少、大小	雪花片、数字卡	

续表

教学步骤	小组课	家庭泛化
① 导师首先出示数字卡（1、2）让儿童排列对应的雪花片，完成数与量的配对，通过物件直观的数量。 ② 让儿童知道并说出2比1多，逐步扩展到4比3多，5多1少。 ③ 掌握数量的多少后再教数的大小，教法同上。	① 数学课上，导师出示数字卡和小圆片。引导儿童按数字卡上的数摆放同样数量的小圆片。 ② 通过摆放物件的数量让儿童说出谁比谁多，谁比谁少。例如，4个圆片比3个圆片多。	家长和儿童一起玩排队游戏。如：爸爸妈妈排一队，儿童排一队。引导儿童数一数，并说出哪一队多。例如，2比1多。
阶段目标	**教具**	**备注**
5. 指出第一、第二和最后	套娃、动物模型	
教学步骤	**小组课**	**家庭泛化**
导师出示套娃或动物模型。按照“从左到右，从上到下”的一般规律，让儿童将模型排队（脸朝同一方向），然后按照模型队形，先教儿童“第一”“最后”的概念，再教“第二、第三……”。	① 社交课上，导师让儿童将水果排序。例如，在桌子上排列苹果、香蕉、葡萄，先告诉儿童第一个是什么水果，第二个是什么水果，直到最后一个。 ② 导师让儿童根据指令拿取第二个水果，依此类推来完成游戏。	① 家长和儿童一起做游戏。例如，抓阄，按所抓数字让家庭成员排队。 ② 问儿童“谁排第一、谁排最后、谁排第二”。 ③ 结合日常生活，随机学习数字和数量的概念，如家里几个人，吃饭要几个碗、几把勺子、几双筷子、几把椅子，让儿童帮忙准备。分东西吃时，如果每人1块，总共需要几块。

☆ 训练目标：理解更有层次及抽象的相对概念

阶段目标	教具	备注
1. 大、中、小的意思 （1）同类物大、中、小的辨别	套娃、套杯、套圈	
教学步骤	**小组课**	**家庭泛化**
① 导师出示同类但不同大小的套娃3个。让儿童拿“最大的”“最小的”，再拿取“中等的”。 ② “最大”“最小”“中等”三个概念应分别教，儿童掌握一个概念后，再教另一概念。	数学课上，导师分别给3个儿童大小不一的积木，进行比大小。两两相比，比出最大、最小、中等积木。	家长拿出不同大小的碗，告诉儿童把最大的碗给爸爸、中等的碗给妈妈、最小的碗给儿童。

阶段目标	教具	备注
1. 大、中、小的意思 （2）不同类物大、中、小的辨别	动物玩偶、物件（大小对比要悬殊）	
教学步骤	**小组课**	**家庭泛化**
导师出示不同类的物件。让儿童辨别拿取“最大的”“最小的”，再拿取“中等的”。	社交课上，导师和儿童一起玩辨别大小游戏。引导儿童观察物件的大小，让儿童从大到小依次摆放物品，如篮球、苹果和玩具车，让儿童从大到小辨别。	家长拿出不同类的三件物件，如西瓜、土豆、黄豆，带儿童玩找大小的游戏，并引导儿童找出“最大的”“最小的”“中等的”。
阶段目标	**教具**	**备注**
1. 大、中、小的意思 （3）用大、中、小来形容3个以上不同程度大小的物件	套娃、套杯、套环等	
教学步骤	**小组课**	**家庭泛化**
① 导师出示大、中、小不同的物件。让儿童说出“这是最大的 ××”“这是中等大的 ××”“这是最小的 ××”。 ② 理解问句“哪个是最大或最小的”“中等的是哪个”。	① 语文课上，导师出示三个物件。例如，篮球、排球、乒乓球。 ② 问儿童：“三个物件中哪里不一样，为什么？”引导儿童回答“大小不一样”，因为篮球是最大的、乒乓球是最小的。	家人和儿童一起做游戏，大家共同伸出手和脚。让儿童观察并用大、中、小来形容手和脚。例如，爸爸的脚是最大的，儿童的脚是最小。
阶段目标	**教具**	**备注**
2. 快慢、厚薄、轻重概念 （1）明白快慢（速度）	玩偶（龟、兔）、电动玩具、交通工具、动物模型等、交通工具图卡	
教学步骤	**小组课**	**家庭泛化**
① 导师利用电动玩具，在游戏过程中让儿童明白，走在前面的是快的，落在后面的是慢的。 ② 也可以和儿童比赛跑步，感受速度快慢。 ③ 用玩偶龟、兔做游戏，让儿童明白兔子跑得快、乌龟跑得慢。	① 社交课上，导师拿出各种交通工具。和儿童进行桌面游戏，并让儿童观察自行车快还是小汽车快。 ② 让儿童说出小汽车快、自行车慢。	① 家长和儿童一起做音乐互动游戏。通过音乐节奏敲击物件，让儿童明白快慢。例如，音乐律动《快与慢》。 ② 亲子户外跑步。

续表

阶段目标	教具	备注
2. 快慢、厚薄、轻重概念 （2）明白厚薄	积木、书（对比悬殊）	
教学步骤	**小组课**	**家庭泛化**
导师出示2本对比悬殊的书。让儿童观察触摸并辨别厚薄。	自理课上，导师出示多件衣服。让儿童根据衣服的厚薄进行分类。	家长和儿童一起做切菜游戏。家长切不同厚度的胡萝卜片，让儿童观察哪一片厚、哪一片薄。
阶段目标	**教具**	**备注**
2. 快慢、厚薄、轻重概念 （3）明白轻重	沙袋、布袋（装玩偶）、空瓶子等	
教学步骤	**小组课**	**家庭泛化**
① 导师用两个外观相同的布袋，一个装沙子，一个装玩偶，让儿童拎着来辨别轻重。 ② 导师用两个布袋装同样的物件，装得多、体积大的重，体积小的轻。	社交课上，导师拿出饮料瓶。让儿童拿装水的饮料瓶和空的饮料瓶，并辨别哪个重、哪个轻。	① 家长带儿童一起外出购物，让儿童帮忙拎物品。家长告诉儿童“重的爸爸拎，轻的宝宝拎”，让儿童自行选择要拎的物品。 ② 让儿童感受大椅子重、小椅子轻。训练的原则是：让儿童做有意义的事情，从中感受轻重的概念。

☆ 训练目标：发展对事物的记忆能力

阶段目标	教具	备注
1. 回忆1组物件（包括3件不同的），并说出不见了的一件是什么？ （1）记物件	日常用品，动物、水果、交通工具等的模型	
教学步骤	**小组课**	**家庭泛化**
① 导师出示3个不同物件在桌面上，让儿童说出名称后，再全部拿走。问儿童：“桌子上刚才放的是什么？”引导儿童说出3个物件的名称。 ② 从3个物件中拿走一个。问儿童：“桌子上少了什么？”引导儿童说出缺少的物件名称。	“认识动物”主题课上，导师出示3个动物模型，如老虎、狮子、大象，让儿童观察并说出动物的名称。导师取走其中一个动物，问儿童：“少了哪一个动物？”或导师拿走所有动物，问儿童：“刚才都有哪些动物？”	让儿童去超市购物，回家后引导儿童说出今天买了什么物品，或说出其中一种物品。

阶段目标	教具	备注
1. 回忆 1 组物件（包括 3 件不同的），并说出不见了的一件是什么？ （2）记图卡	日常用品、动物、水果、交通工具图卡	
教学步骤	**小组课**	**家庭泛化**
① 导师出示 3 张物件图卡在桌面上，让儿童说出名称后，将全部图卡翻转。问儿童："刚才看到的是什么？"引导儿童说出物件图卡的名称。 ② 出示 3 张图卡，任意翻转 1 张（或翻转后变换位置），要求说出被翻图卡的名称，可变换问句对儿童提问。	社交课上，导师和儿童玩找水果游戏，导师出示水果图卡，让儿童说出图卡名称。例如，导师拿出葡萄、桃子、橘子的图卡。导师藏起 1 张橘子图卡，要求儿童说出被藏图卡的名称，如"少了橘子"。	① 家长和儿童一起玩图卡游戏，家长拿出 3 张图卡，如牙刷、毛巾、鞋子，让儿童看完后去拿取相应物品。 ② 带儿童去超市，让儿童记住去超市要买的东西（从一件开始，逐步增加物件数量）。例如，让儿童记住两种水果——苹果、香蕉，让儿童去超市找到并购买。
阶段目标	**教具**	**备注**
1. 回忆 1 组物件（包括 3 件不同的），并说出不见了的一件是什么？ （3）提升训练	正反面画有不同物件的图卡	
教学步骤	**小组课**	**家庭泛化**
导师出示一张正反面有不同物件的图卡。问儿童"你看到了什么""老师看到了什么"，引导儿童说出正确的图卡名称。	语文课上，导师拿出正反面都有动物的卡片。例如，正面是老虎，反面是兔子，引导儿童说出正反面是什么动物。	家长和儿童玩正反游戏，家长拿出水果卡片，并让儿童说出正面是橘子，反面是什么水果。

5—6 岁年龄段

☆ 训练目标：理解及使用物件的多方面属性及与动作的关联

阶段目标	教具	备注
1. 猜简单谜语	附录一《常用词汇表》中熟悉的物件及物件图卡（水果、蔬菜、玩具类等），如苹果、草莓、球，等等	
教学步骤	**小组课**	**家庭泛化**
① 导师出示两张物件图卡，如一个红皮球、一个红苹果，问儿童："什么是又红又好吃的？"引导儿童根据图卡的提示，回答导师"苹果"，或是把苹果给导师。 ② 描述物件的属性可以从一个开始，逐渐增加到 2—3 个。 ③ 接着导师可以展示的物件图卡从 2 张开始，逐渐增加到 3—4 张。 ④ 接着可以按物件属性，可包括颜色、形状、大小、类别、功能等。 ⑤ 导师语句可用肯定句或否定句，根据儿童的能力调整。	在主题课上结合猜灯谜情景游戏，导师出示提前准备好的灯谜，并且播放相关的儿歌或动画。让儿童选择相应的谜底。例如，动物的主题，给出灯谜"长着长耳朵爱吃胡萝卜，走路蹦蹦跳跳的是什么动物"，答案是兔子。	带儿童熟悉家里常用物件的属性，家长描述物件属性后由儿童找出相应物件。例如："挂在墙上，用来看时间，上面有数字的是什么？"引导儿童找出时钟。
阶段目标	**教具**	**备注**
2. 能理解 15—20 个动作的起源	球、圆形积木、橡皮筋、杯子、小纸船、积木、剪刀、手工纸、电话、冷水、热水、奶粉、果珍、钥匙、挂锁、糖、盐、颜料、图卡等	
教学步骤	**小组课**	**家庭泛化**
① 导师出示一个物件并描述其属性，接下来由导师来示范动作。例如，导师出示一个皮球，拍一下，让球弹起来，告诉儿童皮球拍一拍就会弹起来。随后让儿童来进行操作，拍一拍球，问儿童"皮球怎样才可以弹起来"，引导儿童做出拍的动作。用同样的方式让儿童实践操作其他的动作。 ② 参照动作：球——踢了可以滚动；挂锁——用钥匙可以打开；橡皮筋——拉	音乐课上，导师出示乐器，例如鼓、沙锤、三角铁，导师依次示范乐器演奏方法，强调乐器演奏动作结果，例如拍鼓会响，询问儿童"怎么样让鼓响"，引导儿童做出相对应的动作。	结合日常生活，让儿童操作并理解生活中的变化，例：门——用钥匙开锁，门打开了；电视机——遥控器一按，电视打开了；生米——加水烧——煮成米饭；虾、

教学步骤	小组课	家庭泛化
可以变长，松开会弹回去；杯子——要放正，水才不会倒出来，不能倒着放；奶粉、果珍——放进水里调一调就可以变成好喝的牛奶或果珍饮料；糖——放进水里，水就会变成甜的了；盐——放进水里，水就会变成咸的了；沉浮——纸船或球放在水里会浮起来，积木放在水里会沉下去；冷——冷水倒一点热水就会变成温水；热——热水倒一点冷水就会变成温水；剪纸——折一折纸或在纸上画点线，沿着折痕或线剪，变成另一种图案；颜色——用不同颜色的颜料，调一调能变成另一种颜色，如红+白→粉红；拨电话——拨一下电话号码就能打电话。 ③ 同样的方式让儿童操作其他的物件。		螃蟹——煮熟了变成红色；水果——榨汁变成果汁；门铃——按门铃，门铃会响；冷的——饭冷了，放微波炉转——转变热的；冰——把水放在冰箱里，水变冰等。
阶段目标	**教具**	**备注**
3. 知道父母的名字、职业	职业主题教具、父母照片、职业图片	
教学步骤	**小组课**	**家庭泛化**
① 导师出示儿童父母工作照并告诉儿童父母的名字和职业是什么，或用卡通职业形象介绍工作大概内容。 ② 导师播放有关父母职业的视频或儿歌。 ③ 引导儿童指出或说出父母的职业与姓名。“爸爸叫什么名字？”“爸爸是做什么工作的？”	① 主题课上，导师让儿童角色扮演一位家长的职业，感受并了解该职业的属性。 ② 导师拿出几张父母职业的图卡并让儿童选择父母相对应的职业图卡。 ③ 导师出示一张工作卡，引导儿童选择父母的名字、职业和照片，带领儿童做出一张自己父母的工作卡。	父母带儿童去各自的工作单位参观了解。

☆ 训练目标：发展将物件符号化及阅读能力

阶段目标	教具	备注
1. 阅读 10 个生字	常用字字卡	
教学步骤	**小组课**	**家庭泛化**
导师出示字卡，引导儿童辨认并要求读出。	① 按语文课教学进度学习汉字。 ② 绘本课，边听故事，边学习汉字。	① 家长教儿童认亲人的称呼，比如从“爷爷”“奶奶”“爸爸”“妈妈”等字开始认字。 ② 家长带儿童逛超市、逛菜市场时，可以教儿童认蔬菜水果的名称。 ③ 在街上看到广告牌，家长可以给儿童认广告牌上的字。
阶段目标	**教具**	**备注**
2. 阅读以及理解句子 （1）阅读后做动作	字卡、常用物件	
教学步骤	**小组课**	**家庭泛化**
导师出示物件和简单句子。例如，导师先把苹果放在桌上，同时出示一张字卡，说“把苹果给我”，要求儿童读一遍（让儿童指一遍），然后引导儿童照着内容做动作，用同样的方式教授其他内容。例如，“我要红色”“站起来”“跳一跳”“小脚小脚跺一跺”等。	① 音乐课上，让儿童照歌词做动作。歌曲示例：《公交车的轮子转呀转》《幸福拍手歌》等。 ② 小食课上，出示制作食物流程图，让儿童根据流程图文字提示制作食物。	家长根据儿童识字能力，玩“你比我猜”的亲子游戏，让儿童看着文字做动作，家长猜答案，如青蛙呱呱叫、小鸡叽叽叽、小鸭嘎嘎嘎。
阶段目标	**教具**	**备注**
2. 阅读以及理解句子 （2）阅读后做题	字卡	
教学步骤	**小组课**	**家庭泛化**
① 导师出示写有题目的字卡，引导儿童阅读题目，并示范按题目要求做出答案。 ② 导师引导儿童做出同一类型题目后，可出示不同类型题目，并强调读题，按要求完成题目。例如，题目为“画出一个圆形，画出一个三角形”，导师引导儿童按要求做题。注意：在儿童能力范围之内选择题目，引导儿童理解题意并独立完成。	语文课、写字课、绘本课、数学课小组课上，根据课程内容，导师出示与课程内容相关的视频或者课本，让儿童理解内容，并出示题目，引导儿童阅读题目后，按要求做题。	结合儿童家中情况，使用适合儿童能力的数学、语文练习册，让儿童看题目独立作答。例如，数一数图中某种物品的数量，让儿童独立阅读完成题目。

☆ 训练目标：发展物件类别的概念

阶段目标	教具	备注
1. 会按照物件特性加以分类	参照附录一《常用词汇表》中的词汇图卡	
教学步骤	**小组课**	**家庭泛化**
① 导师展示一些儿童已熟悉的同类物件图卡。 ② 引导儿童观察物件的共同特征，并按其进行分类。如出示服饰图卡，可按内衣 / 外衣，厚 / 薄等特征进行分类。出示人物图片，按男 / 女，大人 / 小孩进行分类。 ③ 可以同样的方式对其他物件进行分类。	主题课上，导师让儿童将职业工具按所属职业进行分类；导师让儿童将季节特征图片按季节进行分类。	日常自理练习，如让儿童将家里的鞋子按照爸爸的、妈妈的、宝宝的分类。

☆ 训练目标：能理解相对性的空间概念

阶段目标	教具	备注
1. 能辨别出身体的左右 （1）指出自己身体的左右		
教学步骤	**小组课**	**家庭泛化**
① 导师利用视觉提示在儿童右手做标记物（贴纸或者文字“右”），让儿童辨别自己的右手右脚。 ② 再结合涉及左右的儿歌或者游戏，如“小蚂蚁爬到右手上”，加强儿童对右边的认识。 ③ 当去掉视觉提示分清楚了右边之后，再用同样的方法教左边。	体能课，做手脚印游戏，导师在地面贴上左右手脚印，让儿童按照导师的指令做出相应的动作。	融入日常，告诉儿童左右手分别能做什么。比如，刷牙时，右手拿牙刷，左手拿杯子；吃饭时，右手拿勺子，左手扶着碗；写字时，右手拿着笔，左手压着纸等。
阶段目标	**教具**	**备注**
1. 能辨别出身体的左右 （2）指出别人身体的左右		
教学步骤	**小组课**	**家庭泛化**
导师可以和儿童站在一排，让儿童指出导师的左手、右手、左腿和右腿。 导师和儿童相对而坐，让儿童指出导师的左右手和左右腿。	社交游戏课，让儿童两人一组面对面站立，听导师指令做相应动作，如伸出右脚碰一碰、伸出左手拍一拍、向左 / 右边看。	和家人吃饭时，爸爸妈妈并排坐，儿童坐在爸爸妈妈的中间，让儿童指出妈妈的右手边坐的是谁、爸爸的左手边坐的是谁。

续表

阶段目标	教具	备注
1. 能辨别出身体的左右 （3）按指令向左转，向右转		
教学步骤	**小组课**	**家庭泛化**
导师下指令让儿童按指令做动作，例：做操整队时提醒儿童向左转、向右转。	① 社交游戏课：方向箭头游戏。 • 将一些方向箭头（指示左转或右转）放置在教室地面。 • 让儿童按照箭头的指示行走，身体朝着相应的方向。 ② 音乐课： • 播放音乐，儿童在教室里跳舞或行走。 • 在音乐停止时，导师会喊出“左转”或“右转”，儿童需要按照指令在位置上左转或右转。 • 继续播放音乐，再次停止并喊出指令，让儿童继续左转或右转。	和家长玩角色扮演游戏，如汽车前进游戏。 • 儿童扮演司机。 • 设定一个目的地，摆放标志物指示行驶方向。 • 扮演司机的儿童根据标志物的指示，驾驶虚拟的汽车向左转、向右转，前进到目的地。
阶段目标	**教具**	**备注**
2. 会使用“左右”的词汇 （1）说出自己身体的左右		
教学步骤	**小组课**	**家庭泛化**
结合儿歌《左左右右》引导儿童利用身体的左右部位做动作，并和儿童一起回忆动作并向儿童提问，比如“这是你的哪只手”。	将左右的知识融入“职业”主题课，玩角色扮演游戏。比如让儿童扮演患者，引导儿童说出“我的左腿受伤了”，导师扮演医生给儿童患者的伤口消毒贴创可贴。	融入日常，家长问儿童吃饭时哪只手拿筷子吃饭。刷牙时用哪只手拿漱口杯，引导儿童说出自己身体的左右。
阶段目标	**教具**	**备注**
2. 会使用“左右”的词汇 （2）说出别人身体的左右	娃娃	
教学步骤	**小组课**	**家庭泛化**
导师拿出娃娃，对儿童提出一些问题。例如，导师把贴纸贴在娃娃的左腿上，问儿童“贴纸贴在了娃娃的哪条腿上”，引导儿童说出左右腿。	将左右的知识融入主题课、小食课。例：让儿童说一说导师用哪只手拿刀、哪只手拿食物。	家长和儿童玩“手掌苍蝇拍”游戏，家长做动作，让儿童按照家长的要求指认左右手，说出苍蝇在哪只手上。

阶段目标	教具	备注
2. 会使用“左右”的词汇 （3）会使用“左右”的词汇	故事书	
教学步骤	**小组课**	**家庭泛化**
导师利用故事书来对儿童提出问题，如“左边有什么”“右边有什么”“小熊左边是什么”，等等。	音乐课上和同学一起玩《左左右右》律动儿歌。	让儿童扮演化妆师，给妈妈画左边或者右边的眉毛、画腮红等。给爸爸按摩左边或者右边的肩膀、腿等部位。

☆ 训练目标：将所学的因果关系作为思考时的依据

阶段目标	教具	备注
1. 运用逻辑性思考 （1）知道哪里购物	社区环境图卡、服饰图卡、水果图卡、蔬菜图卡、日用品图卡、食物图卡、货币模拟币	
教学步骤	**小组课**	**家庭泛化**
① 导师先展示图卡让儿童复习已熟悉的购物地点，然后出示相应的物件图卡，要求儿童选择与地点配对。如出示一张衣服图卡让儿童和服装店配对，问“买衣服去哪里”，引导儿童回答“去服装店”。 ② 用同样方式告诉儿童其他物件在哪里买。导师出示一张物件图卡，要求选择几个地点进行配对，如衣服配超市、服装店；也可以多样物件配一个地点，如衣服、裤子、毛衣……配服装店。	社交游戏课玩购物游戏，导师让儿童 A 扮演妈妈，儿童 B 扮演儿童，进行游戏。例：儿童 B 问“去哪里买苹果”，儿童 A 回答“去水果店”。	① 融入日常让儿童陪家长购物。先问儿童买面包要去哪里，儿童回答：“去面包店。” ② 带儿童实地购物体验。
阶段目标	**教具**	**备注**
1. 运用逻辑性思考 （2）说出购物的地点	社区环境图卡、服饰图卡、水果图卡、蔬菜图卡、日用品图卡、食物图卡、货币模拟币	
教学步骤	**小组课**	**家庭泛化**
① 导师问儿童买衣服去哪里？引导儿童说到超市，随后再问超市的什么地方，引导儿童说卖服饰的地方。 ② 同样方式引导儿童说出其他物件在哪里买。	社交游戏课或主题课上导师让儿童扮演顾客，进行购物问答游戏。例如，导师先问儿童买水果要去哪里，引导儿童说出“水果店”。	① 让儿童陪家长买东西。先问儿童要买菜去哪里买？引导儿童回答去菜场或超市。 ② 带儿童实地购物体验。

续表

阶段目标	教具	备注
1. 运用逻辑性思考 （3）回答逻辑性的问题（20—30 个）	社区环境图卡、服饰图卡、水果图卡、蔬菜图卡、日用品图卡、食物图卡、货币模拟币	
教学步骤	**小组课**	**家庭泛化**
操作要求：结合所学过的知识提出问题。开始时，让儿童边操作边提问或在图卡提示下进行提问，引导儿童做简单回答。导师用不同方式问儿童问题。例如，爸爸拿着汽车钥匙出去了，爸爸干什么去了？妈妈拿着垃圾出去了干什么呢？妈妈拿着垃圾到哪里去了？妈妈手里拿的是什么？穿短袖、短裤是在什么季节？汽车在十字路口停下来是怎么了？妈妈叫宝宝拿刷牙用的东西，宝宝应该拿什么？一个穿裙子的人想去卫生间，她应该去哪个卫生间？导师叫儿童给树涂上颜色，儿童应该选哪种颜色的蜡笔？等等。	绘本课上导师讲述一个故事，然后问儿童关于故事的一些问题。例如，故事的主人公是谁？他穿的是什么颜色的衣服？他做了什么事情？	融入日常亲子对话，日常生活常见话题：吃饭、穿哪件衣服、作业做什么？去哪里玩，出门要带什么东西？
阶段目标	**教具**	**备注**
1. 运用逻辑性思考 （4）判断对错	图卡（闯红灯，乱扔垃圾等）	
教学步骤	**小组课**	**家庭泛化**
导师拿出内容为错误行为的图卡让儿童判断对错，并说出理由。	① 社交游戏课上导师出示各种行为图片或视频，让儿童判断对错。 ② 社交游戏课上导师分别扮演好行为和坏行为的路人；儿童扮演警察，引导儿童判断对错。	结合日常生活中发生的事情，让儿童作判断对错，提出自己的想法。
阶段目标	**教具**	**备注**
2. 从故事或一连串的程序中预测下一步将会发生的事情 （1）日常生活中将发生的事情（20—30 件）	图卡	

教学步骤	小组课	家庭泛化
导师拿出内容为一张围兜的图卡和内容为一张桌子的图卡，问儿童“接下来宝宝会怎么样？会干什么”，引导儿童说“吃饭”。用同样的方式展示宝宝——杯子——饮水机、阿姨——汽车站——汽车等主题图卡，引导儿童回答。引导儿童观察生活中的某一现象，预测下面将发生什么。	自理课，导师拿出一个水盆和一块抹布，问儿童：“接下来要练习什么自理项目？第一步做什么？第二步做什么？”	家长引导儿童观察生活中的某一现象，预测下面将发生什么，让儿童说一说。比如，爸爸拿钥匙走到门口，问儿童：“接下来爸爸要干吗？”儿童说：“去开车。”“开车去干什么？”儿童说：“去上班。”
阶段目标	**教具**	**备注**
2. 从故事或一连串的程序中预测下一步将会发生的事情 （2）紧急情况下怎么办	图卡	
教学步骤	**小组课**	**家庭泛化**
导师用不同方式向儿童提问。比如，“着火了怎么办”，引导儿童回答打 119 电话等，要求儿童对日常生活中常见的紧急情况知道怎么办。	主题课“职业”，知道几个常用的急救电话号码。例：“如果外出游玩和爸爸妈妈走散了怎么办？”——引导儿童回答打 110 电话找警察帮忙。“如果有人受伤了怎么办？”引导儿童回答打 120 电话找医生帮忙。	① 在家里如果不小心被烫伤，家长告知儿童赶紧离开，并在流水下持续冲水降温。 ② 在家里膝盖撞到桌子有淤青，家长告知儿童立刻冰敷。 ③ 在家实操练习各种常见急救措施。
阶段目标	**教具**	**备注**
2. 从故事或一连串的程序中预测下一步将会发生的事情 （3）外出旅游要准备什么？	书包、饮品、水果、零食、纸巾等	
教学步骤	**小组课**	**家庭泛化**
在日常生活中训练，引导儿童准备好要带的物品。例如，去公园、超市、学校、春游等，要带的常用物品。	主题课上，导师提前准备好出游的物品若干，与儿童进行角色扮演，导师提出郊游地点和游玩时间，导师让儿童选择郊游要准备的物品。	融入日常体验家人与儿童讨论外出旅游时需要带哪些东西，需要注意的事项是什么，遇到危险的时候应该怎么办。

☆ 训练目标：学习数字与数量的关系

阶段目标	教具	备注
1. 能念数（1—100）	数字图卡	
教学步骤	**小组课**	**家庭泛化**
导师让儿童从 1 数到 100。在图卡的提示下，先从 1—20，逐渐提升到 100。	数学课上导师列出 1—20 的数字图卡让儿童念数。逐渐提升到 100。	① 家长可以让儿童念日历。 ② 玩数字拼版。 ③ 排序 1—50 数字，让儿童念数，检查是否正确。
阶段目标	**教具**	**备注**
2. 能倒叙念数字（100—1）	数字图卡	
教学步骤	**小组课**	**家庭泛化**
导师先让儿童从 20 倒数到 1，并且问儿童 20 前面是几，引导儿童回答，随后延伸到 100（在图卡提示下）。	数学课上儿童分组玩开火车的游戏，一组儿童正数数字 1—10，另一组儿童再从 10 数到 1。	学会收拾数字卡片：让儿童边念边从大到小排序。
阶段目标	**教具**	**备注**
3. 能数出 1—20 个物件	雪花片、小珠子、扣子	
教学步骤	**小组课**	**家庭泛化**
导师把桌子上的物件打乱，让儿童数一数桌上有几个物件，最后要求其说出全数。	数学课上导师和儿童一起扮演商场理货员，让儿童数出导师准备的物品的数量。	家长让儿童整理物品，让儿童数出每种物品的数量，并装在袋子里，贴好便签做好数量记录。

☆ 训练目标：能做简单的运算

阶段目标	教具	备注
1. 能做出简单的加减法 （1）能理解加法的意义（1—5） （2）能理解减法的意义（1—5） （3）10 以内的加减法	雪花片、小珠子、扣子	
教学步骤	**小组课**	**家庭泛化**
导师先用物件让儿童操作。例如，先给儿童 2 个，并提问“你有 2 个，我再给你 2 个，你现在一共有几个”或“你有 1 个，又买了 2 个，一共有几个”，要求儿童点数然后说出，随后引导儿童用手指数。用同样方式教授 5 以内的加法。	数学课上导师与儿童一起模仿商场购物，分别扮演顾客与售货员，并说一说。例如：“先买了 2 个苹果，又买了 2 个橘子，一共买了几个水果？”	家长与儿童玩分糖果的游戏。例如，妈妈给了儿童 1 颗糖果，爸爸又给了 2 颗糖果，问儿童一共有几颗糖果；儿童有 5 颗糖果，分给妈妈 2 颗，问儿童还有几颗。

☆ 训练目标：道德观念

阶段目标	教具	备注
1. 与儿童玩耍时，表现出对公平规则的理解		
教学步骤	**小组课**	**家庭泛化**
导师和儿童玩石头剪刀布的游戏。谁赢了谁就可以先做项目。让儿童建立正确的输赢观念。	社交游戏课上，导师和儿童玩抢椅子游戏，谁先坐到指定的椅子上谁就赢。让儿童建立正确的输赢观念。	在家庭训练，家长和儿童抽数字，谁的数字大谁赢。让儿童建立正确的输赢观念。

语言表达篇

3—12 个月年龄段

☆ 训练目标：学习发出不同的声音

阶段目标	教具	备注
1. 在成人对儿童说话时，会发出咕咕声或咿呀之类的声音	有声玩具	语言表达应随语言理解能力提高的同时进行。
教学步骤	**小组课**	**家庭泛化**
导师通过有声玩具或活动，夸张地发出以单音为主的简单声音，引导儿童发声。例：玩泡泡时，发出“泡”“噗”等声音；玩躲猫猫时（布遮脸后拉开）发出“咦”“欸”等声音，在儿童要求继续该活动时，引导儿童发出声音（尽管发音可能不准确），或在课程中注意引导儿童发声。	游戏课时、其他课程夸张演绎互动时注意引导儿童发声。	家庭互动时也对此有要求（也可结合儿童特别喜欢的动画片或绘本）。
阶段目标	**教具**	**备注**
2. 能模仿成人说话时的语调和声响		
教学步骤	**小组课**	**家庭泛化**
融入教学中，导师一边吸引儿童注意力，一边对其说话或发简单的音，有一些语调或音量的变化。在儿童能发出一些声音时，导师对儿童说话的声音作一些语调上或音量上的变化，引导儿童模仿。	① 戏剧课（京剧）模仿发声演绎。 ② 音乐课练声互动。	模仿不同的家人（或不同的动画片主角：如小猪佩奇家不同的角色）说同一句话（如哈哈笑声）游戏，爸爸是大声的、奶奶是没牙地嘟囔、妹妹是轻声细语……请儿童模仿演绎。
阶段目标	**教具**	**备注**
3. 能发出结合多个子音的声音	有声玩具	
教学步骤	**小组课**	**家庭泛化**
通过活动，引导儿童发出多个声音，例：念动物儿歌的同时，鼓励儿童模仿其中的声音，或在念到有关动物叫声时作停顿，		把手放在儿童嘴巴上，持续轻轻拍打，当儿童发声时，就会有多个子音出现。

教学步骤	小组课	家庭泛化
引导儿童接上去。或和儿童一起玩其他玩具，边玩边引导儿童发出一些声音，发出的声音可进行一些变化：嘟、叭、呜……		
阶段目标	**教具**	**备注**
4. 能使用单一的声音及发出含有多个音节的声音		
教学步骤	**小组课**	**家庭泛化**
融入教学中，要求儿童用某一声音做一个表达（发音可能不正确）。		配合夸张的玩乐，如挠痒痒、躲猫猫、肢体夸张接触，让儿童发出逗笑的声音。
阶段目标	**教具**	**备注**
5. 能模仿说出声音或字（但不一定能理解意思）	声光玩具、泡泡	
教学步骤	**小组课**	**家庭泛化**
① 融入教学中，有需要时，模仿发出一个声音或说出一个字，例：要求吹泡泡时，能模仿说出“泡”；要吃东西时，模仿说出“要”。 ② 在生活中高频出现的场景多练习；每个场景从固定一个字（最好是儿童能发出的）开始练习；要求从仿说提升到主动语言。	① 在学校中高频出现的、强化大的、动机强的场景多练习。 ② 各种节日场合表达“爱”。	① 在生活中高频出现的、强化大的、动机强的场景多练习。 ② 多和父母表达“爱”。
阶段目标	**教具**	**备注**
6. 语前基本能力训练		
教学步骤	**小组课**	**家庭泛化**
操作要求：根据儿童实际情况，配合“语前基本能力训练”，操作方法参考附录《语前基本能力训练》相关内容。		

☆ 训练目标：学习使用声音或字词作表达

阶段目标	教具	备注
1. 会使用类似字词的声音来表达	常用玩具或用品	
教学步骤	**小组课**	**家庭泛化**
融合在课间或家庭中，参考0—12个月认知发展篇的活动，边做边发音，例：发出“要”“拿”“敲”“呜”等音，叫名字时能回答“哎”。	结合在校及课程中常用的单字发音，进行高频练习。	结合生活中常用的单字发音，进行高频练习。
阶段目标	**教具**	**备注**
2. 能说出第一个有意义的字，将字与人物或物件联系起来	家庭成员照片	
教学步骤	**小组课**	**家庭泛化**
导师将妈妈、爸爸、宝宝的照片展示给儿童，要求儿童指认，然后发出“妈妈”“爸爸”“宝宝”。在家庭中，能在提示下模仿叫爸爸、妈妈。	① 结合在校生活及课程中常见人物和物件名称的发音，进行高频练习：如每天入校时仿说“老师”，每天吃点心时仿说“饼干”。 ② 绘本课结合《小蝌蚪找妈妈》里面“妈妈”的发音。	儿童找任意一位家长寻求帮助，要求先叫出爸爸 / 妈妈 / 婆婆等称呼，或者仿说物件（常用的）名称，再给予帮助或提供物件。
阶段目标	**教具**	**备注**
3. 能使用简单的问候语		
教学步骤	**小组课**	**家庭泛化**
结合在课堂以及生活中，与他人打招呼，能用一个字或叠音来表达。如“拜拜”“早”“好”“再见”等。	融入模拟“演戏”和表演课程。	结合日常生活中礼貌用语练习。

1—2 岁年龄段

☆ 训练目标：学习模仿发出不同的声音

阶段目标	教具	备注
1. 能重复单音	图卡或物件	
教学步骤	**小组课**	**家庭泛化**
① 发音练习，有需要时配合口肌和语前基本能力训练。 ② 导师用夸张的口形发音，如“a”，要求儿童模仿张大嘴发出“a”的声音，反复练习，然后再出示与“a”的发音有关的图卡或物件，导师仍用夸张的口形念，妈、爸、拿、拉等，要求儿童模仿发出单音，并反复练习。用同样的方法进行其他发音练习。发音练习要按照附录《发声练习》依次进行。	幼小衔接课上玩含相同韵母的字配对、辨音、仿读、组词的游戏。	读儿歌、古诗时押韵字的仿读和背诵（只要求仿读和背诵部分字即可）。
阶段目标	**教具**	**备注**
2. 模仿动物、汽车的声音 （1）模仿发声	动物及交通工具模型或图卡	
教学步骤	**小组课**	**家庭泛化**
导师拿出小猫的图卡或是玩具，告诉儿童小猫“喵喵”叫，让儿童模仿其叫声。用同样的方法模仿其他动物叫声或交通工具的声音。	结合各种儿歌、绘本、游戏、动画片互动玩“模仿发声”。	① 玩各种角色扮演游戏中的“模仿发声”。 ② 玩宝宝模仿动物 / 交通工具发声，让家长猜谜的游戏。
阶段目标	**教具**	**备注**
2. 模仿动物、汽车的声音 （2）知道动物、汽车的声音	动物及交通工具模型或图卡	

教学步骤	小组课	家庭泛化
导师展示小狗玩具，强调小狗“汪汪”叫，并问儿童“小狗怎么叫”，引导儿童回答“汪汪”（从仿说提升到主动说）。用同样的方法引导儿童模仿其他动物和交通工具的声音。	结合绘本《和甘伯伯去游河》，用动物叫声演绎故事。	① 玩各种角色扮演游戏、或结合动画片情节玩动物 / 交通工具的声音表演互动。 ② 玩家长说动物 / 交通工具名，宝宝学动物 / 交通工具发声的游戏。

☆ 训练目标：学习使用单词作表达

阶段目标	教具	备注
1. 使用 3 个有意义的词做表达（无需提示）	家庭成员照片、图卡	
教学步骤	**小组课**	**家庭泛化**
① 导师出示儿童家庭成员的照片，提问“这是谁”，要求儿童无需提示就能说出“爸爸”或“妈妈”以及其他家庭成员的称谓。 ② 在教学过程中可以融合有目的地说出“要”“好”“拿”“帮”等。	① 各种课程和日程活动中，儿童有需要时，引导儿童说“要”“拿”“吃”“帮”等，问老师拿取制作工具和物品。 ② 结合《家庭称呼歌》，在歌词中称谓处让儿童边唱边说。	① 客人来访或出门在外时，儿童主动叫熟人的称谓表达礼貌。 ② 日常活动中，儿童有需要时，引导儿童说“要”“拿”“吃”“帮”等，问父母拿取物品。
阶段目标	**教具**	**备注**
2. 当被问及这是什么时，能说出物件名称 3. 用单词表达需要	常用物件、图卡	参考“认知发展篇”中 1—2 岁“学会常用物件的名称”部分进行操作。
教学步骤	**小组课**	**家庭泛化**
① 导师出示常用物件并引导儿童主动表达。 ② 物件名称按照附录《常用词汇表》的一级内容逐一学习。从儿童已可发音（或可发拟似音）的单词开始练习。 ③ 不应频繁使用“这是什么”问句来刻意大量练习本项目。应注意在合适语境下用语言表达物件名称。	① 游戏课设计“摸一摸、说一说”的游戏，在黑袋子中放置儿童熟悉物件和玩具，用触觉辨别后说出物件名称。 ② 各种课程和日程活动中，儿童有需要时，引导或辅助儿童说出物件名称再给予。	① 外出购物时，认识更多常见物品并能表达出来。 ② 各种日常活动中，儿童有需要时，引导儿童说出物件名称再给予物件。

阶段目标	教具	备注
4. 能说出自己名字	镜子、家庭照及集体照、儿童日常个人物品	
教学步骤	**小组课**	**家庭泛化**
① 导师与儿童一起站在镜子前，导师指着镜子里的儿童提问“这是谁”，并且告知“×××”，着重强调儿童的名字（可多说几次），然后引导或辅助儿童说出自己的名字。 ② 导师出示家庭照及集体照，进行简单介绍后，指着照片中的儿童进行询问：“这是谁？”导师回答“×××”（儿童名字，可着重说几次），然后引导或辅助儿童说出自己的名字。 ③ 导师也可与儿童一起玩分东西的游戏，并指着儿童的东西问“这是谁的”，强调“×××”，然后引导儿童说出自己的名字。	① 绘本课，导师通过绘本《我的名字》，让儿童了解名字的由来，并能知晓和回答出自己的名字。 ② 创意乐课，导师通过儿童最终呈现的作品进行询问：“这是谁的作品？”引导或辅助儿童说出自己的名字。 ③ 自理课，导师结合儿童各自的物品同样泛化“说名字”。 ④ 向新同学介绍自己。	① 父母可通过全家福，询问儿童“这是谁”，引导并辅助儿童说出自己的名字。（不要刻意问答，结合照片用类似“妈妈亲谁？”“爸爸抱着谁？”等生活化问答更佳） ② 向亲朋好友介绍自己。
阶段目标	**教具**	**备注**
5. 开始使用代名词以及含有“拥有”意思的词语（我的，××的） （1）理解“拥有”的意思	儿童喜欢的玩具、动物玩具	
教学步骤	**小组课**	**家庭泛化**
导师和儿童进行分玩具或食物的活动（把动物玩偶放在儿童对面），边分边强调“这是小狗的/小猫的/大象的”。待儿童熟悉玩法和说法后，询问儿童“这是谁的”，引导儿童说出“×××的”。	主题课“动物世界”，结合各种动物常识、动物的家、动物的习性，练习“这是谁的”的表达。	① 结合扮家家游戏互动表达。 ② 日常生活中对物权有概念，并能表达“爸爸的”“妈妈的”……
阶段目标	**教具**	**备注**
5. 开始使用代名词以及含有“拥有”意思的词语（我的，××的） （2）理解“我，我的”	儿童和老师的物品、小食品	

续表

教学步骤	小组课	家庭泛化
导师和儿童进行和玩偶分玩具或食物的活动（导师坐在儿童后面，把动物玩偶放在儿童对面），分到玩偶时说“×× 的（玩偶名字）”；分到儿童时，引导儿童拍拍自己的胸脯，强调“××× 的（儿童名字），我的”。待儿童熟悉玩法和说法后，询问儿童“这是谁的”，引导儿童说出“我的”。反复多次强调，要求儿童能正确表达。	① 学校生活中营造“物权概念”并要求儿童自己看管好自己的物品。有抢夺时可以用“我的”做表达。 ② 点名时表达“我”，发作业或物品时表达“我 / 我的”。 ③ 绘本课结合绘本《这是我的》，做表达。	居家生活中营造“物权概念”并要求儿童自己看管好自己的物品。合适场合下可以用“我 / 我的”做表达。

2—3 岁年龄段

☆ 训练目标：发展对声音及字词的记忆力

阶段目标	教具	备注
1. 能重复含有 3—4 个音节的句子 （1）重复简单的句子	玩偶、图卡、小零食、小碗、小杯子等	
教学步骤	**小组课**	**家庭泛化**
① 导师设计过家家的场景，可以用娃娃或玩偶，先示范说“请娃娃吃饼干”，同时把饼干递给娃娃。 ② 导师引导儿童说出“请娃娃吃饼干”。 ③“请小熊喝水”“请娃娃吃饭”等操作方法同上。	① 学校生活中引导儿童在合适场景下说“帮我打开”“我要 ××”，才满足其需求。 ② 特殊儿童用问题行为表达需求时（如不要 ×× 就打人），特别注意适用此项训练法（教仿说“不要”，特别在问题行为出现前效果更佳，即使问题行为出现后也应重演正确表达过程）。	① 客人来访时，引导儿童说“请叔叔 / 阿姨喝水”；儿童有需要时，引导儿童说“请爸爸 / 妈妈帮忙”，问父母拿取物品；家庭聚餐，长辈入座时，引导儿童说“请爷爷 / 奶奶吃饭”等。 ② 特别注意左栏小组课第 2 条。
阶段目标	**教具**	**备注**
1. 能重复含有 3—4 个音节的句子 （2）向别人传达简单的句子		
教学步骤	**小组课**	**家庭泛化**
① 现场三人教学为佳（两个导师和一个儿童）。A 导师站于略远处，B 导师对儿童说“让 A 导师喝水”。然后拉起儿童手走近 A 导师，请儿童仿说“A 导师，喝水”（若有难度，只要求对着 A 导师说“喝水”即可），A 导师听罢喝水。 ② 此目标操作要点：传话。应先用大量示范让儿童理解传话的过程和语句取舍的要求。传话句子中涉及的语句均应符合儿童理解和表达能力。 ③ 待能掌握后，逐渐拉远被传话者的距离。 ④ 只有两人教学时可用娃娃代替第三人。	结合合适场景练习，大量练习。	饭前妈妈说“叫爸爸 / 爷爷 / 奶奶吃饭”，引导儿童逐一找到爸爸 / 爷爷 / 奶奶，并传话“爷爷吃饭”。 一开始在生活中合适的固定场景下（如饭前）大量练习（每日三餐）向不同的人转述同一句话（吃饭），会有很好的练习效果。再随能力提升和泛化。

阶段目标	教具	备注
2. 能记忆少量儿歌的音韵		儿童需记忆的儿歌长短，须根据儿童自身能力而定。
教学步骤	**小组课**	**家庭泛化**
导师进行儿歌示范，边做动作边念儿歌，当儿童熟悉后，导师可在念儿歌的过程中故意停顿，并用动作进行提示，引导儿童念出下一句；还可以导师先念第一句，引导儿童接下一句。也可以让儿童和导师一人一句地背儿歌。	音乐课，与儿童进行简单儿歌的接龙游戏。	① 日常外出时，看到相关事物，家长可说出相关儿歌的某一句，并引导儿童接出下一句。例如，看到小白兔，家长说“小白兔”，引导儿童接出“白又白”。 ② 家长可用儿歌作为起床唤醒音乐，帮助儿童熟悉儿歌，并在适当的时候，引导儿童说出相应儿歌中的某个词或某个短句。

☆ 训练目标：学习使用不同的词汇

阶段目标	教具	备注
1. 能够说出一般常见物件的名称	物件图卡	① 学习内容按照附录《常用词汇表》逐一学习，在掌握一级词汇的基础上学习二级词汇。 ② 不宜频繁无意义练习，可设计游戏或在合适场景下说出物件名称为佳。
教学步骤	**小组课**	**家庭泛化**
导师出示物件图卡，逐一教授儿童图卡内物件的名称（一种或多种，随认知而提高，根据儿童实际情况决定）。儿童辨认后，提问：“这是什么？”引导儿童回答“××”。	结合小组课练习。	① 外出逛超市时，可以询问儿童货架上的常见物品，并引导儿童说出物品名称。也可以引导孩子说出他们想要购买的物品名称。 ② 物件图卡略遮掉一点儿（不影响判断），玩按局部图样猜 / 说物件名的小游戏。
阶段目标	**教具**	**备注**
2. 能够使用代名词你、我及拥有意思的词语 （1）学习使用“我”“我的”	镜子、水杯、书包、食物、玩具等	

教学步骤	小组课	家庭泛化
导师通过互动活动，让儿童操作，并理解意思。理解“我”“我的”指代的是自己。 如导师让儿童照镜子，引导儿童拍拍自己的胸脯，强调“×××（儿童名字），我”，然后询问“这是谁”，引导儿童说出“（这是）我”。 又如导师和儿童进行和玩偶分玩具或食物的活动（导师坐在儿童后面，把动物玩偶放在儿童对面），分到儿童时，引导儿童拍拍自己的胸脯，强调“×××的（儿童名字），我的”。待儿童熟悉玩法和说法后，询问儿童“这是谁的”，引导儿童说出“我的”。反复多次强调，要求儿童能正确表达。	① 音乐课：结合歌曲《我的身体》，引导儿童说出“我的××”。 ② 日常活动中，儿童整理内务，导师引导儿童说“我的书包／水杯”等。	① 家人一起欣赏全家福，父母指到儿童不同时期的照片问“这是谁？”，并引导儿童说出“我”。 ② 结合日常生活用品使用，引导儿童说出“我的杯子／牙刷／鞋子”等，要求儿童自己的物品自己管、自己放、自己爱惜。
阶段目标	**教具**	**备注**
2. 能够使用代名词你、我及拥有意思的词语 （2）学习使用“你”“你的”	过家家套装、镜子、水杯、书包、食物、玩具等	
教学步骤	**小组课**	**家庭泛化**
导师通过互动活动，让儿童操作，并理解意思。理解“你”“你的”指代的是和自己说话或者互动的那个人。 如导师和儿童进行和玩偶分玩具或食物的活动（导师坐在儿童后面，把动物玩偶放在儿童对面），分到动物玩偶时，引导儿童伸出食指指向玩偶，强调“给你”“你的”。待儿童熟悉玩法和说法后，询问儿童“分给谁？／这是谁的”，引导儿童说出“（给）你／你的”（可结合伸出食指指向对方这个手势）。反复多次强调，要求儿童能正确表达。	让儿童分发同学的水杯、点心等，进行操作理解，并说出“给你／你的”。	① 家庭分享，引导儿童说“给你”。 ② 结合日常礼貌用语表达“你好”“谢谢你”“爱你”等。

续表

阶段目标	教具	备注
2. 能够使用代名词你、我及拥有意思的词语 （3）学习使用“我”“我的”“你”“你的”“××的”	镜子、水杯、书包、食物、玩具等	
教学步骤	**小组课**	**家庭泛化**
使用“我”“我的”“你”“你的”的意思表达，再把拥有词“××的”加入。例如，和儿童一起照镜子。导师先说“这是我，我是×老师”，然后指着儿童问“这是谁”，引导儿童说出“这是我，我是×××”。导师也可以指着自己的手，强调“这只手是我的”，然后指着儿童的手问“这只手是谁的”，引导儿童说出“是我的”；指着玩偶的手问“这是谁的手”，引导说出是“×××的”。随机表达。	① 音乐课：结合歌曲《你拍一我拍一》引导儿童练习加强理解。 ② 结合学校里的生活场景表达，并增强物权概念。也应借此灌输同学的 / 老师的物品和食物不能拿不能吃的概念和规则。	结合日常活动中的生活场景表达，并增强物权概念。也应借此灌输别人的物品不能拿的概念和规则。
阶段目标	**教具**	**备注**
3. 能使用肯定 / 否定意思的字（词） （1）是 / 不是	常用物件、小零食、儿童喜欢和不喜欢的物件	
教学步骤	**小组课**	**家庭泛化**
① 导师出示一个物件，如橘子，导师进行示范：“这是饼干吗？——不是”，“这是薯片吗？——不是”，让儿童理解“不是”的意思。继而让儿童学会用“不是”正确表达。 ② 用同样的方法学习表达“是”。 ③ 待口语表达稳定后，可把问句句式拓展成“这是不是××？”	① 导师拿出班级中任意一个儿童的水杯，询问儿童：“这是不是××的水杯？”儿童回答：“不是。”导师再次询问：“那么，这是谁的呢？”儿童回答：“这是××的。”结合此类练习增强常规意识。 ② 结合之前学过的动物、汽车声音设计游戏互动。	① 结合日常规范的判断和表达。如外出时看到红绿灯的颜色，表达“是×灯，可以走”。 ② 逛超市前，在家和儿童一起制定购物清单（用图片或文字均可）。随后在超市里，家长可以询问“这是不是今天要买的”，对照清单请儿童回答“是 / 不是”。 ③ 玩游戏，如物件部分遮盖或者拼图拿走一块，回答“这是××吗”。

阶段目标	教具	备注
3. 能使用肯定 / 否定意思的字（词） （2）要 / 不要	常用物件、小零食、儿童喜欢和不喜欢的物件	理解“要”之后，再理解“不要”，一般合理情况下，当儿童表达自己的意愿时，可尊重他们的选择。
教学步骤	**小组课**	**家庭泛化**
① 导师出示一个儿童喜欢的物件，询问儿童“要不要 ××”，引导儿童回答“要”。导师可以多次逐个拿出儿童喜欢的物件，并询问儿童“要不要 ××”，直至儿童能完全理解“要”的意思，独立回答“要”。 ② 用同样的方式教“不要”，物件应选择儿童明显不喜欢的。 ③ 导师将儿童喜欢与不喜欢的物件同时放在儿童面前，随机练习。	① 结合课程，合适的时候用“要 / 不要”问答，也可结合安全和常规（“下雨了，要不要拿把伞”等）。 ② 特殊儿童用问题行为表达需求时（如想要什么得不到或者不要 ×× 就打人），特别注意适用此项训练（教仿说“要 / 不要”，特别在问题行为出现前效果更佳，即使问题行为出现后也应重演正确表达过程）。	① 外出就餐，家长可在点单时询问儿童：“要不要 ××？”儿童回答：“要 / 不要。” ② 特殊儿童用问题行为表达需求时（如想要什么得不到或者不要 ×× 就打人），特别注意适用此项训练法（教仿说“要 / 不要”，特别在问题行为出现前效果更佳，即使问题行为出现后也应重演正确表达过程）。

☆ 训练目标：使用 2—3 个词的短句作表达

阶段目标	教具	备注
1. 能使用含有人物、地点及动作的词所组成的双词短句作表达 （1）用动词 + 名词的双词短句作表达	动词卡片、物件图卡、玩偶、物件、绘本等	
教学步骤	**小组课**	**家庭泛化**
① 导师出示动词图卡先将已学过的动词进行复习，操作中引导儿童说出动词 + 名词的短句。如当儿童在吃东西的时候引导儿童表达：“吃 ××。” ② 对于口语弱的儿童初练习阶段，语句提升和泛化时，可先固定动词或者先固定名词不变，再逐步提升。如会表达吃苹果后，可以提升表达	结合学校中的日常表达。	结合居家日常表达，也可结合过家家游戏。

教学步骤	小组课	家庭泛化
吃西瓜、吃面包（动词“吃”固定）；也可以提升表达买苹果、切苹果（名词“苹果”固定），再逐步提升表达难度。 ③ 儿童熟练时，可以通过操作让儿童自行组织短句回答“×× 在干什么”“×× 吃什么”“×× 喝什么”等问题。		
阶段目标	**教具**	**备注**
1. 能使用含有人物、地点及动作的词所组成的双词短句作表达 （2）用人物 + 动词的双词短句作表达	动词卡片、物件图卡、玩偶、物件、绘本、切切乐等	
教学步骤	**小组课**	**家庭泛化**
① 导师设计游戏场景，操作中引导儿童说出人物 + 动词的短句。例：儿童在玩切切乐游戏，引导儿童说“我切”“我在切”或“×× 在 ××”。 ② 对于口语弱的儿童初练习阶段，语句提升和泛化要求同上。	结合学校中的日常表达。	① 客人来访时，引导儿童说“叔叔 / 阿姨请坐”。 ② 家庭分享点心时，引导儿童说“妈妈 / 爸爸吃”。 ③ 结合居家日常其他表达，也可结合过家家游戏。
阶段目标	**教具**	**备注**
1. 能使用含有人物、地点及动作的词所组成的双词短句作表达 （3）用名词 + 地点的双词短句作表达	名词图卡、地点图卡、物件、玩偶	
教学步骤	**小组课**	**家庭泛化**
① 导师可持某一物品放在某一地点，向儿童提问，引导儿童使用名词 + 地点的双词短句回答。要在同一地点变换不同的物品。例如，“杯子在哪里？——杯子在桌子上”“书在哪里？——书在桌子上”……	① 绘本课结合《小老鼠忙碌的一天》，引导儿童使用名词 + 地点表达，如“小老鼠在秋千上”…… ② 结合学校中的日常表达。	① 当家长让儿童帮忙拿取物品时，引导儿童按名词 + 地点的短句作表达后再拿取。 ② 出门前可以让儿童做出门检查，对照应带物品的清单，检查并表达“杯子在包里”“×× 在包里”直至检查完毕。

教学步骤	小组课	家庭泛化
② 当儿童可以自如地进行名词转换表达后，再转换地点。例如，“笔在哪里”，引导回答“笔在抽屉里”“笔在盒子里”“笔在书桌上”……。		③ 旅行途中以“我在××”，打视频电话向家人交待行程报平安。
阶段目标	**教具**	**备注**
1. 能使用含有人物、地点及动作的词所组成的双词短句作表达 （4）看书或图卡，用双词短句作表达	儿童书、场景图片、动词图卡等	
教学步骤	**小组课**	**家庭泛化**
① 导师出示绘本、场景图片或动词图卡，根据场景提问，要求儿童用双词短句回答“××在哪里”“××在干什么”。例：图片中显示一儿童在草地上哭，用问句引导儿童回答“宝宝在草地”“宝宝在哭”。 ② 也可以在生活场景中练习，如妈妈和宝宝一起给爸爸打电话，爸爸问“你在哪？”儿童回答“我在家”（妈妈可在旁做辅助）。	根据各种课程和日程活动中可以提问儿童“××在哪里”“××在干什么”，引导儿童说出“××在教室”“××在玩”等。	根据各种日常生活场景引导儿童回答“××在哪里”“××在干什么”，如“姐姐在商场”“姐姐在玩”等。
阶段目标	**教具**	**备注**
2. 能使用含有人物＋动词＋名词组成的3个词或以上的句子	儿童书或场景图片	
教学步骤	**小组课**	**家庭泛化**
具体操作方法同上，导师出示儿童书或场景图片，向儿童提出“××在干什么”、“××想要什么”等问题，并要求儿童用“主＋谓＋宾”的短句正确表达。例：问儿童：“妈妈在干什么？”“妈妈在吃饭。”问儿童：“宝贝想要什么？”“我要吃香蕉。”	绘本课，导师逐页讲述绘本《吃饭》，问儿童：“××（不同动物名）在干吗？”儿童回答：“××在吃饭。”（先固定谓语和宾语，改变主语，降低口语难度，尽可能引导儿童用主动语言回答）。待儿童熟练后再用其他绘本提升难度。	居家练习时难度提升也可以参照和小组课一样的做法。

☆ 训练目标：开始学习使用问句

阶段目标	教具	备注
利用提升语气的方式来表示疑问		
教学步骤	**小组课**	**家庭泛化**
融合在课程或日常生活中。例如发东西时问别人："你要哪一个？"让儿童模仿别人的语气发问。		居家时，家长可以从儿童的兴趣点出发，向儿童提问，并要求儿童模仿家长的语气进行相同的发问。如"你要香蕉吗？"（不要刻意，而是融入生活，在分享时可以让儿童模仿此句式和语气。）

3—4 岁年龄段

☆ 训练目标：发展对事物的记忆及表达能力

阶段目标	教具	备注
1. 能重复含有 4 个音节以上的句子	故事书、程序卡	
教学步骤	**小组课**	**家庭泛化**
① 导师先出示一本故事书及程序卡片，吸引儿童注意力。 ② 导师边看边用 4 个音节以上的简单句子进行讲解。例如，导师指出故事书上的兔子，说“这是兔子”。 ③ 导师向儿童提问：“这是什么？这是兔子。”要求儿童重复导师说的话：“和我说一样的，‘这是兔子’。”	绘本课上，导师根据图片内容问“这是什么？这是公交车”。要求儿童重复导师的话“这是公交车”。	家长和儿童一起做游戏，并问儿童“我们现在做的是什么游戏？猫捉老鼠的游戏”，引导儿童重复导师的话“猫捉老鼠的游戏”。
阶段目标	**教具**	**备注**
2. 描述一件最近发生的事情	语文书、图卡、照片	
教学步骤	**小组课**	**家庭泛化**
① 导师先出示一张儿童最近经历过的事情的照片，吸引儿童注意力。 ② 导师引导儿童看照片，描述之前发生的事，并询问儿童，引导儿童描述。例如，导师指着照片问“这是去哪儿的照片呀”，儿童回答“动物园”。 ③ 当儿童描述困难时，导师先进行描述，再引导儿童描述。	语文课上，导师根据语文课上内容询问儿童并引导描述。例如，导师问：“上节课语文课我们学了什么呀？”儿童回答：“小兔子在拔萝卜。”	当儿童平时在家中看到自己以前的照片，家长可以引导儿童进行描述。如“这是 ×× 去游乐场的照片”。
阶段目标	**教具**	**备注**
3. 会进行稍长的自言自语，所说的内容含有假想成分	玩具、书籍	

续表

教学步骤	小组课	家庭泛化
① 导师先拿出一个玩具，吸引儿童注意力。 ② 导师引导儿童边看玩具边做游戏。例如，过家家游戏，边玩边问："司机叔叔在开一辆什么车？"儿童回答："在开一辆公交车。"	社交课上，导师根据课堂内容邀请儿童进行情景角色扮演并引导描述。例如，三只小猪盖房子，要求儿童任选一个角色扮演，通过故事情景，遐想表演，如"这是我的房子，木头做的""这是我的房子，砖头做的。""欢迎来我家做客"等。	① 儿童独立玩过家家玩具"动物乐园"，边玩边说："欢迎来到动物乐园，这里有长颈鹿、小猴子。" ② 儿童可以邀请同学到家里玩过家家游戏"角色扮演"，如去餐厅就餐，顾客点餐说："你好，我要一碗面。"厨师回答"好的，面好了。"
阶段目标	**教具**	**备注**
4. 会回忆并叙述看过或听过的故事中的某些人物	简单故事书、程序卡	
教学步骤	**小组课**	**家庭泛化**
① 导师先拿一本故事书或程序卡片，和儿童边看边讲解，强调故事书中的人物和他们做的事。 ② 导师引导儿童看故事书，同时让儿童回答关于书中人物和内容的问题。例如："谁在骑自行车？为什么他会是最后一名？"儿童回答："小军在骑自行车，因为他和小猫玩。"	绘本课上，导师讲《彩色的温泉》的故事，然后让儿童回忆刚才讲的是什么故事，问儿童："故事里有什么动物？"儿童回答："小兔、斑马、猩猩、乌鸦。"	儿童平时在家中看视频或听儿歌，家长提问并引导儿童回答关于视频或儿歌内容的问题。例如："谁在玩皮球？"儿童回答："小朋友在拍皮球。""刚听到的儿歌叫什么？"儿童回答："《小猪吃的饱饱》。"
阶段目标	**教具**	**备注**
5. 会记得和形容自己的物件	儿童自己的物品	
教学步骤	**小组课**	**家庭泛化**
① 导师先出示一个物件，如儿童的杯子，问：你的杯子是什么样的？引导儿童说出一些特征：我的杯子是黄色的，我的杯子是圆形的，我的杯子是可以装水的，我的杯子是喝水用的。 ② 形容的内容可以先从一个特征开始，逐渐增加。 ③ 导师可以引导儿童观察其他物件的形状和颜色并让儿童作答。	自理课上，导师让儿童拿出自己的铅笔盒放在桌子上，儿童分别轮流形容自己的铅笔盒的形状、颜色、用途等特征。儿童回答："铅笔盒是长方形的，蓝色的，可以放铅笔。"	家长引导儿童在家里表达自己的需求。例如，问儿童"今天你想穿哪件衣服"，引导儿童表达衣服的颜色和特征，回答"我想穿粉色的裙子"。

☆ 训练目标：使用 3 个词或以上的句子作表达

阶段目标	教具	备注
1. 能使用描述人物、动作、物件或地点的 3 个词或 3 个词以上的句子	图卡、熟悉的物件	
教学步骤	**小组课**	**家庭泛化**
① 课堂上导师结合场景或运用图卡让儿童边看边描述。 例如，进行给娃娃吃苹果的活动，边做边问儿童“娃娃在干什么（吃什么）”，引导说出“娃娃在吃苹果”。 ② 导师展示图卡，根据图卡上的内容提问“×× 在干什么”，谁在 ×××（地方）……引导说出“×× 在客厅里（菜市场）……”	“制作泡面”的小食课上，导师边做边问儿童：“老师在做什么吃的？”儿童说：“老师在做泡面。”	家长和儿童一起去菜场买菜，并问儿童：“我们现在在哪里？在干什么？”引导儿童回复家长：“我们在菜场买菜。”

☆ 训练目标：学习使用其他语气协助语言表达

阶段目标	教具	备注
1. 能通过说话的速度以及音量来强调说话的内容		
教学步骤	**小组课**	**家庭泛化**
融合在教学和日常生活中操作。可以在游戏活动、讲故事或念儿歌的过程中有一些语音、语调、语气的变化，引导儿童仿说。	语文课上，儿童在朗读语文过程中语音、语调、语气的变化，引导儿童仿说。	亲子阅读、念儿歌时，注意语音、语调、语气的变化，引导儿童仿说。

☆ 训练目标：学习使用含有疑问词的问句

阶段目标	教具	备注
1. 能使用含有“什么”的问句	物件、图卡	
教学步骤	**小组课**	**家庭泛化**
导师设计一系列活动，也可以让家长参与。例如，轮流拿着物件问“这是什么”“那是什么”“你有什么”“你要什么”，相互对问，引导儿童提问。在要求儿童提问时，先教儿童提问句的表述。	绘本课讲《三只小猪的故事》，让儿童根据图片提问“这是什么房子”“那是什么房子”，回答“这是草房子”“那是木头房子”。	家长带着儿童一起逛超市，看到不熟悉的生活用品、零食时，引导儿童询问：“这是什么？”家长回答：“这是 ××。”

续表

阶段目标	教具	备注
2. 能使用含有“哪里”的问句	图卡、物件	
教学步骤	**小组课**	**家庭泛化**
导师根据“在哪里”“去哪里”“哪里有”这些问题进行活动设计。导师问“杯子在哪里买的”，引导儿童向别人询问“杯子在哪里买的”，回答“杯子在超市买的”。	社交课上，导师拿出漂亮的杯子、书包、彩笔等物件，告诉儿童如果想要这些东西，可以自己去买，可以问在哪里买。引导儿童询问，如“这个米奇杯子好漂亮，在哪里买的”？	① 妈妈提着垃圾袋准备出门，引导儿童问：“妈妈要去哪里？” ② 爸爸去出门，引导儿童问：“爸爸要去哪里？”
阶段目标	**教具**	**备注**
3. 能使用含有“谁”的问句	图卡、物件	
教学步骤	**小组课**	**家庭泛化**
导师可以指着图卡上的人物，问“他是谁”，然后引导儿童向别人提问。	主题课进行新同学介绍：导师请新同学上台，引导儿童提问“这是谁”，随后新同学做自我介绍。	当家里来客人或者去别人家做客时，可以引导儿童向家长提问：“这是谁？”家长回答：“这是阿姨。”

☆ 训练目标：学习使用代名词

阶段目标	教具	备注
1. 使用“他”“他的”	玩具、小物件、娃娃	
教学步骤	**小组课**	**家庭泛化**
① 学习“他”“他的”之前，先复习前面“我”“我的”“你”“你的”。 ② 导师设计一项活动，如“分物品”，分的过程中强调“他的”或“给他”，帮助儿童理解“他”“他的”的意思，并引导儿童表达。	绘本课上，导师拿出儿童同学的玩具，询问儿童“这是谁的玩具”，引导儿童说“他的”。	带儿童逛商场给同学买礼物，询问儿童：“他喜欢什么礼物？”引导儿童回答：“他喜欢巧克力。”
阶段目标	**教具**	**备注**
2. 使用“你”“我”“他”		
教学步骤	**小组课**	**家庭泛化**
通过活动，边做边引导儿童说出“你的”“给你”，“我的”“给我”，“他的”“给他”等词。如：“这是你的笔，给你。”	社交游戏课中，模拟分配点心的场景。让儿童轮流分发，边分边引导儿童说“他的点心、给他”“这是你的点心”“这是我的点心”。	儿童给爸爸妈妈盛饭，对妈妈说：这饭是你的，给你。这饭是爸爸的，给他。

4—5 岁年龄段

☆ 训练目标：发展对事物的记忆及表达能力

阶段目标	教具	备注
1. 无需用图片提示能说出熟悉的故事	书、与生活有关的物件	
教学步骤	**小组课**	**家庭泛化**
① 导师先和儿童进行一个活动或讲一个故事，再问儿童一些开放式的问题，如“他们在干什么”“× × 去哪里了”“他们在玩什么”，鼓励儿童用自己的话表达简单意思。 ② 先让儿童对进行的活动或讲的故事熟悉后，再让儿童复述或讲解。例如，“刚才老师和大家玩的是什么”，引导儿童简单讲出情节；“刚才看的故事书里面讲的是什么呀”等。 ③ 反复引导并要求儿童能用简单的语句表述一件事情。	绘本课上，儿童回忆上节课教的故事并能讲出情节内容。	家长儿童亲子阅读：“这个故事讲什么？”“小白兔拔萝卜。”引导儿童复述故事。
阶段目标	**教具**	**备注**
2. 能按照先后次序回忆自己的经历	生活场景排序图卡	
教学步骤	**小组课**	**家庭泛化**
① 可以让家长事先拍摄一些儿童日常生活活动的照片，如换鞋的、洗澡的、早晨上学的程序，或某段时间已经发生过的事情，或去某地要经过的几个地方。比如“放学后和妈妈先去菜场买了菜，又去面包房买了蛋糕，最后去超市买了饮料”。 ② 把这一活动拍成若干张照片，先让儿童进行排序，然后通过图片提示，让儿童按次序回忆发生过的事件并用自己的语言简单表达。 ③ 逐渐引导并要求儿童对经历过的事情能有序地回忆和讲述。如对于去某地玩、在学校上课等过程，无需视觉提示就能讲述。	语文课上，将事先拍摄好的学校一天上课过程展示给儿童看。先让儿童依次排序，再引导儿童简单讲述。如：“早上先上了个训课，又上了体能课，再上个训课，再上感统课；下午上了语文课、个工课、自理课。”	外出活动一天后，可以将活动时拍摄的照片拿出来展示给儿童看，然后引导儿童回忆讲述发生的事情。

续表

阶段目标	教具	备注
3. 能以物件的用途来描述某物件 （1）描述熟悉的物件	日常用品及常用物件	
教学步骤	**小组课**	**家庭泛化**
① 导师先出示几个杯子，里面装不同的饮品，导师问儿童："杯子用来干什么？"儿童回答："杯子用来喝水、喝牛奶。" ② 导师出示钥匙，问儿童："钥匙用来干什么？"儿童答："钥匙可以打开门。"	自理课上，导师拿出一个洗漱盆和一条洗脸毛巾，告诉儿童它们是用来干什么的。"洗漱盆是用来装水洗脸洗手的，毛巾是用来擦手擦脸的哦"，随后提问引导儿童说出其用途。	家长可以带着儿童一起洗袜子，可以让儿童准备个脸盆和肥皂，并告诉儿童肥皂可以用来洗袜子。
阶段目标	**教具**	**备注**
3. 能以物件的用途来描述某物件 （2）描述有关的场所	社区环境图卡、常用物件图卡	
教学步骤	**小组课**	**家庭泛化**
① 导师可以展示儿童熟悉的社区环境图卡或家居图卡，如厨房图卡，并问儿童，"厨房是干什么的地方"或"厨房是放什么的地方"，引导儿童回答"厨房是烧饭的地方"或"有煤气灶、水斗、锅……的地方是厨房"。 ② 展示水果店的图卡并问儿童"水果店是干什么（卖什么）的地方"，引导说出"水果店是卖水果的地方"。先从家居的各房间开始，逐渐扩展到常去的社区环境。	主题课上，向儿童展示不同教室的照片，询问"这里是用来干什么的地方"，引导儿童回答。如感统体能教室图卡，引导儿童回答"这是上感统课的地方"。	带儿童去日常生活中常去的场所，让儿童体验和了解这些场所的功用，并引导儿童说出这些场所是干什么的地方，或说出干什么要去哪里。

☆ 训练目标：使用3个词或以上的句子作表达

阶段目标	教具	备注
1. 能使用含有颜色名称的句子	彩色图卡或物件	
教学步骤	**小组课**	**家庭泛化**
① 导师出示彩色图卡或相同颜色物件询问儿童："这是什么颜色的糖果或这是什么颜色的帽子？"儿童答："糖果是黄色的，帽子是蓝色的。" ② 导师手拿棒棒糖问儿童："你喜欢什么颜色和什么样子的棒棒糖？"儿童答："红色草莓味的棒棒糖。"	绘本课上，导师拿三种不同颜色的水果询问儿童："草莓是什么颜色？香蕉是什么颜色？蓝莓是什么颜色？	父母可以让儿童自行搭配服饰，告诉妈妈要穿什么颜色的衣服，什么颜色的鞋子。
阶段目标	**教具**	**备注**
2. 能使用含有位置词的句子	位置图卡、儿童故事书	
教学步骤	**小组课**	**家庭泛化**
① 导师出示位置图卡或故事书中的画面，提问儿童，如"飞机在哪里飞？红苹果在哪里？小猫躲在什么地方"，让儿童看着画面正确回答："飞机在天上飞，红苹果在树上，小猫在柜子下面。" ② 导师还可以把实际动作操作给儿童看，比如把球放到桌子上（或把帽子戴在头上、苹果贴到树上、剪刀放抽屉里），然后提问"×× 在哪里，那里有什么"，引导儿童正确描述，并能使用已掌握的位置词。	绘本课上，导师出示故事书中的画面，问儿童："小鸡在哪里？木头桥在哪里？"引导儿童正确回答："小鸡在大树下面，木头桥在河面上。"	日常生活中，家人一起收拾房间，引导儿童回答："×× 放在桌子上，×× 放在衣柜里，书柜上有 ××。"
阶段目标	**教具**	**备注**
3. 能使用含有其他形容词的句子（大/小、高/矮、粗/细、长/短、软/硬）	图卡或儿童故事书	
教学步骤	**小组课**	**家庭泛化**
导师展示一些图卡，例如，画有小熊—小衣服、大熊—大衣服连线的图卡，问儿童："大熊穿什么样的衣服/裤子/鞋？"引导儿童回答："大熊穿大衣服……"也可结合故事书的场景，围绕与形容词有关的内容进行讲解，然后提问，引导儿童表达。	① 数学课上，导师拿出教具并提问引导儿童回答。例如，导师拿出两根长短不一样的铅笔，比一比，引导儿童回答长短。 ② 儿童排队时，从高到矮排列。	家长引导儿童用形容词来描述鞋子大小，食物的软/硬，身高对比等，如问："家里谁最高？"回答："爸爸最高。"

☆ 训练目标：使用较复杂的句子作表达

阶段目标	教具	备注
能使用复合句子	生活图卡、儿童故事书	
教学步骤	**小组课**	**家庭泛化**
导师与儿童看书或图卡，边看边描述相关场景，然后提问，引导儿童表达。例： a. 我先吃饭，然后爸爸带我去公园玩。 b. 如果不下雨，就可以去游乐场玩。 c. 如果没做完功课，就不可以看电视。 d. 桌子上有 ××，还有 ××。 e. 我和 ×× 一起去超市。 f. 我看见 ××，还看见 ××。 g. 我想去 ×× 买 / 吃 ××。 注意：句子所用的词汇应比较常用，句子不宜过长，以含有地点、物件特征的简单并列句为宜。注重儿童对句子的组织能力。	① 社交课以购物为主题，情景模拟：儿童去超市购物或是去 KFC 购物。例如，导师问“你要点什么”，儿童回答“我要薯条、汉堡，还要鸡翅”。 ② 早课上，让儿童给同学介绍课程表，如“今天 9 月 11 日，上午个训课、感统课、体能课，下午绘本、音乐、兴趣。”	结合日常生活与儿童进行对话。 ① 我去游乐场玩，先玩了滑滑梯，再玩了荡秋千。 ② 今天我和妈妈一起去超市买了鸡翅、牛奶、糖果。

☆ 训练目标：发音能力及音调的发展

阶段目标	教具	备注
发音能力逐渐成熟并取代婴儿式的发音		
教学步骤	**小组课**	**家庭泛化**
日常训练中进行，儿童有不正常的发音时，给予正确的提示、纠正，再要求儿童模仿、复述。	语文课上，导师教授拼音拼读时发现问题及时纠正，在要求儿童仿说、复述。	家庭日常交流中，家长发现儿童有不正常发音时，及时去纠正，提示正确发音。

5—6 岁年龄段

☆ 训练目标：发展对事物的记忆及表达能力

阶段目标	教具	备注
1. 能描述多件经历过的事情 （1）主题对话	照片、图片或视频	
教学步骤	**小组课**	**家庭泛化**
① 导师选择儿童在日常生活中经历过或已学习过的某件事情作为情景主题对话，对话的内容要围绕主题进行，要有照片、图片或视频的提示。导师先围绕主题进行讲解，然后再提问。对话可以从 2—3 个回合逐渐增加到多个回合，对话时要求儿童注视导师，能正确回应。儿童回答有困难或语句不恰当时给予辅助或提示，再要求儿童复述。让儿童学会更多的词汇和句式。 ② 注意：对话中要体现实用的原则，让儿童把学到的语言尽量用到生活中去，语句要灵活多变，一个句式尽可能举一反三。例如，“你是谁？”“你叫什么名字？”“××× 是谁呀？”	① 主题：我的五官 目标：知道五官的名称及简单的功能 词汇：五官的名称、看、听、吃饭、喝水、睡觉 短句：眼睛 / 鼻子 /……能（可以）…… ×× 也有眼睛 /…… 对话：这是什么？这是眼睛 / 耳朵 /…… 你有眼睛吗？我有眼睛 /…… 小花猫 / 小狗有眼睛吗？小花猫 / 小狗也有眼睛。眼睛能干什么？眼睛能（可以）看书 / 看电视 /…… 看书用什么看呀？用眼睛看…… ② 对话进行前，导师要先教对话中涉及的未学过的或主要的词汇、短句，然后进行对话练习。对话回合逐渐增加到多个，儿童对提问能及时回应。主题应多于 10 个，选择的内容与日常生活有关。	结合日常对话练习，如妈妈在家教洗袜子，问儿童：“我们现在在洗什么？”儿童回答：“洗袜子。”妈妈问：“袜子怎么洗？”儿童边洗边说：“先擦肥皂，然后再搓洗袜子。”
阶段目标	**教具**	**备注**
1. 能描述多件经历过的事情 （2）描述经历过的事情		

教学步骤	小组课	家庭泛化
① 导师选择与儿童生活有关的或儿童经历过的某件事情，引导儿童进行描述。 ② 开始可用提问的方式，逐渐过渡到能简单对某件事加以描述。 ③ 例 a: 问：今天你和妈妈去哪里了？ 答：去超市买饼干。 问：去哪个超市买的？ 答：去 ×× 超市买的。 问：买的什么饼干？ 答：买的牛奶巧克力饼干。 问：还买什么了吗？ 答：还买了牛奶、面包。 例 b：当别人提起某个地方时，会说出自己曾到过那里、那里有什么。例如，“我和妈妈也去过那个超市，在那里买过巧克力饼干，很好吃的”“昨天爸爸也带我去公园了，那里有儿童乐园，有骑马的”……	主题课上，导师出示儿童出去春游的照片对儿童进行提问。例： “春游学校去哪儿玩了？” 答：“公园。” “谁陪你一起的？” 答：“妈妈 / 爸爸。” “在公园里玩了什么呢？最喜欢玩什么？”	父母可以通过聊天的方式帮助儿童回忆并描述经历过的事情。例： “宝贝，我们上周去了哪儿呀？” 答：“外婆家。” “外婆家里有什么呀？” 答：“有小鸡、小鸭、兔子。” “你在外婆家玩了什么？” 答：“玩玩具、看书。”
阶段目标	**教具**	**备注**
1. 能描述多件经历过的事情 （3）看图说话	生活简图	
教学步骤	**小组课**	**家庭泛化**
导师向儿童展示一幅图画，用简单的语句进行讲解，然后问儿童“这画的是什么呀”，引导儿童进行描述。看图说话先从两句开始，逐渐增加到多句，句子的内容要求突出重点。	绘本课上，导师向儿童展示医生看病的场景图并引导儿童进行描述。例如，先问：“这是哪儿，是谁在干嘛？”引导儿童说：“这是医院，医生在看病。”	妈妈和儿童读绘本看图说画，如菊花图画，先让儿童观察图画，然后说一下菊花的颜色，再来说一下菊花的特点。

☆ 训练目标：对抽象性词汇的理解及使用

阶段目标	教具	备注
能正确地使用“昨天”“明天”等词汇	表示星期几的一周图表	
教学步骤	**小组课**	**家庭泛化**
① 导师向儿童解释昨天、今天、明天的意思（可以用图表的形式分别帮助儿童理解）。 ② 先教今天，掌握后再教昨天或明天。例：每天早上让儿童看，并拿取当天的图片，然后告诉今天是星期几，待儿童熟悉及掌握后再用同样的方法教昨天、明天。在儿童理解的基础上，可教儿童今天是几号，昨天或明天是几号。	早课，让儿童学会看日历，问儿童今天是几月几日，星期几，今天的课程是什么。再让儿童回忆昨天的课程和了解明天的课程。	结合日常生活的实际情况，用昨天、今天、明天等词汇进行表述。例：昨天我和妈妈去过游乐场。明天爸爸要带我去买玩具。

☆ 训练目标：能使用较复杂的句子作表达

阶段目标	教具	备注
能流畅及正确地说出完整的句子，且说话有逻辑	图片	
教学步骤	**小组课**	**家庭泛化**
当儿童表达不完整或不恰当时，导师可以用正确句子表达，然后引导儿童复述。儿童说“去玩”。导师引导儿童完整地说“去哪里玩”。	语文课上，引导儿童根据图片说出内容，要求语句通顺，如“××坐姿很好，是好习惯”“××把纸屑丢在地上是不良行为”。	家长和儿童进行阅读时，家长问儿童：“谁在打电话？”引导儿童说“妈妈正在给外婆打电话。”

☆ 训练目标：学习使用问句来增进知识

阶段目标	教具	备注
对未明白的抽象词语的意思会发问	图卡	
教学步骤	**小组课**	**家庭泛化**
结合日常生活引导儿童提问，儿童可能对一些很少听到的词汇产生兴趣，家长要及时给予恰当、简单的解释。	主题课上，导师教儿童认识蔬菜水果，儿童指着花菜发问：“这是什么蔬菜？”导师回答：“这是花菜。它长得像花一样。”	妈妈陪儿童看《十万个为什么》儿童发问：为什么肚子会咕咕叫？小鸟为什么会飞？青蛙为什么要冬眠？妈妈要及时给予恰当、简单的解释。

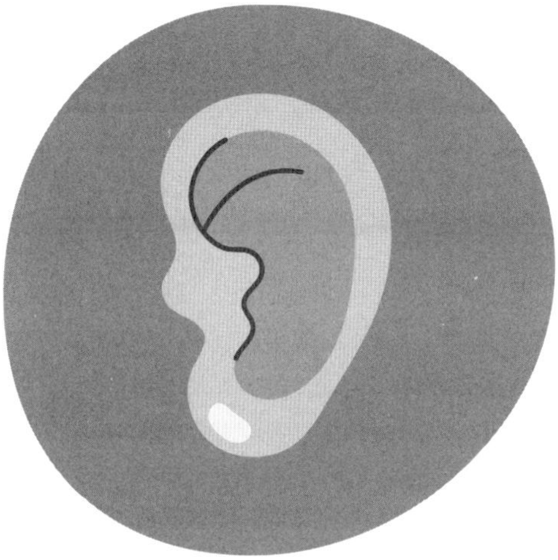

语言理解篇

3—12 个月年龄段

☆ 训练目标：开始辨别声音以及做出反应

阶段目标	教具	备注
1. 对人声、物声有反应	有声玩具、乐器	
教学步骤	**小组课**	**家庭泛化**
① 导师使用有声玩具或同时配合夸张的表情和声音，引导儿童去关注发声的物件或人物。 ② 逐渐增加玩具与儿童之间的距离引导儿童去关注发声的物件。 ③ 导师要有意识地多叫儿童，如“××，我们要干什么了”，观察儿童是否有反应。	音乐课上，导师播放音乐《小小花儿》，观察儿童反应，如听到音乐“小小花儿微微笑”是否能做出一些反应。	家长播放音乐，看儿童是否有反应。
阶段目标	**教具**	**备注**
2. 转向说话声音来源	有声玩具、乐器	
教学步骤	**小组课**	**家庭泛化**
① 当儿童对声音有反应、能够关注时，导师可以用上述的方法。 ② 可以在儿童旁边或后面发声或呼叫儿童的名字。 ③ 引导儿童追寻声音的来源，转向声音来源或寻找声音来源。	音乐课上，导师摇响沙锤或手摇铃，观察儿童的反应，如听到声音看向手摇铃。	家长躲在儿童身后发出声音，引导儿童转向声源。

☆ 训练目标：开始发展对人或物件的专注力

阶段目标	教具	备注
1. 会望向发声的人物或物件	声光玩具、乐器	
教学步骤	**小组课**	**家庭泛化**
① 导师使用有声玩具或同时配合夸张的表情和声音，引导儿童去关注发声的物件或人物。 ② 当儿童对声音有反应、能够关注时，导师可在儿童旁边或后面发声或呼叫他的名字，引导儿童看向导师。	绘本课上，导师播放视频或儿歌，观察儿童是否能专注地看着电视屏幕或是否能专注地看着老师一起学儿歌。	家长敲击乐器，引导儿童观察。

阶段目标	教具	备注
2. 会聆听成人的对话及音乐声	声光玩具、乐器	
教学步骤	**小组课**	**家庭泛化**
① 导师播放音乐观察儿童的专注度。 ② 导师可以放时间较长的音乐给儿童听。	音乐课上，导师播放音乐或视频观察儿童对其的反应，如认真听或看视频。	家长可以播放音乐或视频，观察儿童是否能聆听音乐或声音。

☆ 训练目标：开始发展对环境的理解

阶段目标	教具	备注
利用环境提示和熟悉的环境明白成人说话的意思		
教学步骤	**小组课**	**家庭泛化**
融合在课程中或日常生活中，如导师张开手臂说“抱抱”，引导儿童走向导师。当导师拥抱时要表现得开心，反复几次后儿童就会理解导师的意思。	早课上，导师和儿童打招呼，张开手臂说“早上好，抱一抱”，引导儿童走向导师。	家长带儿童外出，为儿童换衣服时，可指着旁边的衣服说“穿”，引导儿童看衣服或拿起衣服。

☆ 训练目标：对名字的理解及反应

阶段目标	教具	备注
能对自己的名字作出反应，显示已听到名字		
教学步骤	**小组课**	**家庭泛化**
融合在课堂及家庭训练中进行。如在与儿童互动过程中反复呼叫儿童的名字（注意避免无目的地叫儿童名字），并引导儿童当被叫到名字时要有反应。	导师在做手指谣时可以反复呼叫儿童，观察儿童的反应是否会看向导师。	家长叫儿童的名字，观察儿童是否有反应。

☆ 训练目标：理解单词以及单词指令

阶段目标	教具	备注
1. 对手势作出反应		
教学步骤	**小组课**	**家庭泛化**
① 导师融入到教学中，让儿童对一些简单的手势有反应，如给、放下、起立、关门、拜拜、过来。开始时手势和语言指令结合起来。 ② 待儿童掌握后不用语言提示，光用手势引导儿童去做。	在绘本课讲完故事后，导师边做手势边下指令：举手，引导儿童举手回答问题。待儿童掌握后，导师直接做举手的手势，引导儿童举手。	在家长和儿童暂时分别时，可做“拜拜”手势与儿童告别，引导儿童作出反应。
阶段目标	**教具**	**备注**
2. 能辨认出一些熟悉的物件	儿童喜欢的物件	
教学步骤	**小组课**	**家庭泛化**
① 导师在教学中观察儿童喜欢的玩具、教具、食物等，并将儿童喜欢的某一物件放在桌子上或篮子里，辅导或指导儿童拿取。 ② 导师可在教学过程中反复多次进行，辨认的物件逐渐增加到多种。	社交游戏上，在桌子上放两个物品，其中一个是儿童熟悉的。观察儿童是否会拿起熟悉的物品。	家长放两个物品在篮子里，观察儿童是否能拿出自己熟悉的物件。

☆ 训练目标：理解简单语言指令或句子

阶段目标	教具	备注
1. 理解指令（拍手）		
教学步骤	**小组课**	**家庭泛化**
导师融入到教学中，播放拍手儿歌，边做拍手动作边说“拍拍手”，同时辅助儿童做拍手动作。	在音乐课上，导师播放音乐《拍手点头》，边唱边做动作“拍拍手”，引导儿童做拍手的动作。	家长带着儿童唱儿歌，如《小手小手拍拍》，边唱边做动作“小手小手拍拍”，引导儿童做拍手动作。
阶段目标	**教具**	**备注**
2. 能在有手势提示下遵从简单的语言指令		
教学步骤	**小组课**	**家庭泛化**
① 在教学过程中让儿童理解简单的语言指令，如坐好、手放好、拿好、拍拍手等。 ② 导师在发语言指令的同时配合手势或动作，必要时辅助儿童按指令去做。	上课前导师发上课指令：坐好，并配合手势或动作，让儿童按照指令去做，必要时辅助儿童按指令做。	可融入日常，例如儿童在看电视时，家长可下指令“坐坐好”并配合手势。

1—2 岁年龄段

☆ 训练目标：发展对有趣事物的专注力

阶段目标	教具	备注
1. 能注视感兴趣的图片或物件一段时间	喜欢的物品、玩具、图片	
教学步骤	**小组课**	**家庭泛化**
导师要注意观察儿童感兴趣的物件，引导儿童对有兴趣物件的关注时间逐渐延长（注意避免文字）。	在音乐课上，导师拿出乐器敲击，引导儿童长时间注视被敲击的乐器，可逐渐延长时间。	家长拿出儿童最喜欢的物品或玩具，和儿童一起玩，引导儿童长时间地注视物品或玩具。
阶段目标	**教具**	**备注**
2. 有选择性地注视自己喜欢的事物，而不接受成年人介入		
教学步骤	**小组课**	**家庭泛化**
① 融入课程或日常生活中。 ② 例如，儿童专心玩某一件喜欢的玩具时，成人有意参与，儿童有用手推开的反应或不让他人触碰的反应。	绘画课上，当儿童在专心画画时，导师想要参与辅助，观察儿童是否有推开导师的反应。	儿童在玩自己喜欢的玩具，家长参与当中时，观察儿童是否会拒接家长的参与或触碰喜欢的玩具。

☆ 训练目标：发展轮流运转的能力

阶段目标	教具	备注
1. 能在模仿过程中，懂得先等候，观看成人的动作，然后再做出动作，并与成人轮流进行此游戏		
教学步骤	**小组课**	**家庭泛化**
导师和儿童一起玩游戏，要求儿童先观看导师的动作，然后引导儿童做同样的动作，轮流进行，让儿童理解轮流的意思。例如，轮流将物件投入容器内，轮流叠套杯等。	在体能课上，导师先示范如何做项目，要求儿童先看，再引导儿童以同样的动作完成项目，再让几名儿童轮流完成该项目。	家长和儿童一起玩投沙包游戏，家长先示范动作，再引导儿童做同样的投掷动作，轮流和儿童进行投沙包。

阶段目标	教具	备注
2. 能与成人共同游戏		
教学步骤	**小组课**	**家庭泛化**
① 融入课程或日常生活中。 ② 导师或家长和儿童一起做游戏，如摇小船。	在社交游戏课上，在导师的带领下能与其他儿童一起拔萝卜游戏。	儿童在玩自己喜欢的玩具或游戏时，家长参与当中，儿童能与家长一起玩耍，如一起玩过家家等。

☆ 训练目标：能理解有关自己以及物件的单词

阶段目标	教具	备注
1. 能指出部分身体的名称 （1）指五官 （2）指手、脚	（1）五官图、娃娃 （2）玩具娃娃或玩具小动物	
教学步骤	**小组课**	**家庭泛化**
① 导师拿出一张脸谱图卡，先示范把五官逐一贴在脸谱上，边贴边说名称，然后让儿童指出五官。 ② 引导儿童按指令选择五官图贴在脸谱上。 ③ 要求儿童按指令（或照镜子）指一指自己或老师的五官。	① 在音乐课上，导师播放音乐《我的身体都会响》，在唱到"我的眼睛"时引导儿童指指自己的眼睛，依次类推，指出五官。 ② 在音乐课上，导师播放音乐《拍拍手踏踏脚》，引导儿童根据音乐指出手和脚。	家长带着儿童一起玩照镜子游戏，带着儿童边照镜子边指出五官。
阶段目标	**教具**	**备注**
2. 能按指示交出数件常见的物件 （1）水果 （2）动物 （3）日用品 （4）学习用品 （5）服饰 （6）交通工具 （7）玩具 （8）蔬菜	（1）苹果、香蕉、橘子、葡萄、西瓜、梨等水果模型 （2）大象、猴子、老虎、长颈鹿、鸡、狗、猫等动物模型 （3）毛巾、牙刷、梳子、杯子、勺子、碗等物件 （4）笔、纸、书、剪刀等 （5）鞋、袜、衣服、裤子等物件 （6）汽车、飞机、轮船、火车等模型 （7）积木、娃娃、球、雪花片、琴、珠子等 （8）青菜、黄瓜、茄子、土豆、胡萝卜、西红柿等模型	

续表

教学步骤	小组课	家庭泛化
① 导师可将某一种水果放在桌子上，如苹果，告诉儿童这是苹果，然后下指令“把苹果给我”，辅助儿童把苹果递到老师手里。 ② 儿童掌握后减少辅助。 ③ 桌上水果品种可从 2 种逐渐增加到 3—4 种，让儿童按指令从中选取。	主题课上进行认识水果的活动：把两种水果放在儿童面前的桌上，给儿童下指令拿其中的一个，观察儿童是否拿对。	家长带儿童去超市或水果店，给儿童下指令让儿童去拿一种或几种水果。
阶段目标	**教具**	**备注**
3. 能按提示指出熟悉物件的图卡	常用物件图卡	
教学步骤	**小组课**	**家庭泛化**
① 导师拿出数件常见的物件，如苹果、香蕉、橘子等，从中选出儿童对物件掌握比较好的物件图卡，辅助或指导儿童按指令拿取。 ② 儿童掌握有困难时，可先用物件和图卡进行配对，然后再让儿童辨认图卡。	社交游戏课上，导师带着儿童玩“水果知多少”的游戏，在桌上拿出数张水果图卡，辅助或引导儿童按照指令拿取图卡。	家长和儿童玩“图卡拿拿看”的游戏，家长给儿童下指令，辅助儿童按照指令拿取相应的图卡。
阶段目标	**教具**	**备注**
4. 将一些常见物件名称与其所属类别联系起来	常见物品、食物、玩具	
教学步骤	**小组课**	**家庭泛化**
① 导师先示范把吃的和玩的分别放在一起，边示范边叙述，如“× × 是可以吃的 / 可以玩的，可以吃的 / 可以玩的放在一起”，然后指导儿童把可以吃的或可以玩的分别放在一起。 ② 用同样的方法操作：可以玩的玩具，可以穿的衣服，可以写字用的毛笔等。	社交游戏课上，玩超市购物游戏，指导儿童把吃的放在一起，把喝的放在一起。	家长让儿童收拾玩具，如把车子小汽车放在一起、把娃娃放在一起等。

☆ 训练目标：理解简单的双词指令或句子

阶段目标	教具	备注
1. 能理解只包括一个步骤的指示		
教学步骤	**小组课**	**家庭泛化**
导师给儿童一个玩具，然后发出指令，“把××给我”“把××放好”“把××放在篮子里”。	在上课前，导师下指令：“起立”“请坐”“拿出书本”“翻开书”等，儿童都能按要求操作。	家长可以给儿童下指令“把××给我”“把××放在衣柜里”。
阶段目标	**教具**	**备注**
2. 能对有否定意思的指令作出适当反应		
教学步骤	**小组课**	**家庭泛化**
融入教学过程中，导师提示儿童“不可以”“不能”，同时马上给一个准确指示。	儿童用不正确的方式表现自己时，导师阻止儿童，并提示儿童“不可以，你可以这样做”。	儿童在乱丢玩具时，家长提示：“不可以。”

2—3 岁年龄段

☆ 训练目标：继续发展对单词的理解

阶段目标	教具	备注
1. 能理解更多的物件名称	物件图卡	
教学步骤	**小组课**	**家庭泛化**
① 按照附录一《常用词汇表》中的内容逐一进行，导师出示物件图卡，要求儿童按指令拿取或指出，能够从 2—4 张图卡中选出相应的图卡。 ② 理解指令：把 ×× 给我，我要 ×××、指一指 ××、是 ××。	主题课上进行认识蔬菜的活动：导师出示几张蔬菜图卡，给儿童下指令拿取相应的蔬菜图卡。	家人出示几张简易的动物图卡，要求儿童按照指令拿取相应的动物图卡。
阶段目标	**教具**	**备注**
2. 能理解常见动作的名称 （1）理解动作（操作性）	球、小零食、水杯、小脸盆、小毛巾、笔和纸、剪刀、小扫把、切切乐、小衣服和玩具娃娃	
教学步骤	**小组课**	**家庭泛化**
① 导师先示范做动作，再利用玩偶让儿童操作。例如，导师拿起水杯示范“喝水”动作，并强调“喝”，再给娃娃喝水，然后让儿童做出给娃娃喝水的动作及自己喝水的动作。 ② 由此类推，用该方法示范其他动作，帮助儿童理解动作。 （常用动词：走、踢、吃、喝、写、拿、剪、扫、切、穿、洗、画、看、擦、开、关、跳、刷、戴、吹）	自理课上，导师教儿童穿衣服，先示范“穿衣”动作，并强调“穿”，再辅助儿童穿上衣服。	家长带着儿童一起扫地，先示范“扫地”动作，并强调“扫”，再引导儿童进行扫地。
阶段目标	**教具**	**备注**
2. 能理解常见动作的名称 （2）说出动作名称	球、小零食、水杯、小脸盆、小毛巾、笔和纸、剪刀、小扫把、切切乐、小衣服和玩具娃娃	
教学步骤	**小组课**	**家庭泛化**
导师边示范动作边问儿童：“娃娃在干什么？”辅助儿童说出“喝水”，之后同样示范娃娃在喝（牛奶、果汁、可乐等），重点让儿童明白动词“喝”的动作含义并能够说出动作名称。	自理课上，导师边做动作边问儿童：“老师在干什么？”辅助儿童说出“擦桌子”。	家长在做家务时问儿童：“我在做什么？”引导儿童说出“洗碗”“扫地”等。

阶段目标	教具	备注
2. 能理解常见动作的名称 （3）理解图卡上的动作	动作图卡	
教学步骤	**小组课**	**家庭泛化**
在儿童理解动作的基础上，导师出示相对应的动作图卡，让儿童看图理解图卡上的动作，并说出“×× 在干什么”，例如“姐姐在画画”。	绘本课上，结合课上内容，看图片并问儿童。例如，问“看小兔在干什么”，引导儿童说出“小兔在睡觉”。	家长在做某件事情时，让儿童观察，并说出答案，如家长在喝水，儿童说：“爸爸/妈妈在喝水。”
阶段目标	**教具**	**备注**
3. 能够理解常用的形容词及简单的双词指令或句子	相关的物件组合	
教学步骤	**小组课**	**家庭泛化**
导师发出含有“形容词 + 名词”的指令，如“把大的球给我”“我要大的球”“指一指大的球”，同时进行示范，让儿童理解指令的意思。 （熟悉的形容词：大/小、长/短、粗/细、高/矮、冷/热、干/湿）	主题课上，导师教儿童认识水果，发出指令“把黄色的香蕉给我”“我要紫色的葡萄”，同时进行示范，让儿童理解指令的意思。	家长可以给儿童下指令“把红色的衣服给我”“我要红色的衣服”。

☆ 训练目标：理解连串或复合的语言指令或句子

阶段目标	教具	备注
1. 能遵从 2 个有关及有先后次序的指示：“先……然后……”	篮子、小玩具、小抹布等物件	
教学步骤	**小组课**	**家庭泛化**
① 导师先操作性示范，如先拿抹布然后擦桌子，边做边强调“先……然后……”，再指示儿童进行操作，帮助理解其意思。 ② 要求儿童按指令“先……然后……”操作。例如，先洗手，然后吃饭；先吃饭，然后玩玩具。	绘画课上，导师要求按要求涂色，比如画西瓜，先用红色涂肉囊，然后用绿色蜡笔涂西瓜皮。先示范，边做边强调“先涂红色，然后涂绿色”，再辅助儿童按照指令进行涂色。	家长要求儿童按“先……然后……”指令做。例如，先洗苹果然后再吃；先刷牙，然后洗脸。
阶段目标	**教具**	**备注**
2. 能遵从 2 个并列关系的关联词的指示：“一边……一边……”		

语言理解篇

教学步骤	小组课	家庭泛化
① 导师先操作性示范，如导师一边唱歌，一边跳舞，边做边强调“一边……一边……”，再指示儿童进行操作，帮助理解其意思。 ② 要求儿童按指令“一边……一边……”操作。例如，一边看动画，一边吃点心；一边唱歌，一边做手指操。	自理课上练习擦桌子自理项目，导师可以用“一边弯下腰一边擦桌子”这样的指令帮助儿童理解。两步指令和同步指令应大量泛化在生活中。	家长和儿童做简单家务或自理，把操作步骤用“一边……一边……”指令提示儿童。

☆ 训练目标：理解及回答简单问题

阶段目标	教具	备注
1. 能理解含有“不”的问句	零食、玩具若干	
教学步骤	**小组课**	**家庭泛化**
① 导师拿出儿童喜欢的食物或玩具，问儿童“要不要”，如果儿童有表示，引导儿童回答“要”或点头。 ② 导师拿出儿童无兴趣的食物或玩具，问儿童“要不要”，引导儿童用“不要”或摇头表示。 ③ 以此类推，用同样的方法教其他含有“不”的问句。（含有“不”的问句：要不要、吃不吃、好不好、是不是、可不可以）	① 在绘画课上，导师拿出不同颜色的颜料询问儿童“要不要”，引导儿童回答“要”“不要”，或点头、摇头。 ② 在数学课上提问是非题，如“1+2=2，对吗？”引导儿童回答“不对”。	① 家长在日常生活中可以拿着玩具或零食询问儿童“要不要”，引导儿童回答。 ② 穿脱衣服可询问儿童的意见“要不要穿外套”“要不要脱外套”，引导儿童回答。
阶段目标	**教具**	**备注**
2. 能理解含有“什么”的问句（这是什么？）	零食、玩具等	
教学步骤	**小组课**	**家庭泛化**
“这是什么”问句的理解结合在认知教学中。	导师融入教学过程中可以提问儿童“这是什么”，并让儿童回答。	可以设计家庭小游戏“猜猜这里有什么”“看看那里是什么”，让儿童回答。
阶段目标	**教具**	**备注**
3. 能理解有关物件与其功能的问题（“这是干什么用的？”“干××要用什么？”）	日常用品	

教学步骤	小组课	家庭泛化
① 可结合认知发展中有关物件功能的内容一起教。可用物件或图卡提示，让儿童辨别。 ② 在儿童对问句不理解时，导师先进行示范，然后引导儿童回答。待儿童对一种问句理解后，可换种方式提问。例如，“杯子是干什么用的?”“喝水 / 果汁 / 牛奶 / 用什么?”“什么东西可以用来喝水?”	主题课上，导师教儿童认识生活用具，问儿童“雨伞是干什么用的”“什么东西可以用来刷牙”“晾衣服用什么”等，引导儿童回答。	日常教学，向儿童提问生活常识，如“我们用什么喝牛奶”“用什么盛饭”，引导儿童回答并拿取相应物件。

3—4 岁年龄段

☆ 训练目标：理解双词或 3 个词以上的语言指令或句子

阶段目标	教具	备注
1. 理解含有颜色名称的语言指令	物件	
教学步骤	**小组课**	**家庭泛化**
① 导师出示各种颜色物件，复习颜色名称，然后要求儿童按指令拿取相应颜色的物件，可结合认知部分同时进行。 ② 要求理解语言指令，“把 ×× 颜色的 ×× 给我，我要 ×× 颜色的 ××，拿 ×× 颜色的 ××”。要注意在儿童理解一个语言指令后，再学习对另一个指令的理解。	绘画课上，导师给儿童下指令“把葡萄涂成紫色”“把橙子涂成橙色”等。	家长可给儿童下指令“把黄色的香蕉给我”“穿上红色的衣服”“我要蓝色的杯子”等。
阶段目标	**教具**	**备注**
2. 能理解包括人物、动作、名称或地点的 3 个词或以上的句子	图卡、故事书	
教学步骤	**小组课**	**家庭泛化**
① 导师展示程序卡或故事书，要求儿童按指令指出或拿出相应图卡，可结合语言表达一起训练。 ② 用“×× 在干什么”“谁在干 ××”“×× 在哪里”“×× 地方有 ××”引导儿童做出相应回答。	绘本课上，导师讲解故事内容并提问：“故事中的小姐姐在干什么？”“小猫躲到哪里去了呢？”引导儿童回答。	家长可与儿童玩躲猫猫的游戏，过程中问儿童：“爸爸躲到哪里去了呢？”儿童回答：“妈妈躲在窗帘后面。”
阶段目标	**教具**	**备注**
3. 能理解含有位置词的句子 （1）理解上 / 下	熟悉的物件	

教学步骤	小组课	家庭泛化
① 导师先将儿童熟悉的物品放在房间内不同的位置，如桌子上面，告诉儿童 ×× 在桌子上面，然后让儿童按指令拿放物件。理解后用同样的方法学习“下面”，直到完全掌握。 ② 同样的方法操作，学习上面 / 下面的抽屉，物件的上 / 下、楼上 / 楼下、架子的上面等。	数学课上，导师带儿童玩整理归纳的游戏，给儿童下指令：“把皮球放在柜子的下面”“把水杯放在柜子的上面”。	家长可让儿童帮忙做家务，给儿童下指令：“把杯子放在桌子上面”“把椅子下面的玩具收起来”。
阶段目标	**教具**	**备注**
3. 能理解含有位置词的句子 （2）理解前 / 后 ① 理解排队的前 / 后	人物、动物模型	
教学步骤	**小组课**	**家庭泛化**
导师先通过模拟人物、动物排队，告诉儿童前面、后面，然后让儿童按指令操作。	社交游戏上，导师教儿童学排队轮候，给儿童下指令“×× 站在 ×× 的前面”“×× 站在 ×× 的后面”。	家长和儿童玩“老鹰捉小鸡”的游戏，在当“小鸡”时带着儿童学习排队“爸爸排在你的前面，妈妈排在你的后面。”
阶段目标	**教具**	**备注**
3. 能理解含有位置词的句子 （2）理解前 / 后 ② 理解物品的前 / 后	家具、物品模型	
教学步骤	**小组课**	**家庭泛化**
导师将熟悉的物品放在家具的前面或后面，帮助儿童理解，然后让儿童按指令操作。如椅子、沙发、冰箱、柜子等的前面或后面。	体能课上，做项目时导师给儿童下指令“请 ×× 站在标志桶的前面，跳障碍物”，引导儿童按照指令操作。	家长将各种物品放在家具的周围，然后让儿童帮忙拿出周围的物品：“帮我拿一下沙发前面的娃娃”“帮我拿一下椅子后面的玩具车”。
阶段目标	**教具**	**备注**
3. 能理解含有位置词的句子 （2）理解前 / 后 ③ 理解身体的前 / 后		

教学步骤	小组课	家庭泛化
导师将手放在身体的前面或后面，并告诉儿童，然后让儿童按指令操作。	音乐课上，导师播放音乐《一起拍拍拍》，跟着音乐“前面拍拍，后面拍拍”带着儿童一起做动作。	家长带着儿童做手指谣，带着儿童将手放在前面或后面。
阶段目标	**教具**	**备注**
3. 能理解含有位置词的句子 （3）理解旁边、远一点、转过去、中间等词汇	熟悉的物件	
教学步骤	**小组课**	**家庭泛化**
用上述同样的方法，导师先示范，然后让儿童按指令操作，帮助理解旁边、远一点、转过去、中间等词。	体能课上，导师带着儿童做列队练习，给儿童下指令“转过去”，让儿童按照指令执行。	家长带着儿童做家务，给儿童下指令：“把电视旁边的遥控器拿过来”“把椅子中间的垃圾捡起来”。

☆ 训练目标：理解连串或复合的语言指令或句子

阶段目标	教具	备注
1. 遵从三个步骤的指示	熟悉的物件	
教学步骤	**小组课**	**家庭泛化**
从两个步骤开始，直至三个步骤。三步指令：先 ××，然后 ××，最后 ××。例：先把门关上，然后开灯，最后坐下；先把冰箱里的牛奶拿出来，然后拿一个杯子，最后把牛奶倒入杯子里；先拿好衣服，然后拿毛巾，最后去洗澡。	自理课上，导师教儿童练习洗手时下指令：“先打湿手，然后挤洗手液，最后搓一搓冲洗干净。”	做家务，扫地：先拿扫把，然后把垃圾扫进簸箕里，最后倒进垃圾桶；整理玩具：先拿出箱子，然后把玩具捡进箱子，最后把箱子放回原处。
阶段目标	**教具**	**备注**
2. 专心聆听长而有序的故事	故事书	
教学步骤	**小组课**	**家庭泛化**
选择简单的故事，时间从 3—5 分钟开始，逐渐延长，语气要夸张生动，语言要简单，边看边听，每次一个小故事。	在绘本课上，导师播放绘本故事视频，时间从 3—5 分钟开始，逐渐延长。	家长可以给儿童讲故事，观察儿童是否能专心聆听。

阶段目标	教具	备注
3. 能遵从含有两部分复合指示，指示中含有颜色名词以及形容词	常用物件	
教学步骤	**小组课**	**家庭泛化**
导师可以根据儿童能力给予指示，边指示边示范操作，如把红色球和蓝色球放在篮子里，然后给老师。导师可以把以前学过的有关颜色名称及其他形容词全部融入进去。	体能课上，导师带着儿童玩投沙包游戏，边指示边示范操作：把红色沙包和黄色沙包投进篮子里，然后把没进的沙包捡起来。	家长带着儿童收拾玩具，如要求："把蓝色的小汽车和绿色的西瓜球放在箱子里，然后盖上盖子。"

☆ 训练目标：理解以及解答问题

阶段目标	教具	备注
1. 能理解含有"谁"的问题	照片、故事书	
教学步骤	**小组课**	**家庭泛化**
导师给儿童讲故事、看照片、看视频，边看边介绍其中的人物，然后有针对性地提问，如这是谁、他是谁、谁在干什么、干什么的是谁。	在绘本课上，导师讲完故事后，按主题内容提问："谁在干什么？"	家长带着儿童看家庭相册，并向儿童提问："照片中的这是谁？""戴帽子的是谁？"
阶段目标	**教具**	**备注**
2. 理解含有"为什么"的问题	故事书	
教学步骤	**小组课**	**家庭泛化**
导师先用简单的语言讲述故事内容，待儿童对故事熟悉后再提出简单的问题，如他为什么要去医院、为什么要拿雨伞。	绘本课上，导师给儿童讲故事，讲完后提问，如"为什么不能玩火""为什么不能去河边"，引导儿童回答。	日常对话，家长可以问："为什么上完厕所要洗手？""为什么吃饭前要洗手？"
阶段目标	**教具**	**备注**
3. 理解含有"怎样"的问题	图卡、故事书	
教学步骤	**小组课**	**家庭泛化**
导师可以融入课堂中教学，也可以与儿童一起看书讲故事，然后让儿童回答问题，如"他怎么了"，要求儿童简单回答。	绘本课上，导师讲完故事后针对性用"怎么"问句提问，引导儿童回答。	家长可向儿童提问："你要怎样做才能得到奖励？"引导儿童做简单回答。

4—5 岁年龄段

☆ 训练目标：理解双词或 3 个词以上的语言指令或句子

阶段目标	教具	备注
1. 理解含有位置词的指示或句子（前/后、中间、上/下、旁边、左/右、里/外、远/近等）	玩具、图卡	
教学步骤	**小组课**	**家庭泛化**
① 导师先帮助儿童复习已学过的位置词。 ② 导师出示一些物件让儿童按照指令操作，帮助儿童理解多种指令。例如，把桌子上面的 ×× 给我、把桌子上面的 ×× 拿过来、我想要桌子上面的 ××、把 ×× 放在 ×× 上面…… ③ 在复习后，导师可以设计各种互动活动，随机使用学过的方位词，要求儿童回答或互动。对儿童理解有难度的方位词再进行练习。	社交游戏课上，导师带着儿童玩“超市购物”游戏，给儿童下指令，如“把薯片放在购物车里面”“把蛋糕放在面包旁边”。	家长在整理衣物时可让儿童帮忙：“把衣服放到 ×× 的柜子里（上格/中格/最下面一格）。”
阶段目标	**教具**	**备注**
2. 能理解含有“假如”或“如果”等词汇的句子	图卡	
教学步骤	**小组课**	**家庭泛化**
结合日常生活或融合课程中进行练习。例如，对儿童说：“如果不想吃，就摇摇头。”“如果想去小便，就去开门。”	音乐课上，导师说：“如果想听音乐就坐坐好。”	家长可对儿童说：“如果想吃苹果就去洗手”“如果想出去玩就去穿鞋”。
阶段目标	**教具**	**备注**
3. 能理解含有被动词汇的句子	故事书、因果图卡	
教学步骤	**小组课**	**家庭泛化**
导师可以结合故事书中的情节，讲给儿童听，帮助他理解句子的含义。例如，告诉儿童“小朋友被小狗咬了，很痛，他哭了”，然后问“谁被小狗咬了”，要求儿童说出“小朋友”。儿童对被动句理解后，	小食课上，导师带着儿童品尝不同口味的蛋挞，吃完后导师询问儿童“葡萄味的蛋挞被谁吃了”，引导儿童回答。	融入日常，主、被动交替运用。例如，爸爸拿走了妈妈的包，询问儿童：“妈妈的

教学步骤	小组课	家庭泛化
可主、被动交替运用，帮助儿童理解，如“谁被小狗咬了”“小狗咬谁了”等。		包被谁拿走了？”引导儿童回答：“被爸爸拿走了。”也可问：“爸爸拿走了谁的包？”
阶段目标	**教具**	**备注**
4. 能理解含有“正在”“完成”“刚才”等时态词汇的句子		
教学步骤	**小组课**	**家庭泛化**
可以结合日常生活或融合在课程中进行，帮助儿童理解这些时态词汇。 例：导师边看书边问儿童，导师正在干什么，引导儿童回答“在看书”。 “你刚才在干什么？”“我在看书。” “你什么事情做完看？”“穿珠子。” “你现在正在干什么？”“吃苹果。”	音乐课上，导师播放儿童熟悉的音乐并提问：“我们正在听什么歌？”或在听完之后提问：“我们刚才听的是什么歌？”	融入日常，家长在儿童做某件事时提问：“你正在干什么？”例如，在儿童看电视时提问，引导儿童回答：“看电视。”或带儿童出去玩之后提问：“我们刚才去哪儿玩呢？”引导儿童回答：“游乐场。”

☆ 训练目标：能理解连串或复合的语言指令或句子

阶段目标	教具	备注
1. 理解含有选择意思的指令	彩色积木、彩色珠子、多种不同形状的小玩具、各种小零食	
教学步骤	**小组课**	**家庭泛化**
导师展示两种物件，发出指令让儿童做出选择，如“你要红色的珠子还是蓝色的”“你要吃苹果还是巧克力”“你要哪一个／哪一种”。	乐高课上，导师带着儿童搭乐高并询问儿童：“你要黄色还是黑色的乐高积木？”	家长在给儿童零食时可发指令让儿童做出选择：“你要吃饼干还是薯片？”或让儿童选择要穿的衣服：“你要穿红色的衣服还是蓝色的衣服？”
阶段目标	**教具**	**备注**
2. 能遵从 3 个连续而独立的指令	玩具、盒子、书、笔若干	
教学步骤	**小组课**	**家庭泛化**
导师发出 3 个连续而独立的指令，让儿童执行，如起立、把书放桌上后坐下。	自理课上，导师带着儿童收拾餐包。给儿童下指令：“先把饭盒放进餐包，再把餐具放进餐包，然后拉上拉链放进柜子里。”	① 收拾玩具：“把地上的玩具捡起来，放进玩具盒里，然后盖上盖子。” ② 学做家务：“打湿碗，挤洗洁精，然后把泡沫冲干净。”“先收拾桌面，拧毛巾，然后擦桌面。”

小肌肉[①]发展篇

① 小肌肉，即小肌肉动作，主要是指手部的精细动作。本章培养个体掌握凭借手、手指等的小肌肉或小肌肉群运动，在感知觉、注意力等心理活动的配合下完成特定任务的能力。这种能力的本质，就是手—眼—脑的协调能力。

6—12 个月年龄段

☆ 训练目标：学习控制自己的身体

阶段目标	教具	备注
1. 能将物件由一手交另一手	食物、物件	
教学步骤	**小组课**	**家庭泛化**
① 导师示范左手拿出一个物件，递到右手，右手拿好物件后，将物件放入篮内或盒内。 ② 导师把一个物件递给儿童，要求儿童完成如上操作，直至可独立完成。 ③ 也可练习把物件从右手换到左手。	音乐课玩击鼓传花（传递游戏）的互动，让孩子们围成圈，依次传递物件从左手到右手（或反之）再传给下一个人。	① 生活中设计此类手部动作的家务和自理：如一手从脏衣篮内取衣服，交换至另一手后放入洗衣机。 ② 洗手后一手拿纸巾擦干另一只手后，把纸巾交换至另一只手，同样进行擦拭。
阶段目标	**教具**	**备注**
2. 能用食指指物件	喜欢的食物、有按钮开关的玩具、图卡	此目标日常生活训练为主。
教学步骤	**小组课**	**家庭泛化**
融入教学中，引导儿童用食指拨动或按动玩具开关，用食指指需要的物品（指物后才给到儿童想要的物品，可从辅助提升到独立指）。	① 音乐课玩虫虫飞，进行弹钢琴等互动。 ② 练习各种用手指指物 / 指认来选择和表达的输出方式。	① 用食指玩电子产品。 ② 用食指按门铃。 ③ 用食指指出想要的物品。
阶段目标	**教具**	**备注**
3. 能运用前二指拾物 （1）将积木放入盒内	大块积木、无盖盒子	
教学步骤	**小组课**	**家庭泛化**
导师将积木散放在桌上，引导儿童运用前二指或前三指拿积木并把积木放入盒内。当儿童拿取有困难时，导师可以先把物件放入儿童掌心，再让儿童用前二指或前三指拿住放入盒内。	音乐课中，导师引导儿童将用好的乐器放入收纳框中。	① 将玩具归还到指定位置。 ② 丢垃圾。

阶段目标	教具	备注
3. 能运用前二指拾物 （2）将手伸入盒内拿物件	各种小物件、无盖盒子	
教学步骤	**小组课**	**家庭泛化**
导师引导儿童运用前二指或前三指把盒中的物件拿出来。每次在盒内放一个物件为宜。所放物件的大小要适中，可反复进行。	个人工作课时，导师引导儿童将教具从篮子中拿出。	① 从玩具框中拿出玩具。 ② 坐公交车时钱包里拿零钱坐车。
阶段目标	**教具**	**备注**
3. 能运用前二指拾物 （3）将小块胶泥或小水果放入盒内	胶泥、无盖盒子、小物件	
教学步骤	**小组课**	**家庭泛化**
导师可拿出胶泥，将胶泥掰成小块，递给儿童，要求儿童用前二指或前三指拿住放入盒中。也可引导儿童将小物件放入盒中。	小食课中导师引导儿童将切好的小块食物放入碗中。	将红枣或莲子等放入五谷收纳罐中。
阶段目标	**教具**	**备注**
4. 能拍手		
教学步骤	**小组课**	**家庭泛化**
① 导师和孩子面对面坐，导师示范拍手动作：手掌打开，掌心对掌心拍击。 ② 导师给出指令“拍手”，请儿童自己做。有需要时以托肘、辅助至手腕或者手把手辅助方式。	① 音乐课《拍手操》。 ② 夏日主题“模仿拍蚊子”。 ③ 完成项目时与导师击掌庆祝。	① 看表演时给予掌声。 ② 玩《你拍一我拍一》的互动游戏。 ③ 拍泡泡。

☆ 训练目标：开始执笔

阶段目标	教具	备注
执笔随意画	粗蜡笔、A4 纸	对 3 岁以下儿童的执笔姿势不做要求。
教学步骤	**小组课**	**家庭泛化**
① 导师示范用彩色粗蜡笔随意涂鸦动作，并给出指令“画”。 ② 导师辅助或指导儿童执笔随意画，直至儿童可以独立执笔涂画。	① 创意乐执笔涂鸦。 ② 小食课各种搅拌动作（用任意姿势握搅拌棒）。	① 在沙子上画。 ② 筷子搅拌鸡蛋、面粉（用任意姿势握筷子）。

1—2 岁年龄段

☆ 训练目标：增进执笔书写技能

阶段目标	教具	备注
1. 用笔涂画	纸、水彩笔、蜡笔、刮画纸等	① 幼童阶段各种笔宜稍微粗一点。 ② 以下涉及“执笔”都应注意正确握笔姿势（执笔标准姿势：惯用手的食指跟中指夹笔尖端 3 厘米处，笔尾端靠于虎口，大拇指适当用力压住笔）及非执笔手的配合（放于桌面或按纸）。随着年龄段要求提高，低年龄阶段对握笔姿势不做要求，至 3—4 岁左右应掌握独立正确握笔姿势。
教学步骤	**小组课**	**家庭泛化**
① 导师出示纸张和笔，在纸上随意涂画，请儿童观察。 ② 将纸笔给儿童，下指令“画一画”，引导儿童独立执笔涂画。儿童 3 岁后，导师逐步辅助儿童端正书写姿势（双手协调：一手握笔另一手扶纸或至少放于台面上；正确握笔；从全掌抓握过渡至正确握笔姿势，一开始应辅助）。 ③ 要求儿童独立完成涂鸦。		沙滩上用树枝画。
阶段目标	**教具**	**备注**
2. 仿画多种线条（横线、竖线、打圈）	纸（可用打格纸）、水彩笔、蜡笔、颜料	
教学步骤	**小组课**	**家庭泛化**
① 导师先出示准备好的打格纸张（格子大小和纸张材质根据儿童能力情况调整），在格内先示范画横线。	导师引导儿童用简单的笔画作画后完成作品。例如，在小乌龟上用横竖线补充龟壳纹路、画太阳光线等。	用家中的日历引导儿童标注（划掉过完的数字，或圈出重要日期）。

续表

教学步骤	小组课	家庭泛化
② 引导儿童“画一样的”，从辅助直至儿童独立完成相应的横线画。 ③ 用相同的方法学习画竖线、打圈画。 ④ 可设置成图的趣味性（如打圈画出蜗牛壳等）。		

☆ 训练目标：增进操作技能

阶段目标	教具	备注
拿杯子喝饮品	杯子、饮品	① 此目标以日常生活训练为主。 ② 杯子一开始宜轻、浅，方便儿童操作。
教学步骤	**小组课**	**家庭泛化**
① 导师教儿童单手 / 双手拿起桌上的杯子，同时说“喝”，以仰头并手腕倾倒的方式喝到杯中的饮料或水（可以是儿童喜欢的），最后将杯子放在桌上。 ② 等儿童熟练后，导师逐渐减少辅助至只需在手腕、手臂处轻轻提醒。 ③ 先在杯内放少量饮品，待熟练后再逐渐提升至增加杯中饮品量也能自己喝。	导师播放《喝水歌》，根据歌词用实物示范喝水动作，然后辅助儿童拿起杯子做一样的喝水动作。	家宴聚餐时的干杯互动。

☆ 训练目标：增进拾放技能

阶段目标	教具	备注
1. 能放开物件 （1）投币	投币筒、模拟钱币	如图 4—1 所示。
教学步骤	**小组课**	**家庭泛化**
① 导师示范前二指或前三指拿取钱币投入币筒内，引导儿童同样操作。刚开始时可	导师在课上创设城市公交车或自动售货机场景，引导儿童用	① 商场玩摇摇马、抓娃娃机时，可让儿童自己投币玩耍。

教学步骤	小组课	家庭泛化
逐一将钱币递给儿童让其投入筒内，较熟练后可根据情况，引导儿童自行拿取钱币投入筒内。注意另一手扶住投币筒。 ② 提升可改变投币孔的方向或学习另一只手操作。	前二指或前三指将钱币投入投币筒内。	② 乘公交车时，可让儿童自己投币后坐车。 ③ 引导儿童每天投一枚钱币至储蓄罐中，并给予鼓励："叮！美好的一天又开始啦！"
阶段目标	**教具**	**备注**
1. 能放开物件 （2）拾小珠子放进瓶子里	小珠子、透明瓶子	
教学步骤	**小组课**	**家庭泛化**
导师示范前二指或前三指拿起小珠子，并投入瓶中，引导儿童同样操作。刚开始时可逐一将小珠子递给儿童让其投入瓶内，较熟练后可根据情况，引导儿童自行拿取小珠子投入瓶内。	① 导师利用绘本《乌鸦喝水》的故事，并创设场景，引导儿童用前二指或前三指拿起珠子投入瓶中。 ② 游戏课设计"蒙眼往瓶中放小珠子"的游戏，一手摸瓶口孔洞位置，一手放珠子。	① 整理玩具时，可将小珠子的收纳点设定为某一个空瓶内。 ② 让孩子将绿豆、红豆，冰糖、拆封后的巧克力豆等放入指定收纳瓶中。
阶段目标	**教具**	**备注**
1. 能放开物件 （3）插花、插笔、投放小球、套圈	假花、花瓶、笔、笔筒、小球、杯子、试管、套圈	可以给予儿童"做一样的"语言辅助。
教学步骤	**小组课**	**家庭泛化**
① 导师示范用前二指或前三指拿取花或笔，一次拿一根，插入广口的筒状容器，引导儿童同样操作并指令"插一插"（容器开口逐渐变小）。 ② 导师示范用前二指或前三指拿取小球放入瓶口尺寸刚好的瓶子或试管、拿取小圈套柱，引导儿童同样操作并指令"放进去"。 ③ 儿童熟练操作后自行从小篮子中拿取教具。		① 放长柄雨伞入伞桶、放筷子入筷子筒。 ② 把费列罗巧克力放入盒托内、鸡蛋装入蛋托内等。
阶段目标	**教具**	**备注**
1. 能放开物件 （4）生日蛋糕上插蜡烛	模拟蛋糕玩具、橡皮泥、小木棍、棉签	① 可以给予儿童"做一样的"语言辅助。 ② 如图4—2(a)、4—2(b)所示。

教学步骤	小组课	家庭泛化
① 导师示范玩模拟蛋糕玩具，用前二指或前三指拿取蜡烛，插在对应的孔位，引导儿童同样操作并指令“插一插”“插紧”。 ② 导师用较硬质的橡皮泥做成蛋糕，示范用前二指或前三指拿取铅笔粗细的小木棍插在泥上并立住，引导儿童同样操作并指令“插上去”。儿童熟练操作后可换成更细的棉签练习，自行从篮子中拿取教具。	① 种菜苗。 ② 创意乐：黏土面条小刺猬。	① 洞洞板安装挂钩。 ② 珍珠棒桶插棒棒糖。
阶段目标	**教具**	**备注**
2. 能用一只手拿两件物件	珠子、积木、夹子、橡皮泥、小的仿真水果	物件大小合适儿童的手。
教学步骤	**小组课**	**家庭泛化**
① 导师每次拿两个物件给儿童，让儿童拿好物件（用手指或手掌）并放进篮子内。 ② 请儿童自行一次拿取两个物件（用手指或手掌），并放到另一个地方（空间可逐渐远），也可学习左手操作。	① 小食课上，请儿童一手拿起两个小型食物（蘑菇、蓝莓等）放入碗中。 ② 各种课程后的收拾，小件物件有意识地请儿童一手拿起两个进行收拾（夹子、文具等）。	家中剥完蚕豆或包好的小馄饨、洗好的草莓等，请儿童每次一手拿两个，家长数数（两个一数），统计数量或分装。学校比赛时也可按此操作。

☆ 训练目标：增进玩具操作技能

阶段目标	教具	备注
1. 能按按钮以及转动开关	带按钮或者开关的玩具	此目标以日常生活训练为主。
教学步骤	**小组课**	**家庭泛化**
示范并练习。用手掌转动开关的玩具和物件为易；用前三指转动为难。	学校中便池、马桶按压冲水。	① 转动式的定时器，请儿童操作。 ② 有些家用电器（如洗衣机）的操作。
阶段目标	**教具**	**备注**
2. 挤压玩具或物品 （1）发声玩具	质地较软的发声（发光）玩具	

教学步骤	小组课	家庭泛化
导师示范并请儿童用各种方式（单手和桌面挤压、单手手掌 / 手指挤压 / 捏压、双手手掌 / 手指挤压 / 捏压）使玩具发声（或发光）。	① 感统课后给儿童按摩，并进行挤压触觉球等放松练习。 ② 小食课上揉压面团。	洗澡时玩挤压“洗澡小鸭”等玩具、也可双手挤压涂抹沐浴露的洗澡球使其出泡。
阶段目标	**教具**	**备注**
2. 挤压玩具或物品 （2）用海绵挤水，将海绵放进瓶内	海绵、小口瓶	
教学步骤	**小组课**	**家庭泛化**
导师引导儿童用手挤压浸过水的海绵（手指或手掌，单手或双手）使其出水。或是把未浸水的小块干海绵塞入罐中（瓶口从略大于海绵到略小于海绵需用食指“塞进”的动作为提升）。	① 创意乐和艺术类课程后，请儿童挤压过水海绵并清洗颜料盘。 ② 自理课上，用海绵洗碗等练习。	① 洗澡时用海绵（或洗澡球）过水后擦洗身体。 ② 往药罐或糖罐里塞棉花，来保持干燥。 ③ 学习挤牙膏。
阶段目标	**教具**	**备注**
2. 挤压玩具或物品 （3）揉压纸团	软皱纹纸	
教学步骤	**小组课**	**家庭泛化**
导师示范并让儿童练习揉压纸团（最低要求：单个手掌反复数次挤压皱纹纸成团状、提升可至双手手掌或手指揉压并不断换手揉压直至成紧实小纸团、或提升至其他纸类），当儿童有困难时，导师可先把纸团成松大团状再让儿童操作。	① 游戏课上玩把报纸揉压成纸团再扔进篮筐的比赛。 ② 创意乐课上揉压纸团并用各种大小纸团做手工作品。	① 家中的纸质类垃圾先揉压成团再扔进垃圾桶。 ② 把报纸揉压成团塞进鞋内保持鞋子定型和干燥。
阶段目标	**教具**	**备注**
3. 翻揭书页	布书、厚纸书	
教学步骤	**小组课**	**家庭泛化**
导师引导儿童用主控手的前二指或三指逐页翻起，并用另一只手配合完成翻书动作。	绘本课中融入儿童自己翻阅绘本。	翻阅相册等。

阶段目标	教具	备注
4. 打开盖子将物品倒出 （1）小瓶倒物	小瓶子、小物件	
教学步骤	**小组课**	**家庭泛化**
① 导师展示装有儿童喜欢小物件的瓶子（瓶盖以拉拔等简单操作即可打开，且不宜过紧），示范打开瓶盖把物件倒出（可把儿童的手置于导师手腕处感受手腕翻转的过程）。 ② 引导儿童自己操作。 ③ 提升可取用不同深度的瓶子，或让儿童学会手可在瓶壁或瓶底不同位置处调整。	小食课上，学习倾倒瓶子并挤压出蜂蜜或者番茄酱、色拉酱（选用挤压式出汁的瓶子）。	小瓶倒物吃到零食。
阶段目标	**教具**	**备注**
4. 打开盖子将物品倒出 （2）拿掉容器上的套子	袜子、手套、瓶子、罐子	如图 4—3 所示。
教学步骤	**小组课**	**家庭泛化**
导师展示套有小袜子或小手套的瓶子或罐子，示范并引导儿童把套在瓶子或罐子上的袜子或手套拉下来。要求一手拿瓶子，另一手稍微用一点力才能把套子拉下。可用手指或手掌。		自己脱下或拉下戴着的手套或穿着的袜子。
阶段目标	**教具**	**备注**
4. 打开盖子将物品倒出 （3）打开笔袋或小钱包拉链并拿出物品	带有拉链的笔袋、小钱包	
教学步骤	**小组课**	**家庭泛化**
① 导师示范并教会儿童一手拿住笔袋 / 小钱包，主控手前二指或前三指拿住拉链头的拉片拉开拉链。 ② 先教会主控手从左往右拉开，可提升至任意手任意方向拉开。教授时注意儿童手用力的方向应是沿着拉链咪齿的方向。	① 学校里午饭前后自己拉拉链从饭包里拿出午餐或收拾午餐。 ② 每日来校或离校时自己拉拉链从书包里拿出或放好自己的物品。	① 打开零钱包购物。 ② 出游时自己拉拉链从书包里拿出或放好自己的随身物品。

教学步骤	小组课	家庭泛化
③ 长段拉链练习时非主控手应一直配合在主控手的附近，帮助着力。 ④ 双手协作，从笔袋或小钱包里拿出物品。		
阶段目标	**教具**	**备注**
4. 打开盖子将物品倒出 （4）打开盒子，把东西拿出来	能开盖的各种小盒子	
教学步骤	**小组课**	**家庭泛化**
① 导师先在盒子里放上小物件或食物引发儿童兴趣，再引导儿童打开盒子并把其中的物品拿出。 ② 盒子不宜难以打开，但可选用不同的盒子，让儿童学习用手的不同姿势和动作打开不同的盒盖。 ③ 双手协作，从盒子里拿出物品。	游戏课玩“在哪里”的游戏，不同的盒子中只有一个藏有食物或玩具，请儿童轮流打开任意一个，谁找到就可以吃 / 玩。	生日时打开各种礼盒。

☆ 训练目标：增进拼砌技能

阶段目标	教具	备注
1. 砌好形状拼板 （1）形状拼板	形状拼板（有手捏小杆的为佳）	如图 4—4 所示。
教学步骤	**小组课**	**家庭泛化**
按儿童能力选择合适大小的形状拼板，导师先示范操作，再让儿童用前二指或前三指拿起小杆，用手腕轻微旋转和调整的方式把形状拼板放入底板正确的位置。有能力的儿童也可学习用前二指或者前三指轻微捏搓的方式调整形状拼板的方向和位置，这对儿童精细能力要求很高。	各节小组课上或吃午饭时，各种形状的开盖物件（包括餐具），在关上盖子时（盖子对准的过程中），都涉及此项练习。	用手压式压饼器做类似葱油饼的点心。
阶段目标	**教具**	**备注**
1. 砌好形状拼板 （2）形状分插板	形状分插板	如图 4—5 所示。

续表

教学步骤	小组课	家庭泛化
① 导师选择有一个孔洞的形状分插板开始练习，示范后让儿童用前二指或者前三指从上侧拿起分插板，手眼协调用手腕 / 手指旋转插板的方式，把分插板插入插柱。 ② 待儿童熟练后，可练习有两个孔洞的分插板同时插进两根相应插柱，并逐渐提高孔洞数量，也可提升从一种形状到几种形状。手眼协调能力、手腕旋转的灵活度和精准度是这个项目的关键。	可利用拼搭玩具练习。	居家的时候还可以设计蒙眼玩把形状插板插入插柱的游戏。这时候需要依靠双手有触觉和动作的配合，对儿童能力要求很高。
阶段目标	**教具**	**备注**
1. 砌好形状拼板 （3）形状盒	形状盒	如图 4—6 所示。
教学步骤	**小组课**	**家庭泛化**
① 导师请儿童观察形状盒一个面的各个形状轮廓，同时给儿童一个形状块（该面形状中的任何一个），示范并引导儿童用前二指或前三指从上侧拿起，先观察找到正确位置，再放入形状盒。然后完成该面其他形状块。 ② 可提升至其他侧面形状块的练习，引导儿童通过旋转形状盒—观察—找到并投放的方式完成。 ③ 对有操作难度的儿童，只要求按第 1 步操作。		
阶段目标	**教具**	**备注**
2. 叠高 2—4 块积木 （1）叠高积木（各种形状）	不同形状的积木块	
教学步骤	**小组课**	**家庭泛化**
导师引导儿童把不同形状的积木 2—4 块叠高。准备两套相同的积木（导师和儿童各一套），开始时导师搭一块，引导儿童同样搭一块。待儿童熟练后可以换用不同积木，引导儿童独立叠高。可提升引导儿童调整放置的位置让拼砌整体更稳固。	① 轮流积木叠高。 ② 比叠高。	① 家中可以玩与小组课一样的互动游戏。 ② 参与家中以叠放堆砌来收纳物件的相关家务。

阶段目标	教具	备注
2. 叠高 2—4 块积木 （2）叠套杯 （3）叠碗、叠盒子	套杯（正方形、圆形、三角形）、套碗、小盒子	
教学步骤	**小组课**	**家庭泛化**
导师把 2—4 个套杯或者碗、盒子、杯子一一给到儿童，请儿童用单手拿或双手捧的姿势拿起并把物件叠起来。物件可有大小区分或大小一致。	① 主题课以服务员为主题，请儿童模拟收拾杯碗碟。 ② 小食课后使用过的各种杯碗碟，请儿童以叠放的方式收拾，并放置于水槽内。	与小组课相似形式的，实际生活中的家务劳动。

☆ 训练目标：增进柱条插放技能

阶段目标	教具	备注
插柱条 （1）插圆柱条 （2）插方形柱条 （3）插三角形柱条	粗细不等的圆柱条、方形柱条、三角形柱条	
教学步骤	**小组课**	**家庭泛化**
① 导师示范用前二指或前三指拿起柱条，并插入相应的孔洞内，引导儿童同样操作并指令“插”。由粗到细的顺序提升由易到难。 ②（2）（3）操作方法同（1）。	玩吹泡泡游戏时，导师引导儿童做插入和拔出泡泡棒的动作。	将吸管插进吸管杯的孔洞内。

2—3 岁年龄段

☆ 训练目标：增进操作技能

阶段目标	教具	备注
1. 将胶泥或黏土捏成简单形状 （1）长条	胶泥	
教学步骤	**小组课**	**家庭泛化**
① 导师将已搓好的长条胶泥或照片给儿童看，并示范用掌心将胶泥在桌面上前后反复搓成长条，给儿童下达“将胶泥搓长条”的指令。 ② 辅助并引导儿童独立做。手掌边轻按压边同步前后揉搓的力度、方向、两种力量的协调是动作的关键。	① 创意乐课程中，使用胶泥，并引导儿童将胶泥搓长条，做出麻花、油条等。 ② 绘本课讲述《麻花辫和马尾巴》，引导儿童用胶泥搓长条，做出马尾巴和麻花辫。	① 引导儿童使用橡皮泥、黏土，做筷子、打鼓棒、棉签等。 ② 和儿童一起做手擀面（面团醒发后，将面团搓长条）。擀面杖的使用手势和本操作相似。 ③ 父母肌肉酸痛，儿童用“橡皮泥搓长条”同样的手势帮助父母按摩或帮父母（同性别的）洗澡搓背。
阶段目标	**教具**	**备注**
1. 将胶泥或黏土捏成简单形状 （2）球形、饼状	胶泥、模具	
教学步骤	**小组课**	**家庭泛化**
① 导师将已搓好的球形 / 饼状胶泥或照片给儿童看，并示范将胶泥在桌面上用掌心打圈搓成球形，用指令：将胶泥搓成球形。并把球形胶泥用掌心按压成饼状。 ② 辅助并引导儿童独立做。手掌边轻按压边同步打圈的力度、方向、两种力量的协调是动作的关键。 ③ 能力好的儿童可练习掌心对掌心搓球。	① 创意乐课程中，引导儿童用胶泥、模具等按压出包子皮、饺子皮等。 ② 小食课或者元宵节搓“汤圆”。	父母肌肉酸痛，儿童用同“橡皮泥搓球”“按压”一样的手势为父母按摩或帮父母（同性别的）洗澡搓背。

阶段目标	教具	备注
1. 将胶泥或黏土捏成简单形状 （3）汉堡、糖葫芦、雪人、饺子、毛毛虫、棒棒糖	胶泥、黏土	如图 4—7 所示。
教学步骤	**小组课**	**家庭泛化**
① 导师拿出事先做好的作品或照片展示给儿童，引导儿童观察并示范如何分步完成作品。 ② 导师引导儿童自己完成，过程中的动作要点同前。	① 创意乐课上使用胶泥完成作品。 ② 学校游园会时做简单的“泥人”。	用面团制作各种形状的馒头。
阶段目标	**教具**	**备注**
1. 将胶泥或黏土捏成简单形状 （4）用模具做各种形状	黏土、胶泥、模具	
教学步骤	**小组课**	**家庭泛化**
① 导师先做示范将胶泥压成饼状，然后把模具放在胶泥上，用力按压后做出不同形状。 ② 引导儿童自己操作，用前二指或三指拿起模具、模具放置后用力按压（手掌或手指）、按压后脱模时手的轻重和能力都是动作关键及可提升要求的点。	① 小食课：使用模具做各种形状的饼干。 ② 创意乐：将颜料涂在模具上，用模具在纸上按压，完成作品。	① 圣诞节，用模具做姜饼人。 ② 中秋节，做月饼，用模具压花。
阶段目标	**教具**	**备注**
2. 打开瓶盖	各种瓶子	瓶盖不要太紧，选择儿童容易打开的。
教学步骤	**小组课**	**家庭泛化**
① 导师提供与儿童的手尺寸相称的瓶盖，引导儿童一手扶住瓶身，一手五指张开旋转将瓶盖打开。瓶盖一开始先拧松，待儿童会自己拧开并使力后逐渐提升瓶盖拧紧的程度。 ② 待熟练后，导师视儿童能力可提供较大或较小的瓶盖进行练习。	儿童在校携带需拧开的水杯在课间喝水，家校共练。	① 洗澡后打开涂润肤露的瓶盖。 ② 自己拧开瓶盖才能喝到水或饮料。
阶段目标	**教具**	**备注**
3. 会用手指拨物件 （1）拨电话 （2）拨珠子 （3）拨算盘	电话机（有旋转拨号盘的）、珠子玩具架、算盘	

教学步骤	小组课	家庭泛化
① 导师引导儿童握拳并伸出食指做拨动物件的动作，以这样的手势拨动以上物件。 ② 待熟练后导师视儿童能力可要求从上往下或从下往上拨，即改变拨动方向。（可通过调整电话机 / 玩具架 / 算盘位置实现）。	音乐课介绍乐器吉他时，引导儿童拨吉他弦。	拨动多色圆珠笔的按压器。
阶段目标	**教具**	**备注**
4. 会使用简单工具 （1）切东西	切切乐玩具	① 注意儿童惯用手和双侧协调。 ② 练习时注意使用儿童安全刀具，安全第一。 ③ 如图 4—8 所示。
教学步骤	**小组课**	**家庭泛化**
① 导师示范一手用前三指握刀，另一手扶住水果，切开水果，并把切开的水果放入容器内。 ② 导师给出指令“切一切”，请儿童做一样的。 ③ 要注意刀要垂直于切切乐用力，有准确的“切”的动作，避免用力掰开。	① 小食课：各种切食物的动作。 ② 音乐课结合《切蔬菜》儿歌。 ③ 主题课：认识厨师的“招牌动作”，模仿和尝试。	① 切豆腐、切香蕉（用容易切的食物，和刀身完全平滑的黄油刀，须在家长看护下使用）。 ② 做点心时，面团搓长条后切一个个剂子（用安全工具）。
阶段目标	**教具**	**备注**
4. 会使用简单工具 （2）舀豆子	豆子、勺子、碗	注意儿童惯用手和双侧协调。
教学步骤	**小组课**	**家庭泛化**
① 导师示范一手扶住碗，另一只手用正确的握勺姿势（前三指握在勺柄处）舀豆子，并把舀出的豆子倒入另一个碗中。 ② 导师给出指令“舀一舀”，请儿童做一样的。 ③ 可用不同大小的豆子逐渐增加难度。 ④ 对于已习惯错误握勺姿势的儿童（手心朝上或者朝下拳握勺子），应纠正其姿势。	① 小食课：各种舀的动作。 ② 游戏课：舀豆子比赛。	① 盛汤 / 饭：将汤 / 饭舀到碗中（小心烫手）。 ② 半个西瓜 / 盒装冰淇淋挖着吃。 ③ 舀水浇花。

阶段目标	教具	备注
4. 会使用简单工具 （3）夹夹子	夹子、硬卡片、塑料杯、小篮子	① 手指高度敏感的儿童需先脱敏。 ② 如图 4—9 所示。
教学步骤	**小组课**	**家庭泛化**
① 导师示范用主控手前二指或前三指打开夹子，非主控手拿稳被夹的物件。把夹子夹到图卡、杯子或篮子的边缘，引导儿童同样操作并指令“夹上去”。 ② 如儿童完成动作有困难，应先指令“张开夹子”练习：捏牢夹子并保持住，导师可将物件放入开口帮助儿童完成。 ③ 夹子应由松至紧、由少至多，练习左右手协调并变换手腕角度、前二指和前三指的指尖力量持续性（夹子打开保持更长的时间）是动作关键。	① 游园会布置时，夹拍立得相片或夹灯谜。 ② 自理课练习夹袜子，进阶夹裤子。	① 用发夹为自己或妈妈打扮。 ② 夹子夹住零食袋封口。 ③ 夹住多张文件。
阶段目标	**教具**	**备注**
4. 会使用简单工具 （4）组合 3 件物件 ① 插雪花片	雪花片	如图 4—10 所示。
教学步骤	**小组课**	**家庭泛化**
① 导师将事先插好的雪花片展示给儿童观察。 ② 拿出两片雪花片插紧，并下指令“插起来”，给儿童两片雪花片并引导其做一样的。 ③ 拿取雪花片的动作由全掌抓握提升到前三指拿；两片雪花片旋转到垂直位置并两齿对应后垂直用力插进是动作关键。 ④ 儿童独立用正确姿势将雪花片两两相插后，增加雪花片至 3—4 片。此时可关注已插好的部分拿取位置如何调整方便插更多的。	① 创意乐课上，导师自制带凹槽的卡纸，引导儿童相插组成不同的立体图形。 ② 游戏课每个孩子各自组合雪花片，最终组合成一个成品。	家长和儿童共同将雪花片组合成不同的物件，如车、房子、塔等。
阶段目标	**教具**	**备注**
4. 会使用简单工具 （4）组合 3 件物件 ② 乐高积木	乐高积木	

教学步骤	小组课	家庭泛化
① 导师将事先搭好的两块乐高积木展示给儿童，并下指令“搭一搭”。 ② 引导儿童双手协调搭积木，例如一手扶，一手搭、使用前三指抓握等。 ③ 逐步衍生不同形状大小的乐高，进行3—4块的组合。	游戏课利用乐高请儿童团结做出指挥棒、小桥等道具，进行游戏。	亲子比赛：家长和孩子比赛谁搭乐高速度快、数量多。
阶段目标	**教具**	**备注**
4. 会使用简单工具 （5）拉合拉链，扣子母扣	笔袋，文件袋，拉链衣物，钉扣衣物，雨衣	拉链头、子母扣应由大到小练习、不要选有背布的拉链做练习。
教学步骤	**小组课**	**家庭泛化**
① 导师示范并教会儿童一手拿住拉链带头，主控手的前二指或前三指拿住拉链头的拉片并拉合拉链。 ② 儿童手用力的方向应是沿着拉链咪齿的方向。导师先教会儿童使用主控手从左向右拉，熟练操作后可提升至任意手朝任意方向拉合拉链，双手配合完成。 ③ 导师示范并教会儿童用双手的前二指或前三指同时拿住子母扣，对齐后用力按压扣住。手指力量弱的儿童可先练习在桌面上对齐子母扣后用手指按压。	① 自理课练习穿脱各式拉链外套。 ② 午餐整理饭包开关拉链或子母扣。	① 穿儿童雨衣，扣上雨衣的纽扣。 ② 理书包时开关拉链。
阶段目标	**教具**	**备注**
4. 会使用简单工具 （6）套笔套	笔、笔套、固体胶	一开始宜选择笔套粗大的，笔套易关紧的笔练习。
教学步骤	**小组课**	**家庭泛化**
① 导师将笔和笔套分别放置于桌面，并示范一手握笔，另一手前二指或三指握笔套，将笔套插进笔，并放在笔盒里。用指令：“插笔。” ② 辅助并引导儿童独立做，插入并关紧始终保持笔和笔套一直线方向是动作关键。	① 绘本课中，讲述《文具总动员》中，插入小游戏“笔套对对碰”，准备各类长短、粗细不一的笔，引导儿童找出匹配的笔套和笔并插好，最后放入笔盒中。 ② 自己打开和关上固体胶。	① 帮妈妈盖好口红盖子。 ② 帮忙整理笔类文具。

阶段目标	教具	备注
4. 会使用简单工具 （7）夹弹珠	夹子或镊子、大块橡皮泥（球状）、纸团、弹珠等	如图 4—11 所示。
教学步骤	**小组课**	**家庭泛化**
① 导师示范用夹子（镊子）夹住弹珠放入容器。 ② 导师请儿童操作，先辅助儿童将手放至工具便于夹取的位置处，用正确的操作手势（大拇指和食指中指分别控制工具），将物件夹起放到容器中。 ③ 请儿童独立操作，用正确的姿势将弹珠夹起放入容器。 ④ 逐步泛化工具的式样，引导儿童自己调整控制工具的位置和角度，拉远物件和容器的距离作为提升。 ⑤ 从夹取大块超轻黏土、纸团开始，再到弹珠，即逐步提升至更小而圆润的物体。	① 游戏课夹弹珠比赛，导师请 2 位儿童在相同时间内操作比赛，哪一位夹弹珠夹得多为胜。 ② 学校春季养蚕宝宝，夹取出来后换盆或者处理排泄物等。	家长引导儿童用夹子夹取碘酒棉团或者酒精棉团做消毒。
阶段目标	**教具**	**备注**
4. 会使用简单工具 （8）盖图章	打格纸、图章	
教学步骤	**小组课**	**家庭泛化**
① 引导儿童前三指捏住章柄由上往下用力，以有按压的动作为佳，将完整图形印在白纸上。 ② 待儿童熟练掌握后引导儿童将图章从左往右一一对应打在格纸上。	创意乐课上用海绵刷（结合按压动作）完成绘画。	① 游园会时、在各景点处盖章打卡。 ② 结合大拇指、五角星等图章，给自己的优秀作业或作品盖章。 ③ 用各种模具（结合按压动作）盖章。
阶段目标	**教具**	**备注**
5. 会使用剪刀 （1）剪线条（宽 1—2 厘米）	剪刀、线条纸（宽 1—2 厘米）	① 使用安全剪刀。 ② 剪刀把柄大小应适合儿童操作。

教学步骤	小组课	家庭泛化
① 导师先伸出右手掌心朝上，做出数字“8”的手势（或者做手枪型手势），引导儿童做一样的动作。 ② 大拇指与食指（或大拇指与食指 + 中指）模拟做开合动作。 ③ 导师拿出剪刀，并示范使用握剪刀的正确姿势：大拇指穿过一个把柄，食指、中指穿过另一个把柄，无名指、小拇指抵住把柄。导师手把手辅助儿童正确姿势握剪刀，刀尖朝外。 ④ 导师握住儿童右手，手把手辅助儿童练习开合，使剪刀刀刃尽可能开大。 ⑤ 导师示范用剪刀剪线条纸，引导儿童观察。 ⑥ 导师手拿线条纸，右手辅助儿童握剪刀，把纸放在刀刃间，让儿童剪断纸条。使用时，剪刀的上下刀刃和剪开的位置垂直是难点（剪开而不是扯开），大拇指朝上。 ⑦ 儿童自己左手拿线条纸，右手拿剪刀，剪断纸条，并可提升至沿线剪（线条由粗到细）。	① 创意乐：娃娃剪头发（剪用纸贴成的头发）。 ② 在创意乐课上用剪刀随意剪纸做创意手工。	用剪刀剪葱花、剪开零食包装袋等生活中简单可实现的家务（注意剪刀使用安全，必须在家长看护下使用）。
阶段目标	**教具**	**备注**
5. 会使用剪刀 （2）撕纸	纸、雪景图板	如图 4—12 所示。
教学步骤	**小组课**	**家庭泛化**
① 导师准备好易撕开的宽约 1 厘米的长纸条，示范双手一前一后随意撕下小纸片，贴在雪景图板上。 ② 引导儿童同样操作做雪花。注意不要用拉、扯，而用指尖指腹处力量来“撕”。 ③ 可增加纸的厚度和宽度来提升操作难度。	创意乐课上粘贴物品时，引导儿童撕下双面胶，贴在物品上。	① 做菜前，引导儿童用手撕开包菜、生菜、紫菜片等。 ② 撕开食品包装袋。

☆ 训练目标：增进串连技能

阶段目标	教具	备注
1. 铁丝穿珠子	（1）铁丝、大珠子	① 注意儿童双侧协调。 ② 注意安全使用铁丝。
教学步骤	**小组课**	**家庭泛化**
① 导师示范一手拿珠子一手拿铁丝的前部，对着珠眼穿过，并将铁丝拉出。 ② 导师给出指令“穿珠子”，请儿童做一样的。 ③ 要注意选择大小适中、洞眼稍大的珠子，数量从 2—4 个开始，逐渐增加到 6—8 个为宜。	① 小食课：穿糖葫芦。 ② 创意乐：扭扭棒穿物（如母亲节做手工手串）。	① 组装简单的鞋架、书架等（铝管与转接头的对接）。 ② 组装穿孔窗帘 / 浴帘。
阶段目标	**教具**	**备注**
2. 绳子穿珠子 3. 穿彩片	（2）绳子、珠子（大、中、小） （3）彩片、铁丝或绳子	① 注意儿童双侧协调。 ② 注意将穿好的彩片捋一捋，保持彩片整齐。 ③ 如图 4—13 所示。
教学步骤	**小组课**	**家庭泛化**
① 导师示范一手拿珠子一手拿绳子的前部（不宜用过软的绳子，一开始绳子前部可做硬化处理，但需逐渐提高难度），对着珠眼穿过，并将绳子拉出。当绳子未完全穿过珠子时，需将绳子持续用巧力推出，此是难点。 ② 导师给出指令“穿一穿”，请儿童做一样的。 ③ 珠子的大小、孔洞的大小可根据儿童的能力调整。穿珠绳在儿童熟练后，可换成细的塑料丝。 ④ 珠子数量要根据儿童能力酌情安排，避免一次穿过多过小的珠子。 ⑤ 穿彩片操作同上。	① 创意乐课程：穿手链、项链（例：母亲节做手工）。 ② 为班级装饰时穿拉旗。	① 生日会时穿拉旗。 ② 将纸张穿上活页环。

☆ 训练目标：增进写画技能

阶段目标	教具	备注
1. 用手指画画（一丨○＼∠）	沙盘、面粉、生米粒	
教学步骤	**小组课**	**家庭泛化**
① 导师示范用食指在沙盘画线条，引导儿童尝试“这样画”。 ② 辅助儿童用全掌握拳，伸出食指的姿势仿画线条，通过不同的触觉理解笔顺的开始和停止、转折。 ③ 逐步提升难度：横线—竖线—圆—斜线—折线，练习儿童更多的手部控制。	游戏课带领儿童在面粉里进行手指画的创作，如小树、太阳等。	家长引导儿童尝试用手指在一盆生米粒上涂鸦线条；家中的镜子或玻璃上有蒸汽时，引导儿童用手指创意作画。
阶段目标	**教具**	**备注**
2. 绘画线条及形状（描画虚线一丨＼／○△）	水笔、彩笔、画有虚线形状的纸	凡涉及写画的项目注意正确握笔姿势（详见小肌肉发展篇（1—2岁年龄段）第一个训练目标）。
教学步骤	**小组课**	**家庭泛化**
① 导师先示范使用正确握笔姿势沿虚线描画形状，引导儿童“沿线画”，提醒儿童保持正确握笔姿势，完成描画。 ② 握笔姿势有困难，可在后三指放一个小积木，便于保持弯曲握紧的状态。 ③ 初始练习写画时，应采用略粗的笔完成。	创意乐课进行作品创作，每个人分工完成圆圆的太阳、三角的屋顶、方形的房子的描画。	家长家中引领儿童尝试用不同的笔和纸进行简单线条画创作。

☆ 训练目标：增进拼砌技能

阶段目标	教具	备注
完成连接性的图画拼版 1. 拼 2—4 块连接性的木拼板	木拼板	① 按照从上到下或从左到右的顺序进行拼砌。 ② 一开始可大量练习同一幅，不宜同时练习很多。 ③ 如图 4—14 所示。
教学步骤	**小组课**	**家庭泛化**
① 导师展示拼板的照片，示范并引导儿童从上侧拿起拼板，学会用手腕旋转和调整的方式，将拼板放入正确的位置。观察和理解图中拼搭的顺序和块之间的关系是重点。 ② 最开始只留 1—2 块拼板，熟练后可增加拼板块数，直至能独立完成。	个人工作课的练习。	
阶段目标	**教具**	**备注**
完成连接性的图画拼版 2. 较复杂的非几何图形的拼板	拼板	① 拼板块数由少到多。 ② 一开始可大量练习同一幅，不宜同时练习很多。 ③ 如图 4—15 所示。
教学步骤	**小组课**	**家庭泛化**
所有动作操作要求见小肌肉发展篇（1—2 岁年龄段）中的“形状拼版”。	个人工作课独立完成。	让儿童将散落在外的修理工具，放回工具箱中（按照轮廓形状）。

3—4 岁年龄段

☆ 训练目标：增进串连技能

阶段目标	教具	备注
穿 4 粒珠子 1. 按颜色穿珠子 2. 按形状穿珠子	（1）不同颜色相同形状的珠子、不同穿珠线 （2）相同颜色不同形状的珠子、不同穿珠线	如图 4—16、4—17 所示。
教学步骤	**小组课**	**家庭泛化**
① 导师先出示已经穿好的 4 粒珠子做样子，引导儿童照同样颜色仿穿。颜色可以从 2 色逐渐增加至 4—6 色。 ② 穿珠的动作要求同前文所述，本项目完成对认知能力有要求。有困难时可一粒粒按颜色仿穿或者从少颗粒数开始。 ③ 提升可将实物拍成照片，引导儿童按图穿珠子。项目 2 的操作同 1。	① 结合手工串珠作品练习。 ② 在主题为“过年”的小组课上，请儿童把各种花灯按颜色或形状串成一串。	① 结合手工串珠作品练习。 ② 过年时去城隍庙看花灯，观察各种花灯按颜色或形状串成一串。
阶段目标	**教具**	**备注**
穿 4 粒珠子 3. 按排列穿珠子	不同颜色不同形状的珠子、各种穿珠线	
教学步骤	**小组课**	**家庭泛化**
① 导师先出示穿好的珠子样子，颜色和形状混合排列，示范后指导儿童照样子穿珠子。要求从简单到复杂，数量从 4 粒起。 ② 也可提升拍成照片或做成图卡，引导儿童看图操作。	结合手工串珠作品练习	结合手工串珠作品练习。
阶段目标	**教具**	**备注**
穿 4 粒珠子 4. 穿其他物件	彩色吸管、雪花片、彩片、小动物珠子	注意小颗粒物件的安全，如图 4—18 所示。
教学步骤	**小组课**	**家庭泛化**
将吸管、雪花片、彩片、小动物珠子等分别按不同的排列穿起来，指导儿童照样子仿穿。例如吸管 + 雪花片。按照顺序排列的物件种类可从 2 种逐渐增加到多种。	为学校游园会做各种装饰挂串。	

☆ 训练目标：增进写画技能

阶段目标	教具	备注
1. 能用手指握笔描画 （1）画折线、虚线、点连线	纸张若干、虚线图卡（横竖折）、点连线及折线图卡若干、合适粗细的笔	凡涉及写画的项目注意正确握笔姿势（详见“小肌肉发展篇·1—2 岁年龄段”第一个训练目标）。
教学步骤	**小组课**	**家庭泛化**
① 导师先让儿童沿虚线画直线（横竖），再画折线（虚线由粗至细），慢慢过渡到画点连线（二点直线、三点三角形、四点正方形）。 ② 画的过程中，应注意正确握笔姿势，及用手臂带动笔的移动方向（避免勾手腕），对点连线的线条笔直度要有要求。 ③ 描画和点连线图形为以后独立仿画作基础，故每次笔画顺序应一致（如正方形笔画顺序每次都是左竖线—上横线—右竖线—下横线）。 ④ 描画和点连线练习的是手运笔的能力和稳定性，需大量练习。	① 描画“福”字、对联，过年时用于班级装饰或游园会。 ② 绘本课结合《小蝌蚪找妈妈》，把不同动物宝宝和妈妈的图像点连线，类似这样的互动。	① 描画或点连线（构图是一幅作品）并在家中作品墙上展示。 ② 家庭作业练习。
阶段目标	**教具**	**备注**
1. 能用手指握笔描画 （2）画曲线（虚线）	虚线（曲线）图卡	
教学步骤	**小组课**	**家庭泛化**
导师指导儿童描画虚线曲线图。可选用横向、竖向的曲线。曲线的弯曲度要由平缓向弯曲提升。其他要求同项目（1）。	① 可练习“书空”。 ② 音乐课结合听到的旋律感觉，舒缓还是激烈，描画曲线图表示。 ③ 结合曲线图描画可以有的其他创作：山、波浪、卷发、面条等。	① 描画或点连线（构图是一幅作品）并在家中作品墙上展示。 ② 家庭作业练习。
阶段目标	**教具**	**备注**
1. 能用手指握笔描画 （3）仿画“十”字	十字型虚线、点连线图卡	

续表

教学步骤	小组课	家庭泛化
先让儿童描画虚线十字图卡，再让儿童仿画点连线十字图案。其他要求同项目（1）。	十字图形的创作画（画窗户、医院符号、救护车符号、汉字“十”等）。	① 描画或点连线（构图是一幅作品）并在家中作品墙上展示。 ② 家庭作业练习。
阶段目标	**教具**	**备注**
1. 能用手指握笔描画 （4）仿画菱形	虚线点连线、菱形图卡	
教学步骤	**小组课**	**家庭泛化**
先指导儿童描画虚线菱形图卡，再让儿童仿画点连线菱形。其他要求同项目（1）。	可以结合菱形或者左右半边菱形进行创作画（如半边菱形似鱼骨）。	① 描画或点连线（构图是一幅作品）并在家中作品墙上展示。 ② 家庭作业练习。
阶段目标	**教具**	**备注**
2. 能用几条线仿画形状 （1）仿画三角形、正方形、圆形	三角形、正方形、圆形图卡	如图 4—19 所示。
教学步骤	**小组课**	**家庭泛化**
① 导师出示格子图，在第一个空格内画出一个三角形。然后指导儿童仿画。 ② 笔画顺序和之前描画及点连线三角形时的应一致。其他要求同前。 ③ 先学习一个形状，掌握后再学习另一个形状。 ④ 描画练习的是手运笔的稳定性，而仿画时导师应注意引导儿童对于图形空间关系的观察和仿画。需大量练习。		① 仿画（构图是一幅作品）并在家中作品墙上展示。 ② 家庭作业练习。
阶段目标	**教具**	**备注**
2. 能用几条线仿画形状 （2）画形状组合（小房子、树、鱼、伞、糖葫芦、太阳、气球等简单形状组合）	简单形状组合的单张图卡	
教学步骤	**小组课**	**家庭泛化**
① 导师出示格子图，在第一个空格内画出示范图，边画边指导儿童仿画步骤（如先上后下，先左后右，先画什么再画什么）。 ② 请儿童仿画。 ③ 其他要求同项目（1）。		① 画形状组合（构图是一幅作品）并在家中作品墙上展示。 ② 家庭作业练习。

阶段目标	教具	备注
2. 能用几条线仿画形状 （3）描画多边形	各种多边形的虚线图卡	如图 4—20 所示。
教学步骤	**小组课**	**家庭泛化**
导师出示用虚线画出的各种多边形和简单图案，示范描画后让儿童自己画。具体要求同上文“画折线、虚线、点连线”。		① 描画多边形（构图是一幅作品）并在家中作品墙上展示。 ② 家庭作业练习。
阶段目标	**教具**	**备注**
3. 在线条内着色 （1）形状内着色	简单几何形状图卡、彩色蜡笔	
教学步骤	**小组课**	**家庭泛化**
① 导师出示形状图卡，给儿童蜡笔为宜，要求儿童用正确的握笔方式在图卡内涂色（涂色有多种方式，可先教会儿童先涂周边、后涂中间的方法，须反复示范和要求）。 ② 不同图形周边轮廓不同，须一一教会。自己会把手移动到留白处涂色、涂色时落笔轻重都是本项目的重点，须大量练习。 ③ 有能力的儿童还可以学习更多涂色经验：涂色时的运笔方向应迎合图形方向（如横放的窄条长方形涂色时的运笔方向左右为宜，竖放的窄条长方形涂色时的运笔方向上下为宜等，主要是增加涂色时手腕运笔方向的经验和灵活度，避免只会一个方向涂色）、用一小截短蜡笔横置实现大面积涂色的经验等。	涂色创作作品。	① 涂色创作作品并在家中作品墙上展示。 ② 家庭作业练习。
阶段目标	**教具**	**备注**
3. 在线条内着色 （2）在图画内着单色 （3）在图画内着多色	常见物品线条画图卡	
教学步骤	**小组课**	**家庭泛化**
① 导师用同上方法让儿童涂色，先要求涂单色，再双色，再酌情增加到多色。选择的颜色要符合常规。例：树叶—绿色。 ② 涂色时要求同（1），运笔方向应迎合图形的方向，增加涂色时手的经验。	涂色创作作品	① 涂色创作作品并在家中作品墙上展示。 ② 家庭作业练习。

☆ 训练目标：增进拼砌技能

阶段目标	教具	备注
1. 能叠高 9 块积木 （1）大小积木叠高 （2）叠套杯	套圈，大小积木，套杯	执行“从大到小”如有困难可给到辅助。
教学步骤	**小组课**	**家庭泛化**
① 导师出示套圈，示范并教会儿童按照从大到小的顺序套柱，熟练后拿走柱子，自行排列并叠高。 ② 导师示范从大到小叠高积木，按同样顺序逐一递给儿童积木并要求叠高。过程中可要求左手保护住底部，右手拿积木叠高，手指完全离开积木后再放下手臂。同样方法叠套杯，叠高的物件以 8—9 个为宜。	① 体能课收拾叠放大小标志桶。 ② 感统课整理积木组合。	① 安装多层蛋糕。 ② 参与叠大小收纳箱、快递盒等家庭收纳工作。
阶段目标	**教具**	**备注**
2. 拼砌简单的立体模型 （1）实物仿搭	彩色积木	不宜同时教多种。
教学步骤	**小组课**	**家庭泛化**
① 导师搭好简单的积木组合，随后拿出一套一模一样的积木，用指令“跟老师搭一样的”，请儿童实物仿搭。 ② 要求儿童用右手前三指或前二指将积木拿起并搭建，如整体仿搭有困难，可由导师搭一块，儿童仿搭一块来进行。对观察及仿搭顺序（从下往上、从左往右、从前往后等）可以有教授。 ③ 可以仿搭小房子、金字塔、围墙等；有需要时应要求左手辅助参与。	体能课上进行平衡木、积木组合块的仿搭。	用乐高、鸡蛋托、易拉罐、一次性纸杯、卷筒纸筒，并辅以各种生活常见物（橡皮泥 / 黏土、棉签 / 牙签）仿搭各种创意造型，增加趣味性，并可加入故事情节。
阶段目标	**教具**	**备注**
2. 拼砌简单的立体模型 （2）图样仿搭	各种小积木、图样	① 积木数量在 9 块以内、不宜同时教多种图样。 ② 如图 4—21 所示。
教学步骤	**小组课**	**家庭泛化**
导师出示积木图样，示范并指导儿童进行仿搭。操作要求同上“实物仿搭”。操作时重点是观察和理解图样中积木搭建的顺序和之间的关系。建议图样的选项为上下结构、左右结构、前后结构。	① 个人工作课上出示图卡，引导儿童进行仿搭。 ② 绘本课《积木王国》中出现的建筑物，引导儿童进行仿搭。	同上“实物仿搭”一样，用积木仿搭世界著名建筑物（可按照片，形似即可），增强趣味性。

阶段目标	教具	备注
2. 拼砌简单的立体模型 （3）插雪花片（6—9 片）	雪花片	如图 4—22 所示。
教学步骤	**小组课**	**家庭泛化**
① 基本动作要求见小肌肉发展篇（2—3 岁年龄段）中的“插雪花片”。 ② 导师示范将 3—4 片雪花片插在一起引导儿童仿插。并逐渐增加数量到 6—9 片，雪花片可拼插成不同造型。 ③ 插的过程中，已插好的部分如何调整拿取位置以方便插更多的是动作关注重点（雪花片数量增加后调整双手的着力和使力位置）。仿插样板可由实物提升至图片。此项目对儿童视觉空间的能力也有高要求，需大量练习。	游戏课每个孩子各自组合雪花片，最终组合成一个成品。	家长和儿童共同将雪花片组合成不同的物件，如车、房子、塔等。
阶段目标	**教具**	**备注**
2. 拼砌简单的立体模型 （4）插小蘑菇	小蘑菇、照片图样	① 蘑菇钉从大中小按需练习。 ② 拔蘑菇钉时松的儿童自己取，紧的可教会借助工具或者以此练习指尖力量。 ③ 注意儿童安全，以防吞咽危险。
教学步骤	**小组课**	**家庭泛化**
① 导师示范插蘑菇钉，儿童观察。导师用右手前二指或前三指捏起蘑菇钉的头，将根部对准网格板的孔洞插入。 ② 导师引导儿童自己按正确姿势把蘑菇钉插入网格板孔洞任意位置（先一个一个给，有能力的儿童可独立拿取框内散装蘑菇钉，并操作）。 ③ 导师在网格板上画横直线，示范将蘑菇钉按线依次插入，并将插好的效果展示给儿童看（注：相邻蘑菇钉之间保持均匀适当的间距是难点）。 ④ 导师将一个蘑菇钉插在横直线顶端，再引导儿童将蘑菇钉依次插入。直至儿童能独立自己操作插横线（无需画横线提示时也可以）。	个人工作课：插仙人掌，玩跳棋。	① 完成的小蘑菇作品拍照留念，并可打印成作品。 ② 家中类似洞洞板，帮助安装各种配件。

教学步骤	小组课	家庭泛化
⑤ 再提升至插竖线，斜线，十字形，方法同上（从有画线至无需画线）。 ⑥ 提供图片，引导儿童观察图片，然后按照图片上的样子仿插（导师需教授观察和理解插入的顺序和之间的关系）。		
阶段目标	**教具**	**备注**
2. 拼砌简单的立体模型 （5）菱形拼块	菱形积木、照片图样	
教学步骤	**小组课**	**家庭泛化**
① 导师出示菱形拼块并示范拼搭，引导儿童和导师搭一模一样的形状（或建筑），同时给予儿童指令“搭”。拼搭时要按顺序进行，从上到下或从左到右，拼块数量从少到多。 ② 当儿童会拼搭后，再指导儿童照图卡的样子仿拼（不宜过多，根据儿童能力调整）。	主题课涉及交通工具或动物时，可以请儿童按图拼搭。	
阶段目标	**教具**	**备注**
3. 完成 7 块连接的拼图	拼图、照片	一开始可大量练习同一幅，不宜同时练习很多。
教学步骤	**小组课**	**家庭泛化**
① 导师出示一幅拼图（有底图的拼图，初选的拼图块与块间的视觉差距要大），示范先观察底图的每一部分，再选取相应拼图块，逐块放到正确位置上（或须旋转后放置），教“一样的放上去”。 ② 引导儿童自己操作，导师可先放好部分拼图，只留少数块让儿童开始练习以降低难度。一开始也可把各分块放置成无须旋转的方向来降低难度、再逐步提升至儿童独立完成整块拼图，分块任意方向拿起都能完成拼图。 ③ 明白拼图的顺序（观察底图—选取—放置，即依照图样提示寻找相应拼块）及理解各块拼图间的关系是难点、儿童学会后可提升至在桌面上（非底图上）拼，操作要求不变。	① 拼图比赛。 ② 找出拼图中错的那两块并修改的小游戏。 ③ 主题课讲“我”的主题，打印每个孩子的照片，并剪开打散，玩“拼自己”的活动游戏。类似这样的设计。	拼图塑封后做艺术画展示。

☆ 训练目标：增进剪刀操作技能

阶段目标	教具	备注
1. 剪 6 厘米宽纸条	剪刀、6 厘米宽的线条纸	① 剪的过程中要有开合连剪的过程。 ② 使用安全剪刀。 ③ 剪刀把柄大小应适合儿童操作。
教学步骤	**小组课**	**家庭泛化**
① 使用剪刀的基础动作要求见小肌肉发展篇（2—3 岁年龄段）中的“剪线条（1—2 厘米）”。 ② 导师示范左手拿线条纸，右手正确姿势握剪刀，做出把纸放在刀刃间（开），剪纸条（合），再打开剪刀（开），同时将剪刀往前伸，再剪断纸条（合）的连续动作。 ③ 导师请儿童用同样操作剪 6 厘米线条纸，目光跟随剪刀、手指剪的力量、连剪的正确姿势是动作关键。 ④ 可提升至沿线剪（线条由粗到细）。	① 创意乐课和游戏课上玩剪胡须和剪头发（纸条做）的游戏。 ② 在创意乐课上用剪刀随意剪纸做创意手工。	剪包装袋、零食袋，剪刀操作应在家长看护下使用。
阶段目标	**教具**	**备注**
2. 剪厚纸	剪刀、薄纸板条、卡纸	① 使用安全剪刀。 ② 剪刀把柄大小应适合儿童操作。
教学步骤	**小组课**	**家庭泛化**
操作要求同上，也可要求儿童沿线剪。剪厚纸时要求手指更大的剪合力量。	剪窗花：手工纸对折后，使用剪刀，完成花、五角星等作品。	剪开快递。
阶段目标	**教具**	**备注**
3. 撕纸贴窗帘	打有连续小孔的纸条、普通纸条、窗帘背景图板	① 最开始选择宽度只适合撕一次的纸条。 ② 如图 4—23 所示。

续表

教学步骤	小组课	家庭泛化
① 基本动作要求见“小肌肉发展篇·2—3岁年龄段”中的“撕纸”。导师准备好易撕开的打孔纸条，示范双手一前一后用力撕开打孔纸带，然后双手向下移动，撕——向下移动——撕——向下移动，以此反复，直到撕开全部纸条，这是难点和重点。 ② 引导儿童同样操作撕纸，注意不要用拉、扯，而是用指尖指腹处力量来“撕”。 ③ 当儿童掌握撕纸技巧后，可以使用普通纸张进行练习。	创意乐课程中，让儿童把纸撕成条状，贴成窗帘作品。	① 日常中撕开零食包装袋、保鲜袋、垃圾袋等（成卷的保鲜袋和垃圾袋一般在打孔处分割），注意袋子不易过软过薄。 ② 引导儿童撕开邮票、电影票副票等。

4—5 岁年龄段

☆ 训练目标：增进操作技能

阶段目标	教具	备注
1. 工具操作 （1）拧螺帽	玩具螺帽组合	
教学步骤	**小组课**	**家庭泛化**
① 导师要求儿童双手协调拧螺帽，一手握住螺丝，一手拧螺帽，最好能做到拧一扳手回到原位置一拧的动作要求。 ② 扳手卡螺丝的位置、拧动时手腕转动方向与螺帽螺丝平行、手腕转动幅度大都是动作难点和要求。	主题课“劳动节”，体验连续拧螺丝的劳动强度。	① 螺帽组合套装玩具。 ② 飞盘等游戏的手部动作与本项目相似。
阶段目标	**教具**	**备注**
1. 工具操作 （2）夹衣夹	衣夹、衣夹盘、小袜子、小手套、小衣服	
教学步骤	**小组课**	**家庭泛化**
① 导师先示范将 2 个物件（如袜子）并在一起用夹子夹住，然后让儿童操作。所有动作操作要求见“小肌肉发展篇 · 2—3 岁年龄段”中的“夹夹子”。 ② 本项目需要儿童双手协调配合，前二指和前三指指尖的力量和持续性（夹子打开更大、保持时间更长）也是动作关键。	① 游园会布置时，用夹子夹装饰物（有厚度）。 ② 自理课练习夹袜子，进阶夹手套、裤子、衣服等（晾晒或者收取）。	① 夹子夹住多包零食袋封口。 ② 整理各类纸质物（账单、广告、成绩单等），用夹子夹好。
阶段目标	**教具**	**备注**
1. 工具操作 （3）套装积木组合	乐高玩具、积木图样	
教学步骤	**小组课**	**家庭泛化**
导师出示积木模型（可提升至看模型图样），示范后让儿童搭一样的乐高玩具组合，指导儿童查看图样，按顺序组搭积木。其他要求见小肌肉发展篇（2—3 岁年龄段）中的“乐高积木”。	游戏课利用乐高请儿童协作完成搭建作品，可加入故事情节。	① 亲子搭建乐高作品，可加入故事情节。 ② 用乐高搭球门、搭花（母亲节礼物）。

阶段目标	教具	备注
1. 工具操作 （4）扣纽扣	模拟小衣服，合适的衣物	能力弱的儿童初练习时衣物的选择很重要：纽洞大（可略剪开），纽扣大且好抓捏，半身衣（不宜长且下摆略宽大）为佳。
教学步骤	**小组课**	**家庭泛化**
① 导师操作并示范如何在平铺的衣物上扣纽扣：一手拉住纽洞旁的衣襟把纽洞撑大（鼓励儿童用力拉牢），一手把纽扣送进纽洞（尽可能多），然后松开衣襟并把纽扣拉出纽洞。 儿童有困难时，以上动作应分开练习（如导师做拉衣襟的动作，只要求儿童做送纽扣并拉出的动作，或反之练习），待熟练后再合并完整操作。 ② 待以上操作熟练后，让儿童穿上衣物再练习，先学习扣中下段的，再学习扣上段的。注意与平铺时相比，双手的操作是互换相反的，需要练习。 能力强的儿童，也可建议直接上身练习。 ③ 以上操作均熟练后，可在纽扣大小、不同衣物上做泛化和提升。也可练习解纽扣。	融入日常自理，也可在自理课上专项练习。	① 帮家人扭纽扣、解纽扣。 ② 学会裤子前裆门襟处的纽扣的扣和解，就可以有更多的裤子选择。
阶段目标	**教具**	**备注**
1. 工具操作 （5）插小蘑菇	小蘑菇、图案照片	如图 4—24 所示。
教学步骤	**小组课**	**家庭泛化**
① 基本操作要求见“小肌肉发展篇 · 3—4 岁年龄段”中的“插小蘑菇”。 ② 本项目可用实物照样仿插，也可提升至用图案照片照样仿插（正方形、三角形、圆形、小鱼、小花、小伞等简单图形）。教授观察和理解插入的顺序和之间的关系是重点。颜色也可从单色提升至多色搭配。	① 班级轮流插完成一幅作品。 ② 趣味游戏：两幅简单一点的蘑菇钉，只有一处不同，请儿童找出不同处并修改。	完成的小蘑菇作品拍照留念，并可打印成作品。

续表

阶段目标	教具	备注
1. 工具操作 （6）筒轴绕线	筒轴、毛线、数据线	
教学步骤	**小组课**	**家庭泛化**
① 选择软硬适中的毛线和数据线，导师示范并引导儿童把它绕在筒轴上：初始练习时，导师先绕几圈以确保固定线头，然后交由儿童按顺时针方向操作。 ② 不断练习直至儿童会一手固定绳子 / 丝带的一端，主控手完成绕线。 ③ 用手掌或者各指尖捏住线需有力度，不宜过松、也应以手臂带动手腕、边绕线持线的手边沿线下捋都是动作的关键。	升国旗后把余线绕好固定于旗杆。	① 整理数据线。 ② 团毛线团。 ③ 尝试各种手摇式把手或者磨磨盘都是类似操作。
阶段目标	**教具**	**备注**
1. 工具操作 （7）筷子夹海绵	筷子、海绵、纸团、冰、格、篮子、盘子等	如图 4—25 所示。
教学步骤	**小组课**	**家庭泛化**
① 导师示范并辅助儿童使用正确的方式夹取海绵：右手主要使用前三指控制一双筷子，后二指自然握拳状，并将海绵夹入对应的冰格中（可先使用儿童练习筷帮助手部塑形）。 ② 儿童夹取的物件难度可适当提升，大—小，边缘毛糙—光滑，选材较立体为佳。 ③ 夹取的容器和筷子距离逐步拉远，容器口亦可渐渐变小。	① 游戏课——比赛夹纸团。两位儿童使用筷子用正确姿势将纸团夹到指定位置（距离由近至远），相同时间内，夹取多的获胜。 ② 小食课发食物 / 放学前发点心：导师引导儿童用筷子将食物发给每位伙伴或自行进食。	① 家长引导儿童用筷子为每位家庭成员分发零食或水果，夹到他们各自餐具中。 ② 儿童在家中使用筷子吃饭，从夹取儿童爱吃的食物开始练习，提升至难度高的（如面条）。
阶段目标	**教具**	**备注**
1. 工具操作 （8）玩陀螺	各类陀螺	
教学步骤	**小组课**	**家庭泛化**
① 导师选择稍大的陀螺，示范以前两指或前三指捏住陀螺顶部，从以捏搓的方式使陀螺转动开始，引导儿童完成相同动作，直至儿童可以旋转陀螺后松开手指，使陀螺在桌面上继续旋转。 ② 待儿童熟练后可换成更小的陀螺。	幼小转衔课时可引导儿童使用卷笔刀削铅笔。	用钥匙开门。

续表

阶段目标	教具	备注
2. 用胶泥捏小物件 （1）捏玉米、葡萄、汤圆	玉米、葡萄、汤圆底板、胶泥	如图 4—26 所示。
教学步骤	**小组课**	**家庭泛化**
① 导师将已搓好的胶泥玉米 / 葡萄 / 汤圆或图卡给儿童看，并示范先将胶泥搓成长条，然后分成多个小块，用前二指或前三指在掌心打圈搓成球形，粘在相应的底板上。 ② 辅助并引导儿童用同样方式操作完成作品。一次不宜教授多种。	① 绘本课，讲述《寻找美味的食物》中，可引导儿童捏出食物缺少的部分，如捏出玉米粒、一颗葡萄、一粒汤圆。 ② 创意乐课，教授儿童用胶泥做食玩摆件。	① 用橡皮、黏土、胶泥做玉米粒、蓝莓、瓜子仁等。 ② 用巧克力泥、面粉做小汤圆。
阶段目标	**教具**	**备注**
2. 用胶泥捏小物件 （2）捏麻花、海星、拖鞋、苹果、鸭子、生日蛋糕、眼镜、香蕉等	胶泥	
教学步骤	**小组课**	**家庭泛化**
① 导师将捏好的各种成品给儿童观察（如麻花），并示范每个作品如何完成，如将胶泥先搓成 2 根条状，再将 2 根胶泥放一起，左手捏住一端，右手将另一端旋转扭动直至变成麻花。 ② 辅助并引导儿童使用同样方式自己操作。理解分步骤完成小物件的过程及精细小肌肉的能力要求是关键。	① 绘本课时讲述《会魔法的食物》，可引导儿童捏出绘本中的各类小物件，如苹果、香蕉、眼镜等。 ② 创意乐课上教授儿童用胶泥做食玩摆件。	完成各种胶泥作品并放于家中展示。

☆ 训练目标：增进串连技能

阶段目标	教具	备注
穿鞋带及系鞋带 1. 穿线板	标有箭头或数字的穿线板、硬头及软头的穿线绳	
教学步骤	**小组课**	**家庭泛化**
① 导师示范并教会儿童穿线过孔并拉紧线绳，可先让导师辅助拿住穿线板，后指导儿童左手拿板、右手穿绳。 ② 导师选择画有箭头的穿线板，示范并教会儿童遵循箭头的指引穿线；或使用带有数字 1、2、3、4、5 等编号的穿线板，示范并教会儿童按照数字顺序穿绳。	① 创意乐课制作手工零钱包 ② 穿环境布置拉旗	① 缝制型玩具。 ② 挂打孔型窗帘。
阶段目标	**教具**	**备注**
穿鞋带及系鞋带 2. 穿鞋带	玩具小木鞋、鞋带或儿童鞋	可在洞眼旁备注数字视觉提示，如 1—6。
教学步骤	**小组课**	**家庭泛化**
① 导师先固定鞋带的一端，再示范拿鞋带的另一端，从单方向“Z”字向下的方式穿鞋带。并请儿童做一样的。 ② 直到儿童单方向“Z”字叠穿熟练后，再练习双向交叉穿鞋带。 ③ 洞眼数量要根据儿童能力安排。	自理课：我会穿鞋带。	日常练习，须大量练习。
阶段目标	**教具**	**备注**
穿鞋带及系鞋带 3. 系鞋带	玩具小木鞋、鞋带或儿童鞋	
教学步骤	**小组课**	**家庭泛化**
① 在学会穿鞋带的基础上，指导儿童学习系鞋带。先示范将两根鞋带交叉并打结拉出来（鞋带较短为宜），再让儿童练习。 ② 这一步（打结）学会后再指导儿童学习打蝴蝶结。须大量练习。		① 日常练习穿鞋时系鞋带、（女孩）穿衣服裙子时打蝴蝶结等。 ② 为礼品盒打蝴蝶结装饰。

☆ 训练目标：增进写画技能

阶段目标	教具	备注
绘画简单图形 1. 画连线图	彩色水笔、蜡笔、虚线连接图、数字连线图	凡涉及写画的项目注意正确握笔姿势，详见“小肌肉发展篇·1—2 岁年龄段”第一个训练目标。
教学步骤	**小组课**	**家庭泛化**
导师出示用虚线画成的简单图案，或标有数字的连线图，指导儿童执笔将虚线或数字连起来（儿童有困难时导师可就数字先后顺序提供辅助），画成一幅简单图案。图案中要标有明确的起点，让儿童从起点开始画起。完成后和儿童识别图中图形。	连线图的各种游戏，如一幅图中各种虚线（短虚线、长虚线、点线、点划线等）“缠绕”一起，每条线“终点”有零食图片，儿童描画任意一条线（从起点），最终奖励“终点处”的零食。	完成作品在家中作品墙上展示。
阶段目标	**教具**	**备注**
绘画简单图形 2. 仿画简单图画	小房子、树、小旗、苹果、小鱼、小花、小鸭、机器人等简笔画图卡，合适的笔	
教学步骤	**小组课**	**家庭泛化**
导师出示简笔画图卡，图案均由儿童已学过的形状组成。指导儿童照样子画（注意正确执笔姿势），帮助理解图画中各部分之间的关系是重点，要求按照顺序画。	① 母亲节 / 父亲节 / 过年前，在贺卡上仿画合适图案。 ② 绘本课上，请儿童为绘本简单“配图”。	完成作品在家中作品墙上展示。
阶段目标	**教具**	**备注**
绘画简单图形 3. 添画	完整的简笔画图样、与其相同的未完成的简笔画图纸、合适的笔	如图 4—27 所示。
教学步骤	**小组课**	**家庭泛化**
导师出示完整的简笔画图样，指导儿童按照图样，在未完成的简笔画图纸上补充不完整的部分（需补充的部分由少到多，由易到难，需补画的图形以儿童已学过的形状为宜）。	游戏课玩“找不同”的游戏，比较完整的画和不完整的画之间的不同，比谁找得快并补充完整。	能力优秀的儿童可以提升至：看一眼原画后收起原画，再补充不完整的画（结合儿童喜欢的动画形象）。

阶段目标	教具	备注
绘画简单图形 4. 画出人体 2—3 个部分	人体五官添画图卡、合适的笔	
教学步骤	**小组课**	**家庭泛化**
导师出示人体五官添画图卡（一幅图中五官不全，如缺少眼睛），指导儿童添画眼睛、缺鼻子的添画鼻子等。经过练习可自行画出五官。只要求以简单图形成图，神似即可（如以画三角形代替鼻子）。	主题课学习“我的身体”，与儿童互动画出五官图。	① 与儿童玩遮眼补五官的游戏。 ② 按简单主要特征（如眼睛特别大）画自画像。
阶段目标	**教具**	**备注**
绘画简单图形 5. 仿画星形	星形虚线、点线图卡	
教学步骤	**小组课**	**家庭泛化**
导师让儿童先沿虚线画出星形（一笔星形和五角星形均可），要求按常规笔顺描画。掌握基本描画技能后，进一步连点画星形，熟练后照样子画出星形。	“国庆节”主题课上，画国旗上的五角星。	表现佳时自己画“五角星”做代币奖励自己。
阶段目标	**教具**	**备注**
绘画简单图形 6. 摹写简单文字、数字	学前儿童描红本、打格纸、合适的笔	
教学步骤	**小组课**	**家庭泛化**
① 导师示范后指导儿童按照正确的笔顺描写简单文字和数字。 ② 描写的文字要简单（如上、大、小、口、天、月、山、田、日等，数字以 1—10 为宜），须按正确的笔顺描写，描摹的文字大小按儿童能力不断提升，描摹过程中注意指导儿童对于字型结构的观察。 ③ 不宜一次描摹过多新内容。	① 母亲节、父亲节、教师节时在祝福卡片上摹写简单祝福语。 ② 学会摹写自己的姓名、父母姓名、常用电话号码、班级名等。	① 摹写每月家中水电煤的抄见数，贴于门口，方便抄表员抄录。 ② 合适的时候签名。 ③ 亲友婚庆、生日时在祝福卡片上摹写简单祝福语。 ④ 摹写简单的便条，和家庭成员做沟通（如“爸爸，我和妈妈去超市”）。
阶段目标	**教具**	**备注**
绘画简单图形 7. 用尺子画线	直尺、白纸、点阵图、合适的笔	如图 4—28 所示。

教学步骤	小组课	家庭泛化
① 导师示范一手按住尺保持不动，另一只手执笔，笔紧贴尺的边缘在白纸上画竖线或者横线。引导儿童完成相同动作。儿童容易按得轻画得重导致尺子移位是难点。 ② 导师指导儿童用直尺在点阵图中完成练习画竖线与横线。强调尺的边缘紧贴点的中心。 ③ 待儿童熟练掌握画法后再学习画其他线条。	幼小衔接课上使用直尺完成连线题或其他幼小衔接趣味题。	使用直尺划去快递单上的隐私信息。
阶段目标	**教具**	**备注**
绘画简单图形 8. 涂色	水果 / 蔬菜等图卡、彩色蜡笔等	
教学步骤	**小组课**	**家庭泛化**
导师出示已经涂好颜色的图卡，让儿童照样子用彩色蜡笔涂色，要求儿童按照常规固定搭配的颜色涂色（如香蕉黄色、草莓红色、小草是绿色）。涂色的要求见“小肌肉发展篇 · 3—4 岁年龄段”中的“形状内着色、在图画内着单色、在图画内着多色”。	创作涂色作品。	创作涂色作品并在家中作品墙上展示。

☆ 训练目标：增进折纸技能

阶段目标	教具	备注
将纸对折多于一次 1. 对边折成正方形、对角折成三角形	彩色手工纸	① 纸张不宜过厚或过软。 ② 儿童应具备一定的对齐能力。
教学步骤	**小组课**	**家庭泛化**
① 导师示范并教会儿童用前二指或前三指捏住纸边沿的两端，沿边或沿角对折（一开始，家长可提前折一次再打开，使纸在翻折处略有折痕以方便儿童操作），边和边或角和角对齐后，一手保持固定，另一手把纸张按压平整成型。 ② 待熟练后，可无需折痕直接操作。此项须大量练习。 ③ 一开始可教会儿童旋转纸张，使儿童翻折方向固定（由下往上），待熟练后，能力好的儿童可练习任意方向对边折、对角折。	① 创意乐课做折扇。 ② 自理课上练习折纸巾（可沿卷筒纸撕痕翻折）、折衣裤、折餐垫等。	① 做春卷、包书衣。 ② 整理旧报纸、整理水电煤气等账单。 ③ 练习折纸巾（可沿卷筒纸撕痕翻折）、折衣裤、折餐垫等。
阶段目标	**教具**	**备注**
将纸对折多于一次 2. 折简单物品	彩色手工纸	① 纸张不宜过厚或过软。 ② 初期练习时可大量练习同一种折法。
教学步骤	**小组课**	**家庭泛化**
① 导师示范并教会儿童折简单物品，如飞机、纸弹簧等。导师与儿童同时折，分步骤指导，操作要求同上述目标。儿童掌握要领后，可尝试独立完成整个物品。 ② 对于折后角对角边对边的完成度要有要求，不能过于随意。	折纸飞机，比赛谁的飞得远。	
阶段目标	**教具**	**备注**
将纸对折多于一次 3. 折复杂物品	彩色手工纸	① 纸张不宜过厚或过软。 ② 初期练习时可大量练习同一种折法。

教学步骤	小组课	家庭泛化
① 导师分步骤示范并教会儿童折较复杂的物品，如花、鱼、帽子、小船、衣服、裤子等。导师每折一步，儿童模仿折一步，熟练后可将 2—3 个步骤连起来指导。操作要求同上述目标。 ② 儿童掌握整个折物品的过程后，进行独立的仿折。		
阶段目标	**教具**	**备注**
将纸对折多于一次 4. 撕纸	画有线条的纸	最开始选择宽度适合只撕一次的纸条、注意每张纸条上只画有一条线。
教学步骤	**小组课**	**家庭泛化**
基本动作要求见“小肌肉发展篇 · 2—3 岁年龄段”中的“撕纸”、“3—4 岁年龄段”中的“撕纸贴窗帘”。此处提升要求儿童双手协调沿线下移，撕开纸张。沿线撕一向下移动一撕一向下移动，以此反复，直到撕开全部纸条，是难点和重点。	① 创意乐课程中，让儿童把纸沿线撕成条状，贴成窗帘 / 水母 / 章鱼等作品。 ② 撕打孔纸。	日常中撕开零食包装袋。

☆ 训练目标：训练积木堆砌技能

阶段目标	教具	备注
能叠高 9 块以上积木 1. 照图搭积木	积木、图案照片	重点：体现儿童独立性
教学步骤	**小组课**	**家庭泛化**
① 导师出示较复杂积木图案 / 图卡（9 块以上），给出指令“搭一样的”，指导儿童照图案搭成一样的。其他操作要求见“小肌肉发展篇 · 3—4 岁年龄段”中的“实物仿搭”“图样仿搭”。 ② 要求儿童能按照顺序搭建；有能力时，可引导发挥想象力随意拼搭（避免简单排列）。		① 照图案搭乐高。 ② 照图案组装家具（如鞋架）。 ③ 搭积木、编故事。
阶段目标	**教具**	**备注**
能叠高 9 块以上积木 2. 插 9 片以上雪花片	雪花片、图案照片	

续表

教学步骤	小组课	家庭泛化
① 基本动作要求见“小肌肉发展篇 · 2—3 岁年龄段”中的“插雪花片”、“3—4 岁年龄段”中的“插雪花片（6—9 片）”。 ② 插的过程中，已插好的部分如何调整拿取位置以方便插更多的是动作关注重点（雪花片数量增加后调整双手的着力和使力位置）。仿插样板可由实物提升至图片。此项目对儿童视觉空间的能力也有高要求，须大量练习。	游戏课每个儿童各自组合雪花片，最终组合成一个成品。	家长和儿童共同将雪花片组合成更复杂的不同的物件。完成后可拍照留念。
阶段目标	**教具**	**备注**
能叠高 9 块以上积木 3. 拼搭几何拼块	七巧板、图案图卡	
教学步骤	**小组课**	**家庭泛化**
① 导师出示已完成的七巧板图案，用指令“跟老师搭一样的”。指导儿童用前二指 / 前三指，按照图案有序拼砌。 ② 有困难的儿童，导师可以另选一套七巧板，导师搭一块，儿童仿搭一块。直至可以全程全部独立完成。 以上操作均要求指导儿童学会看图样，按图样要求有序地进行拼砌。	① 绘本课《七个好朋友》，引导儿童按照绘本内容有序拼砌七巧板。 ② 创意乐，引导儿童使用七巧板制作冰箱贴。	各色手工纸、各类糖纸剪成七巧板形状，拼砌并结合粘贴成各种造型：人物、小动物、小汽车等。
阶段目标	**教具**	**备注**
能叠高 9 块以上积木 4. 完成 7 块以上拼图	拼图、图案照片	① 主要指导儿童学会看图样，按照图样要求有序地进行拼砌。 ② 一开始可大量练习同一幅，不宜同时练习很多。
教学步骤	**小组课**	**家庭泛化**
导师出示一张已完成的拼图图案或照片，先示范根据观察图样，按顺序拼图。然后指导儿童做同样操作。 其他要求见“小肌肉发展篇 · 3—4 岁年龄段”中的“完成 7 块连接的拼图”。	① 绘本课：导师在某个场景出现时拿出相应拼图，让儿童帮忙复原场景将拼图拼起来。 ② 拼图比赛。 ③ 找出拼图中错的那两块并修改的小游戏。	拼图塑封后做艺术画展示。

☆ 训练目标：训练图工技能

阶段目标	教具	备注
剪出并贴上简单形状 1. 剪出三角形、正方形（做房子、小旗、小鱼） 2. 剪出三角形、长方形（做小树、小鱼、铅笔） 3. 剪出三角形、梯形（做小船）	剪刀、样张、含图纸张、空白纸张	① 使用剪刀须注意安全。 ② 如图 4—29 所示。
教学步骤	**小组课**	**家庭泛化**
① 导师出示样张，同时示范在画好图样的纸张上沿线剪，并照样粘贴。 ② 导师将纸张给儿童，指令“沿线剪”“粘”，引导儿童剪出形状图样，并将剪好的图案按照样张粘贴在对应的位置上。 ③ 剪纸初始时，纸张和图案大小要适中。同时，图案边框可以略粗，纸质软硬适中，便于儿童掌控和操作。后续可逐步泛化纸张大小和线条粗细，纸张趋于常规。 剪转折线条时，需注意双手协调转动：右手握剪刀逆时针前进，左手拿纸张辅助转动。须大量练习。 ④ 沿线剪图案时，遇到转方向，一开始可直接延长剪断，逐步提升至根据形状以旋转剪刀并以连剪的方式调整方向。 ⑤ 空白纸张上初始可画出相应粘贴区域，给予视觉提示，后续逐步淡化。	创意乐课：导师请儿童将形状剪贴成不同的作品，同时发展想象力。	亲子手工剪贴作品
阶段目标	**教具**	**备注**
剪出并贴上简单形状 4. 剪出圆形、半圆形、椭圆形（做小鸡、小鸭、小汽车、气球）	剪刀、样张、含图纸张、空白纸张	如图 4—30 所示。
教学步骤	**小组课**	**家庭泛化**
① 方法同上。 ② 导师可从弧度大的椭圆开始，引导儿童沿线剪的同时双手做微调处理，逐步过渡至半圆、圆形。	创意乐课：导师请儿童将形状剪贴成不同的作品，同时发展想象力。	亲子手工剪贴作品。

☆ 训练目标：训练触觉能力

阶段目标	教具	备注
用触觉辨认袋中物品 1. 辨别形状	各种形状积木、布袋	放入袋中的积木为儿童已认识的形状，且不宜太小。
教学步骤	**小组课**	**家庭泛化**
① 导师先将两种形状的积木（大一点）出示在儿童面前，请儿童分别触摸。 ② 然后把两块积木放在布袋里，给出指令“请取出 ×× 形积木”，导师拉着儿童的手一起伸入布袋内，用手掌手指触摸辨别正确积木形状，然后取出积木。 ③ 让儿童按照指令自己触摸布袋内积木并取出正确的形状。有困难的儿童，另准备一块同样的放于面前，先触摸面前的，再找寻布袋内的。 ④ 根据情况逐渐增加其他形状的积木，要求儿童能够触摸辨别。	① 个训课：形状配对的趣味玩法。 ② 创意乐课、小食课：做出不同形状的美食（汤圆、面点等），强调做的过程中形状触觉不同体验。 ③ 将不同形状的巧克力等放在袋子里，请儿童按照指令拿出并食用。	玩黑暗里寻找家里形状各异的物件（如圆形闹钟、方形肥皂盒）的游戏。
阶段目标	**教具**	**备注**
用触觉辨认袋中物品 2. 辨别物品	各种样式的常见物品、布袋	物品之间要有较大的差别，外形轮廓差异明显，大小适中。
教学步骤	**小组课**	**家庭泛化**
同上。	游戏课、个训课：蒙眼取物。	玩“摸家人的手（脸、头发）”的游戏。

小肌肉发展篇

5—6 岁年龄段

☆ 训练目标：剪刀操作

阶段目标	教具	备注
1. 能剪出不规则图形	剪刀、简单的简笔画图形	① 使用剪刀须注意安全。 ② 如图 4—31 所示。
教学步骤	**小组课**	**家庭泛化**
① 导师出示含有简笔画图形的纸张，示范“沿线剪”。 ② 要求儿童正确使用剪刀，并“沿线”剪出不规则形状。注意双手的协调使用。 ③ 形状线条轮廓可逐步复杂，线条由粗提升到细，要求儿童尽量贴合线条剪。 ④ 剪刀操作的要求见小肌肉发展篇 4—5 岁年龄段中的“剪出并贴上简单形状”。	创意乐课：邀请儿童剪不同的图形粘贴组合成新的作品。	儿童和家长使用剪刀剪出手印和脚印，玩游戏或者做标识。
阶段目标	**教具**	**备注**
2. 能做简单手工	简单手工图样、剪刀	① 使用剪刀须注意安全。 ② 如图 4—32 所示。
教学步骤	**小组课**	**家庭泛化**
① 导师出示简单手工图样，以及手工成品，指导儿童理解手工的制作要求及步骤。导师示范左手拿手工纸，右手拿剪刀，沿线剪出各种形状。并结合剪贴、折叠等操作，制作各种小物件。 ② 动作要求详见“小肌肉发展篇 · 3—4 岁年龄段”中的“剪 6 厘米宽纸条”、“小肌肉发展篇 · 4—5 岁年龄段”中的“剪出并贴上简单形状”“折简单物品”。	① 创意乐课程中，导师出示各类成品，指导儿童使用剪贴、折叠等方法，制作各类小物件。 ② 绘本课《古利和古拉》，指导儿童使用剪贴、折叠等方法，制作绘本所出现的各种小动物、小物件。	做有意义的手工（纸张垃圾桶、窗花等）。

☆ 训练目标：操作技能

阶段目标	教具	备注
1. 自行将绳穿入大针并缝合 （1）穿针	毛线、大针、穿线板	注意针线使用安全。
教学步骤	**小组课**	**家庭泛化**
① 导师示范一手拿大针一手拿毛线，当毛线的前端穿过针孔后拉出。引导儿童完成同样的动作。 ② 待儿童熟练完成后可在穿线板上来回缝合。	主题课母亲节时可结合《游子吟》相关的活动。	帮助家人完成缝补。
阶段目标	**教具**	**备注**
1. 自行将绳穿入大针并缝合 （2）能用绳子捆住物件，会打结	绳子或丝带，小物件，小包装盒	打结可先在平面上用可塑形的绳理解和练习，后使用较长和软的绳实操。
教学步骤	**小组课**	**家庭泛化**
导师示范并教会儿童留出适宜的绳两端，二绳交叉，一手捏住交叉处，主控手将一段绳子完全穿过圆圈，手缩回后双手立刻握住绳两端并拉紧打结。动作要求见“小肌肉发展篇·4—5岁年龄段”中的“系鞋带”。	烹饪课捆粽子。	打结包装小礼品。
阶段目标	**教具**	**备注**
2. 用锤子敲打钉子 （1）用螺钉螺帽组装玩具	螺钉螺帽组装玩具、图样	
教学步骤	**小组课**	**家庭泛化**
① 导师出示螺钉螺帽组装图样，指导儿童按照图案用螺钉螺帽将拼块组装在一起。 ② 要求儿童能按照顺序组装；有能力时，可引导有想象力地随意拆卸、组装成一件物品（避免简单排列）。	个人工作课：照图案组装螺母螺帽。	照图案组装玩具，如玩具车。
阶段目标	**教具**	**备注**
2. 用锤子敲打钉子 （2）用订书机装订	纸张、订书机	安全使用订书机，手不能放置在订槽内。

续表

教学步骤	小组课	家庭泛化
① 导师拿出一张纸和订书机，演示使用订书机，引导儿童观察。 ② 导师辅助儿童使用订书机，左手拿纸，将纸放在订槽内，双手放置（或单手放置）订书机压柄上，掌心朝下，同时用力向下按压至底部，听到“咔”声，双手松开。移动纸张，再次按压练习。儿童手臂力量欠缺时，可以站立姿势操作。按压出钉的瞬间发力是动作难点。 ③ 导师指导儿童学会将多张纸边缘对齐后，使用订书机装订。	① 创意乐课：用订书机辅助做爱心、小绘本书。 ② 中秋活动使用压花器和模具制作月饼，使用饺子模具做饺子。	用订书机装订各种账单、广告纸、发票等。
阶段目标	**教具**	**备注**
2. 用锤子敲打钉子 （3）用锤子敲打钉子	儿童玩具（工具组合）	敲打锤子时注意安全。
教学步骤	**小组课**	**家庭泛化**
① 导师指导儿童正确使用玩具锤子敲打钉子并请儿童模仿。 ② 有能力的儿童应教授一手扶正钉子，一手轻敲锤子。待钉子略钉入后再用大力敲打，并要求儿童敲打钉子时须力量均匀地敲，直至完全钉入（用玩具练习）。	游戏课：打地鼠游戏。	

☆ 训练目标：写画技能

阶段目标	教具	备注
1. 画人形（有头、五官及身体四肢）	画有头、五官和身体四肢的人形图卡	最开始仿画由简单几何图形组成的人形，再提升头、五官及身体四肢画法准确度（不建议火柴人形）。
教学步骤	**小组课**	**家庭泛化**
导师出示人形图卡，示范并指导儿童照样子仿画，可按照顺序由上至下、由左至右、由外到里、由脸轮廓到五官，逐步画出人体各部位。	创意乐课上引导儿童画出自己及家人的全身自画像。	引导儿童根据家庭成员的照片画出全身画像；或者喜欢的故事人物的画像。

阶段目标	教具	备注
2. 仿画形状 （1）仿画菱形	实线菱形图卡、纸、笔	儿童仿画的菱形比例可能不完全对称。
教学步骤	**小组课**	**家庭泛化**
① 导师出示实线的菱形图卡，示范并教会儿童按照正确的笔顺仿画（描画和点连线图形为独立仿画的基础，故笔画顺序都应一致）。 ② 如儿童独立仿画有困难，导师可先画出一半的笔画，让儿童画出对称的另一半，逐渐减少辅助直到可以自行正确仿画出菱形。		结合数个半菱形图样也可仿画鱼骨等造型。
阶段目标	**教具**	**备注**
2. 仿画形状 （2）仿画其他形状	梯形、多边形、半圆形、正方形、长方形等图卡	
教学步骤	**小组课**	**家庭泛化**
导师出示形状图卡，先示范按照正确笔顺仿画图形，然后引导儿童仿画，逐渐减少辅助直到儿童可以自行正确仿画。（描画和点连线图形为独立仿画的基础，故笔画顺序都应一致。）	绘本课，导师选择有关形状的绘本故事，设计闯关游戏，让儿童仿画其中的各种形状。	
阶段目标	**教具**	**备注**
3. 写出小体字及数字	学前儿童描红本、铅笔、水笔等	
教学步骤	**小组课**	**家庭泛化**
具体操作要求见小肌肉发展篇（4—5岁年龄段）中的“摹写简单文字、数字”。让儿童看着字样，正确观察笔顺和空间关系来仿写是难点和要求。		学龄前作业。
阶段目标	**教具**	**备注**
4. 在图画上画出详细部分 （1）画出几个部分组成的画	简单组合图样： 房子＋树＋太阳＋人＋草； 大海＋各种小鱼＋船＋云； 马路＋各种车＋人＋太阳； 各类果树＋各种花。	在整个过程中随时纠正儿童，确保儿童使用正确的握笔姿势及坐姿。

教学步骤	小组课	家庭泛化
① 导师出示已画好的简单图样，指导儿童对照图样自行画出（引导儿童观察样图顺序，按从上往下、从左往右等顺序画）。 ② 也可引导儿童发挥想象力，自己画出简单的图画。	① 绘本课结合绘本故事，引导儿童画出绘本中的某些场景。 ② 创意乐课程，导师出示团扇样品及简单图样，让儿童根据自己的喜好，自行选择图样进行图画。	① 画年画。 ② 给生日贺卡画上喜欢的画。 ③ 父母和儿童一起 DIY T 恤，画上自己喜欢的画。
阶段目标	**教具**	**备注**
4. 在图画上画出详细部分 （2）选择喜欢的颜色涂色	简单图案、蜡笔	
教学步骤	**小组课**	**家庭泛化**
① 导师出示已经画好的简单图案，选择颜色进行涂色。选择颜色时，导师须强调符合图画内容的颜色。引导儿童完成相同操作。 ② 待儿童熟练完成后可丰富画面图案及色彩。 ③ 涂色的小肌肉要求和提升见前几个年龄段相似项目的要求，请自行查阅。	创意乐涂色相关课程活动。	完成作品在家中作品墙上展示。
阶段目标	**教具**	**备注**
4. 在图画上画出详细部分 （3）按照规律画图形	九宫格图、条形格图	① 图形应是儿童会画的，由易到难。 ② 如图 4—33 所示。
教学步骤	**小组课**	**家庭泛化**
① 导师出示一张条形格图纸，按照规律将图案画在对应格子中（如苹果—月亮—苹果—月亮等），要求儿童观察并按照相同规律接龙续画。 ② 初始时，导师可以将不同图案以颜色区分，以简单图案为主，并以留空形式，请儿童补充完成。 ③ 儿童能独立完成后，图形可复杂、排列规律可复杂、也可使用九宫格图。		
阶段目标	**教具**	**备注**
4. 在图画上画出详细部分 （4）照样子连线 ① 连线形状	点阵连线图卡	① 可用直尺辅助画线。 ② 如图 4—34 所示。

教学步骤	小组课	家庭泛化
导师出示样图，让儿童在点阵图内照样子画出形状连线图。	游戏课玩“后背传画”，如导师在儿童后背用手指画圆，请儿童猜（在纸上画出来）。	打开手机、平板电脑的图案锁屏。
阶段目标	**教具**	**备注**
4. 在图画上画出详细部分 （4）照样子连线 ② 连线图案	点阵图内画好小鱼、小花、小伞、小船的图卡	① 可用直尺辅助画线。 ② 如图 4—35 所示。
教学步骤	**小组课**	**家庭泛化**
① 导师出示样图，让儿童在点阵图内照样子画出物品连线图。 ② 物品由 2 个以上形状图形叠加，当儿童熟练后增加图形数量提升难度。	游戏课玩“后背传字”，如导师在儿童后背用手指画“十”字，请儿童猜（在纸上画出来）。	
阶段目标	**教具**	**备注**
4. 在图画上画出详细部分 （4）照样子连线 ③ 圆点图	圆点图样、水彩笔	如图 4—36 所示。
教学步骤	**小组课**	**家庭泛化**
③ 导师先拿出圆点图纸、圆点图样与笔，引导儿童观察操作示范过程。注意圆点的颜色和连接顺序。 ④ 请儿童操作，按照图样将圆点涂色（不强制要求），再按顺序依次连接，呈现出图样所示图形。图形难度由易到难提升。	个人工作课上练习连数字（将点连成数字形状）。	蘑菇钉仿插图形也可作为辅助练习。

大肌肉发展篇

1—2 岁年龄段

☆ 训练目标：平衡能力

阶段目标	教具	备注
1. 单脚站立短暂时间	橡胶脚步器	如图 5—1（a）、5—1（b）所示。
教学步骤	**基本做法**	**提升做法**
① 儿童能自行依靠固定物，在导师的提示及辅助下，将一只脚踩在脚步器上，另一只脚抬起，做单脚站立姿势。 ② 逐步减少辅助和依靠。	台阶站立：将一只脚踩在脚步器上，另一只脚抬起放于台阶上，注意重心在站立腿上。	单脚站接球：儿童做单脚站立姿势，并双手接住抛来的小球。

☆ 训练目标：抛接技能

阶段目标	教具	备注
1. 抛球 （1）将球放入篮球筐并放开	小胶球	
教学步骤	**基本做法**	**提升做法**
① 导师示范将球放入篮球筐并放开，使球自由落下。 ② 随后站在儿童身后辅助儿童做相同的练习，给出指令“放”。 ③ 熟练后儿童独立完成。	① 双手抱球，双臂前伸，保持身体平衡站立。 ② 双手抱球再放开的动作练习，球由小到大。	向不同高度的篮筐放球，锻炼举起双手的能力。
阶段目标	**教具**	**备注**
1. 抛球 （2）向墙壁抛球	小胶球	
教学步骤	**基本做法**	**提升做法**
① 导师示范将球抛向墙壁。 ② 之后站在儿童身后辅助儿童做相同的练习，同时使用指令“抛”。 ③ 熟练后儿童独立完成。	站在离墙壁约一米距离，双手抱球，保持身体平衡站立，双脚分开与肩同宽，将球抛向墙壁，注意发力点在大臂带动手腕。	① 向不同距离的墙壁抛球，锻炼抛球的力度。 ② 在不平的地面上向墙抛球，如站在平衡台上向墙壁抛球。

阶段目标	教具	备注
1. 抛球 （3）将球抛给他人	小胶球	
教学步骤	**基本做法**	**提升做法**
① 导师站在儿童正面，示范抛球的动作。 ② 导师站在儿童正面给出指令“抛”并引导儿童抛出手中的球。	面向他人，双手手掌抓住球，双手手腕发力，将球抛出。	① 抛球时，导师与儿童的距离拉远，或抛入固定的位置，如抛入筐里。 ② 站在不平的地面上，将球抛给他人，如儿童站在平衡台上，将球抛给他人。
阶段目标	**教具**	**备注**
2. 接球 （1）伸出双手接住头顶上方的球	小胶球	
教学步骤	**基本做法**	**提升做法**
① 导师示范双手举过头顶的动作。 ② 导师将球置于儿童头顶给出指令“拿球”，并引导儿童伸出双手接住头顶上方的球。	导师将儿童喜欢的物品（如娃娃）置于儿童前上方，引导儿童能够自行伸出双手取走老师手中的物品。	① 伸出双手接住前上方掉落的球。 ② 儿童自行伸出双手，举过头顶并接住他人抛过来的球。
阶段目标	**教具**	**备注**
2. 接球 （2）伸出双手接住从上方垂直落下的球	小胶球	初练习时应采用大小适中，材质略软的球（儿童会因球弹性过足过硬而害怕）。
教学步骤	**基本做法**	**提升做法**
① 两位导师面对面站立在儿童正前方，示范伸出双手接住从上方垂直落下的球。 ② 一位导师站在儿童身后，辅助儿童伸出双手（可辅助于手、手肘或上下臂处）接住从上方垂直落下的球。 ③ 导师给出指令“接”，逐渐减少辅助，直至儿童能自行伸出双手接住导师落下的球。	导师将儿童喜欢的物品（如娃娃）置于儿童前上方，儿童能够自行伸出双手接住从上方垂直落下的物品。	① 站在不平的地面上，伸出双手接住从上方垂直落下的球：如儿童站在平衡台上，伸出双手接住从上方垂直落下的球（改变胶球的大小由大到小）。 ② 导师手中拿两种不同颜色的沙包（如红、绿），置于儿童前上方同时落下，儿童能够自行伸出双手接住落下的红色沙包。

☆ 训练目标：持物技能

阶段目标	教具	备注
1. 持物行走一段距离	小物件（娃娃、沙包、水球、椅子）	
教学步骤	**基本做法**	**提升做法**
① 导师示范双手手持沙包，行走一段距离（5米）。 ② 导师站在儿童正面，辅助儿童双手手持沙包，行走一段距离（5米）。 ③ 儿童独立完成。 ④ 儿童熟练后，物品由轻到重，由双手到单手。 ⑤ 儿童能自行持羽毛球拍，上方放置小物件，行走一段距离（5米）。	儿童双手持物，行走一段距离。	① 在平衡木上持物行走：在平衡木上持物行走，并跨越障碍行走。 ② 单手持羽毛球拍行走直线。

☆ 训练目标：上下楼梯

阶段目标	教具	备注
1. 自行上楼梯		
教学步骤	**基本做法**	**提升做法**
① 导师站在儿童身后，双手扶住儿童腋下，辅助儿童登上楼梯。 ② 随着儿童的进步逐渐减少辅助。 ③ 引导儿童右手扶扶手，自行两步一级上楼梯。	练习自行站上积木块等较低的平台。	边上楼梯边拾起楼梯上的小物体。
阶段目标	**教具**	**备注**
2. 在扶持下下楼梯		
教学步骤	**基本做法**	**提升做法**
① 导师位于儿童下方，双手扶持儿童缓慢下楼梯。 ② 随着儿童的进步逐渐减少辅助。	练习下积木块等较低的平台。	儿童双手着地保持身体平衡，两步一级倒退独立下楼梯。

✰ 训练目标：跳跃技能

阶段目标	教具	备注
1. 原地跳 （1）跳床 / 瑜伽球踮跳	跳床 / 瑜伽球	
教学步骤	**基本做法**	**提升做法**
① 导师辅助儿童在跳床 / 瑜伽球上踮跳。 ② 逐步减少辅助。	① 先接触摸摸跳床 / 瑜伽球，不害怕站上去。 ② 双手扶住固定物，双脚踮起，身体用力下压带起全身，顺势完成一次跳跃。	太空寻宝：将儿童喜爱的玩具或零食放在高处，让儿童在跳床上踮脚跳起拿取，注意摸高的高度以儿童轻轻踮脚后手能碰到为准，随着儿童兴趣的增加，取物高度也慢慢增加。
阶段目标	**教具**	**备注**
1. 原地跳 （2）跳床	跳床	
教学步骤	**基本做法**	**提升做法**
① 导师辅助儿童在跳床上踮跳。 ② 儿童无需辅助在跳床上能原地跳跃 20 次以上（双脚都离开床面）。	双脚微微分开，站立在跳床上，踮起脚尖向上蹦跳，跳起时膝弯曲，落下时保持身体的平衡不摔倒。	① 我是小旋风：能跟随家长在跳床上进行 360 度旋转跳跃。 ② 跳床上的拍手歌：家长与孩子互动，随着拍手歌的节奏，此时儿童边跳边拍儿歌内提到的身体部位。
阶段目标	**教具**	**备注**
1. 原地跳 （3）跳跳鹿 / 马	跳跳鹿 / 马	如图 5—2 所示。
教学步骤	**基本做法**	**提升做法**
① 导师示范：骑坐于跳跳鹿 / 马上方，并原地跳跃。 ② 儿童骑坐于跳跳鹿 / 马上方，双手握住鹿角，导师给出指令“跳”，引导儿童原地跳跃。	导师蹲在儿童正面，引导儿童双手扶住导师双臂，并给出指令“蹲一跳”，引导儿童双脚向前蹲跳。	导师在儿童侧前方，一手抓住儿童后背衣物，另一手握着儿童单手捂住跳跳鹿 / 马一只手柄，引导儿童向前跳跃，并给出指令“蹲一跳”。

☆ 训练目标：推拉技能

阶段目标	教具	备注
1. 推接球 （1）对墙推接球	大皮球	
教学步骤	**基本做法**	**提升做法**
① 导师示范：面向墙壁，并在距离墙壁 1—1.5 米处坐下，将皮球推向墙壁并接住滚回来的球。 ② 导师引导儿童面向墙壁，并在距离墙壁 1.5 米处坐下，导师站在儿童背后，并给出指令“推”“接”，引导儿童将皮球推向墙壁并接住滚回来的球。	导师与儿童面对面坐下，并将球推向儿童，给出指令“接”“推”，引导儿童接住球并将球推回给导师。	导师从不同方位将球推向儿童，并给出指令“接”“推”，引导儿童接住球并将球推回给导师。
阶段目标	**教具**	**备注**
1. 推接球 （2）与他人推接球	大皮球	
教学步骤	**基本做法**	**提升做法**
① 两位导师相距 1 米面对面坐于地板上，示范互相推接球，引导儿童仔细观看。 ② 一位导师面对面坐于儿童正前方地板上，将球放于正前方地面，用双手掌心朝外，轻轻推动皮球置儿童正前方，另一位导师坐于儿童身后，辅助儿童伸出双手接，同时发出指令“接”，引导儿童接住从对面推来的球。 ③ 随后导师辅助儿童，伸出双手，掌心朝外，同时给出指令“推”，辅助儿童轻轻地推出手中的球。 ④ 导师给予“推”“接”指令，儿童能自行伸出双手接住对方推来的球并能自行将接来球推出。	① 单独练习儿童接球能力或推球能力。 ② 导师与儿童互相推接球，从球的大小、与孩子的距离降低难度，帮助儿童能自行伸出双手接住对方推来的球并能自行将接来的球推出。	① 两个儿童面对面，自行互相推接球：两个儿童面对面坐下，能够自行伸出双手推出手中的大皮球给对方或接住对方推来的大皮球。 ② 四个儿童围坐一起，自行互相推接球：四个儿童围坐一起，接住他人推来的大皮球，随后将球随机推给三个儿童中的一个。

阶段目标	教具	备注
1. 推接球 （3）打保龄球	保龄球、高尔夫小动物	
教学步骤	**基本做法**	**提升做法**
① 导师示范双手将保龄球推向目标物的动作，引导儿童仔细观看。 ② 导师坐于儿童身后，辅助儿童伸出双手，掌心朝外，同时给出指令“推”，辅助儿童将保龄球推向目标物直至击倒。 ③ 儿童独立用双手完成推球动作，并将球推向目标物。 ④ 儿童熟练动作后可加大距离。	儿童独立用双手将球推向目标物，可改变球的重量降低难度。	① 双手将球推向成排目标物（一次性纸杯墙）：儿童双手将球推向排成一列的目标物，比一比谁推的皮球直，谁击倒的目标物多。 ② 双手将球推向指定目标物：将目标物（如高尔夫小动物）分散摆开，导师下指令（如小兔子），指引儿童将球推向指定目标物。
阶段目标	**教具**	**备注**
2. 轻力拉动物件	各种较轻的物件	
教学步骤	**基本做法**	**提升做法**
① 导师用软绳拴住物件，有物件的一端放在儿童远处，另一端儿童双手握住，引导儿童将远处的较轻物件拉到自己面前。 ② 熟练后引导儿童向后拉动绳子、双手交替拉。	① 将绳子拉直，引导儿童扶着绳子向前走。 ② 将绳子一端固定，引导儿童抓住另一端向前移动。	① 拉动窗帘。 ② 固定绳子的一端，儿童盘腿坐在小滑板上，双手紧握绳子另一端，向前拉绳子移动小滑板。

2—3 岁年龄段

☆ 训练目标：平衡能力

阶段目标	教具	备注
1. 单脚站立 5 秒	积木块	
教学步骤	**基本做法**	**提升做法**
① 导师引导儿童扶住墙壁保持单脚站立 5 秒。 ② 儿童站在空旷的地面上，导师引导儿童伸出双手后扶住儿童，让儿童保持单脚站立 5 秒。 ③ 随着儿童的进步减少辅助，直至儿童可以独立单脚站立 5 秒。	导师引导儿童站在原地，一只脚（注意惯用脚）完全着地，另一只脚向后踮起，保持稳定。	儿童一只脚站在积木块上，另一只脚悬空垂下，保持稳定。

☆ 训练目标：球类技能

阶段目标	教具	备注
1. 能踢大皮球 （1）坐着踢球	足球	
教学步骤	**基本做法**	**提升做法**
① 儿童坐在座位上，老师示范坐着踢球。 ② 指导儿童使用固定的一个脚踢球，同时给予指令“踢”。 ③ 要求儿童能将球踢入 2 米外的固定范围内。	① 儿童坐在椅子上，双腿着地，球放在惯用脚前，儿童抬起腿，脚尖发力向前踢碰到球，使球能向前滚动。 ② 随着踢球的动作熟练，儿童能将球踢更远直至 2 米外。	椅下足球赛：家长与儿童面对面坐在椅子上，椅腿中间为球门，踢球一方进球门，另一方防守，相互踢球。
阶段目标	**教具**	**备注**
1. 能踢大皮球 （2）站立踢球	足球	

教学步骤	基本做法	提升做法
① 老师示范站立踢球的方法。 ② 指导儿童完成相同的练习。刚开始练习时可让儿童借助固定物保持身体平衡，之后慢慢减少。 ③ 要求儿童能将球踢入 2 米外的固定范围内。	① 双手扶桌子站立，将球放于惯用脚前，儿童抬起惯用脚，脚尖发力向前踢碰到球，使球能向前滚动。 ② 熟练后逐渐改为单手（与惯用脚同侧）扶墙踢球，并教导儿童大腿带动小腿发力，向后摆腿然后向前踢球，使球向前滚动。 ③ 随着踢球的动作熟练，儿童能将球踢更远直至 2 米外。	单人接力踢球：设置多个进球圈（根据儿童能力设置圈的大小和间距），儿童踢球到第一个圈内后站在第一个圈里将球踢到下一个圈，一个接着一个，直到踢球回原点。
阶段目标	**教具**	**备注**
2. 举手过头上抛球	大皮球	
教学步骤	**基本做法**	**提升做法**
① 导师进行示范双手将球举过头顶的动作并向前抛球。 ② 导师引导儿童双手拿住球并举过头顶，下指令“抛”，儿童将球抛给导师。	导师双手握住儿童双手拿球并举过头顶，将球抛出，逐渐减少辅助。	儿童站在平衡台上，引导儿童双手拿住球并将球举过头顶，下指令“抛”，儿童将球抛向导师。
阶段目标	**教具**	**备注**
3. 双手接住抛来的球	大皮球	
教学步骤	**基本做法**	**提升做法**
① 导师将球抛向儿童，并下指令“接”，儿童能自行伸出双手接住抛来的球。 ② 导师抛球的距离由近到远。	导师双手握住儿童双手引导儿童将双手保持平举的动作，并下指令“接”，引导儿童接住抛来的球。	① 儿童站在平衡台上，导师与儿童面对面对站立，保持距离 1—1.5 米，导师将球抛向儿童，并下指令“伸手”“接”，引导儿童伸出双手并接住球。 ② 儿童站在平衡台上，导师与儿童面对面对站立，保持 1.5 米以上，导师从站在不同方向，将球抛向儿童，并下指令“伸手”“接”，引导儿童伸出双手并接住球。

☆ 训练目标：上下楼梯

阶段目标	教具	备注
1. 1 步一级上楼梯及 2 步一级下楼梯 （1）双脚交替向前走过 30 厘米宽的平衡木	平衡木	
教学步骤	**基本做法**	**提升做法**
① 导师示范双脚交替向前走过 30 厘米宽的平衡木。 ② 导师站在儿童一侧，辅助儿童保持平衡，导师下指令“向前走”，辅助儿童双脚交替向前走过 30 厘米宽的平衡木。 ③ 儿童能独立自行双脚交替向前走过 30 厘米宽的平衡木。 ④ 可根据儿童能力对平衡木的高度和长度进行调整。	儿童能独立站在 30 厘米左右宽的平衡木上保持平衡，并能缓慢移动。	① 双手抱球双脚交替走过 30 厘米宽平衡木：儿童双手抱住篮球，在 30 厘米左右宽的平衡木上双脚交替向前走。 ② 双脚交替行走并跨越平衡木上的障碍物：在平衡木上放置障碍物，儿童独立在平衡木上双脚交替向前走并且能够跨过障碍物。 ③ 提升平衡木高度或拉长平衡木的距离，并完成以上①和②动作操作。

阶段目标	教具	备注
1. 1 步一级上楼梯及 2 步一级下楼梯 （2）双脚向前挪步走过 15 厘米宽的平衡木	平衡木	
教学步骤	**基本做法**	**提升做法**
① 导师示范双脚向前挪步走过 15 厘米宽的平衡木。 ② 导师站在儿童一侧，辅助儿童保持平衡，导师下指令“向前走”，辅助儿童双脚向前挪步走过 15 厘米宽的平衡木。 ③ 儿童能独立双脚交替向前走过 15 厘米宽的平衡木。 ④ 可根据儿童能力对平衡木的高度和长度进行调整。	儿童能独立站在 15 厘米左右宽的平衡木上双脚向前挪步走。	① 双手抱球双脚向前挪步行走过 15 厘米平衡木：儿童双手抱住球（大篮球、小篮球），在 15 厘米左右宽的平衡木上双脚向前挪步行走。 ② 双手抱球提升平衡木高度双脚向前挪步行走：增加平衡木的高度 10 厘米，儿童双手抱球在平衡木上双脚向前挪步行走。 ③ 延伸平衡木长度，并完成以上①和②动作操作。

续表

阶段目标	教具	备注
1. 1步一级上楼梯及2步一级下楼梯 （3）1步一级上楼梯	脚步器、不同颜色的小物件若干	
教学步骤	**基本做法**	**提升做法**
① 导师示范右手扶扶手，1步一级上楼梯。 ② 导师在儿童左侧辅助儿童右手扶扶手1步一级上楼梯（儿童换脚时握住儿童左大胳膊，稍用力将儿童的身体向上前方带动）。 ③ 逐渐减少辅助直至儿童自行1步一级上楼梯。	① 原地双脚交替高抬腿。 ② 沿脚步器双脚交替高抬腿向前走。	上楼梯同时拾起楼梯上指定颜色的小物体。
阶段目标	**教具**	**备注**
1. 1步一级上楼梯及2步一级下楼梯 （4）2步一级下楼梯		
教学步骤	**基本做法**	**提升做法**
① 在之前大肌肉1—2岁“在扶持下下楼梯”的基础上减少辅助，使儿童能独自下楼梯。 ② 待双脚动作熟练后，引导儿童右手扶扶手，自行2步一级下楼梯。	练习下积木块等较低的平台。	边下楼梯边拾起楼梯上指定颜色的小物体。

☆ 训练目标：跳跃技能

阶段目标	教具	备注
1. 从最后一级楼梯跳下 （1）向前跳圈圈	圈	
教学步骤	**基本做法**	**提升做法**
导师示范逐个跳入圈圈的动作，之后辅助儿童完成相同的练习，同时给予指令“蹲下——跳”。	在平地上前后摆放两个圈，引导儿童站在第一个圈里，膝弯曲，用力向前跳到第二个圈内。熟练后可以缩小圈的大小，增加圈与圈的距离。	跳房子游戏：儿童站在格子起点前，按照特定顺序依次跳跃到下一个格子，不能踩线或跳出格子，按顺序完成所有格子的跳跃到达终点，即为完成游戏。

阶段目标	教具	备注
1. 从最后一级楼梯跳下 （2）从最后一级楼梯跳下		
教学步骤	**基本做法**	**提升做法**
① 导师站在儿童身侧，进行示范动作（先蹲后跳）。 ② 导师辅助儿童跳下最后一级楼梯，并给予指令“蹲下——跳”，直至儿童能独立跳下最后一级楼梯。	引导儿童站在较矮台阶上跳下，如一层的垫子，熟练后依次增加层数（高度在 25 厘米以内）。	引导儿童站在高处，如平衡台上、标志桶上、横放的彩虹桥上，引导儿童从高处跳下。
阶段目标	**教具**	**备注**
1. 从最后一级楼梯跳下 （3）向前跳过障碍	障碍横杆	
教学步骤	**基本做法**	**提升做法**
① 导师示范跳过 10 厘米高的障碍物。 ② 导师站在儿童一侧，导师下指令“蹲下——跳”，单手握住儿童辅助儿童跳过 10 厘米高的障碍物。 ③ 导师下指令“蹲下——跳”，儿童能够独立跳过 10 厘米高的障碍物。	儿童能跳过 10 厘米高的障碍物。	① 双手抱球跳过 10 厘米高的障碍物：儿童双手抱住篮球，独立跳过 10 厘米高的障碍物。 ② 连续跳过多个 10 厘米高的障碍物：按照合适的距离摆放多个 10 厘米高的障碍物，儿童能够独立连续跳过。
阶段目标	**教具**	**备注**
1. 从最后一级楼梯跳下 （4）骑跳跳鹿 / 马	跳跳鹿 / 马	
教学步骤	**基本做法**	**提升做法**
① 导师示范：骑坐于跳跳鹿 / 马上，并双手握住器材，向前跳。 ② 儿童骑坐于跳跳鹿 / 马上，导师给予儿童少许助力，并告知儿童“向前跳”，使儿童能双手握住器材并向前蹦跳。	儿童骑坐在跳跳鹿 / 马上，双手握住器材，导师蹲在儿童背后，轻轻扶住儿童腰部给予适当辅助，并给出指令“跳”，辅助儿童原地跳。	间隔距离适当的标志桶若干，引导儿童骑坐于跳跳鹿 / 马上绕障碍物跳跃前进。

3—4 岁年龄段

☆ 训练目标：摇荡

阶段目标	教具	备注
1. 站在摇晃的车厢内保持平衡	平衡跷跷板、椅子	
教学步骤	**基本做法**	**提升做法**
① 导师在课堂上模拟摇晃环境让儿童学习保持平衡技巧。 ② 融入日常，进行家庭训练。	导师示范并讲解如何通过双脚分开站立，膝盖微弯，扶稳扶手来保持平衡。让儿童尝试站在平衡跷跷板上扶着椅子模拟车厢摇晃，练习平衡技巧。	家长带儿童乘坐汽车或地铁，练习平衡技巧。

☆ 训练目标：平衡技能

阶段目标	教具	备注
1. 单脚站立 10 秒		
教学步骤	**基本做法**	**提升做法**
① 导师先教导儿童练习平衡，扶墙站立。 ② 导师逐渐减少扶手，让儿童尝试单脚站立。 ③ 导师计时 10 秒，让儿童单脚站立保持身体稳定。	导师示范单脚站立动作要领（重心下移、眼睛平视、平衡稳定、缓慢抬腿）儿童模仿。	让儿童先从惯用腿开始练习，可以稳定完成 10 秒要求后，再练习非惯用腿。

☆ 训练目标：抛接技能

阶段目标	教具	备注
1. 站在不平的地面上接抛球	大皮球、平衡台 / 踩踏石 / 方砖 / 平衡木 / 平衡跷跷板	
教学步骤	**基本做法**	**提升做法**
① 导师选择平坦地面，与儿童练习接抛球技能。 ② 导师须演示抛球动作，注意手部动作。让儿童模仿站稳和抛球。 ③ 逐渐引导儿童在平衡跷跷板等不平稳的地面上练习接抛球技能。	① 导师教导儿童练习接抛球技巧的过程中，要提醒儿童站稳，双脚分开与肩同宽，双手张开，准备接球；抛球时手臂伸直，用力均匀。 ② 等儿童熟练掌握接抛球技能后，再到平衡跷跷板等不平稳的地面上练习接抛球。	导师让儿童站在平衡跷跷板等不平稳的地面上，接住导师从不同方向抛来的球，并抛向导师所在的位置，也可以换成两名儿童进行。

☆ 训练目标：上下楼梯

阶段目标	教具	备注
1. 双脚交替下楼梯	组合大积木、平衡板	
教学步骤	**基本做法**	**提升做法**
① 导师指导儿童练习双脚交替下楼梯动作。 ② 转移到真实楼梯，进行实际操作练习。	① 导师用组合大积木或平衡板搭建模拟楼梯，指导儿童练习动作（站在楼梯顶部，双脚并拢。右脚先下一级台阶，左脚随后跟上。保持身体平衡，注意观察脚下，确保安全）。 ② 儿童熟练掌握动作后，转为实际场景练习。	融入日常教学，在保证安全的情况下，让儿童独立上下1—3层楼梯。

☆ 训练目标：跳跃技能

阶段目标	教具	备注
1. 单脚跳 （1）单脚向前跳		
教学步骤	**基本做法**	**提升做法**
① 导师示范单脚跳跃1—3步，儿童模仿导师的动作，导师辅助儿童保持平衡同时给予指令“单脚跳”。 ② 儿童练习无辅助下进行单脚向前跳。	① 导师示范并教导儿童动作，要求必须抬起一只脚，另一只脚用力蹬地，身体保持平衡，手臂自然摆动让儿童模仿练习。 ② 多次练习，逐步增加距离和速度，注意安全和落地缓冲。	让儿童先从惯用腿支撑开始练习，可以稳定完成要求后，再练习非惯用腿，或者连续跳过3—8个圈圈。
阶段目标	**教具**	**备注**
1. 单脚跳 （2）单脚跳圈圈	圈圈	
教学步骤	**基本做法**	**提升做法**
导师示范单脚跳相邻的圈圈，并辅助儿童完成同样的练习，同时给予指令“单脚跳”。	① 导师指导儿童练习动作（抬起一只脚，用另一只脚支撑身体，保持平衡。弯曲支撑脚，用力向上跳起，同时抬起的脚向前伸出，并向指定圈圈跳去，落地时用脚尖先	让儿童先从惯用腿支撑开始练习，可以稳定完成要求后，再练习非惯用腿。

教学步骤	基本做法	提升做法
	着地，然后过渡到全脚掌，保持身体稳定）。 ② 重复跳跃动作，逐渐增加跳跃的次数和圈数。	
阶段目标	**教具**	**备注**
2. 单脚踏跳	小脚印	
教学步骤	**基本做法**	**提升做法**
导师示范单脚起跳，双脚落地的动作，并给予脚印的视觉提示，辅助儿童完成此练习。指令“踏——跳”。	导师让儿童先练习单脚站立，再练习踏跳，强调踏跳时支撑腿发力，摆动腿向前上方摆动。	让儿童从独立单脚踏跳 1 次，到连续单脚踏跳 3—5 次。
阶段目标	**教具**	**备注**
3. 骑跳羊角球	羊角球	如图 5—3 所示
教学步骤	**基本做法**	**提升做法**
操作与骑跳跳跳鹿 / 马相同。导师更需注意辅助儿童保持平衡。	① 导师示范并教导儿童骑跳羊角球的动作要领，要求儿童双脚分开与肩同宽，膝盖微弯。弯腰，双手握住羊角球两侧。身体前倾，用腿部力量向上跳跃。跳起时，尽量保持身体稳定，避免左右摇晃。落地时，膝盖弯曲缓冲，保持平衡。 ② 引导儿童连续骑跳羊角球 3—5 米	儿童熟练掌握骑跳羊角球的动作后，可以练习绕圈、S 形绕桩。
阶段目标	**教具**	**备注**
4. 跳起触物	静止的悬挂物	
教学步骤	**基本做法**	**提升做法**
① 导师向儿童示范垂直跳起并伸手触拍悬挂物的动作。 ② 导师可在儿童跳起时轻托儿童腋下作为辅助。引导儿童独立跳起触物。	① 导师可以选择儿童喜欢的物件悬挂高处，先教导儿童原地站立，伸直手臂尝试触碰物件。 ② 导师示范并教导儿童跳起时，膝盖抬高，同时双手或单手向上伸展触碰物件。 ③ 重复练习，逐渐增加跳跃高度，鼓励儿童保持平衡。	儿童熟练掌握跳起触物的动作要领后，可以提升至连续跳起触物体 5—10 次。

4—5 岁年龄段

☆ 训练目标：平衡能力

阶段目标	教具	备注
1. 持械运送小物件	小沙袋、大汤勺、木勺游戏	
教学步骤	**基本做法**	**提升做法**
① 导师选择适合儿童手握的器械和小物件。 ② 导师示范动作，给予指令“持械送物”让儿童尝试自己操作，注意手部动作和力度。	导师示范并教导儿童练习正确动作：双手紧握器械（待能力提高后应单手紧握器械），将物品平稳地放在器械上，身体平稳前进，直至送至终点。	儿童熟练掌握动作后，提升运输距离，或者变为单手握器械。

☆ 训练目标：跳跃技能

阶段目标	教具	备注
1. 单脚跳 （1）单脚跳障碍	横杆、标志桶	
教学步骤	**基本做法**	**提升做法**
① 导师示范动作，辅助儿童单脚跳跃 5—10 厘米高的窄小障碍物，并发“单脚跳”的指令。 ② 引导儿童独立跳过障碍物，指令同上。	导师示范动作（强调膝盖弯曲，用脚尖发力，身体前倾），让儿童先练习单脚向前跳，再设置低矮障碍物，指导儿童用单脚跳过。	儿童熟练掌握动作要领后，练习连续单脚跳过 3—5 个障碍物，可根据儿童实际情况调整障碍物的高度。
阶段目标	**教具**	**备注**
1. 单脚跳 （2）单脚跳床	跳床	
教学步骤	**基本做法**	**提升做法**
① 导师先让儿童练习双脚跳床，确保动作正确。 ② 引导儿童尝试在跳床上单脚站立，增强平衡感。 ③ 慢慢引导儿童用单脚跳床，先从床边开始。	导师教导儿童单脚跳床时，应保持身体直立，单脚站立，另一脚轻轻抬起，双手自然摆动以保持平衡。跳起时，用站立脚的膝盖弯曲发力，落地时脚	儿童能够熟练掌握单脚跳床的动作要领后，让儿童开始尝试在单脚跳床的同时增加上肢动作，如拍手、击掌、转圈等。

续表

教学步骤	基本做法	提升做法
④ 鼓励儿童尝试单脚连续跳床，逐步增加次数。	尖先着床，然后全脚掌着床，保持节奏和稳定。	
阶段目标	**教具**	**备注**
2. 连续跳跃 （1）兔子跳		
教学步骤	**基本做法**	**提升做法**
① 导师示范兔子跳，双脚并拢，轻盈跃起。引导儿童模仿，先慢速练习，注意儿童姿势，避免受伤。 ② 逐渐增加跳跃次数。	① 导师示范并强调动作要领（双手背后，双腿深蹲但脚跟抬起，轻轻向前连续跳 10 次左右）。 ② 导师辅助儿童做好身体姿势，并帮助其保持平衡，同时发出指令“兔子跳”。 ③ 导师引导儿童独立进行兔子跳，指令同上。	儿童熟练掌握兔子跳的动作要领后，提升至用连续兔子跳的方式运输指定物件。
阶段目标	**教具**	**备注**
2. 连续跳跃 （2）青蛙跳		
教学步骤	**基本做法**	**提升做法**
① 导师引导儿童先练习半蹲起跳，再逐渐加入手臂摆动。 ② 导师示范正确动作并指导儿童连贯完成青蛙跳，注意节奏与协调。 ③ 逐渐增加跳跃次数。	① 导师示范动作：摆双臂，双腿深蹲后向前大幅度跳起，落地后屈膝缓冲恢复到深蹲起跳姿势，连续做 3—5 次。 ② 导师辅助儿童做好身体姿势，并帮助其保持平衡，同时发“青蛙跳”指令。 ③ 导师引导儿童独立进行青蛙跳，指令同上。	同上。
阶段目标	**教具**	**备注**
2. 连续跳跃 （3）袋鼠跳	跳袋、标志桶、横杆、圈圈	如图 5—4 所示。
教学步骤	**基本做法**	**提升做法**
① 导师让儿童双脚并拢，站在跳袋内，双手握住把手。 ② 导师做示范，指导儿童弯曲膝盖，用腿部力量向前跳。发出“向前跳”的口令，鼓励儿童尝试跳跃。 ③ 逐渐增加跳跃的次数和距离，提高难度。	导师首先示范正确的跳袋姿势，双脚并拢，双手抓住跳袋两侧，用力跳起并向前移动，让儿童模仿动作，进行简单的直线跳。	儿童熟练掌握动作要领后，可以设置障碍物，让儿童袋鼠跳过障碍物或圈圈，或者进行接力赛。

☆ 训练目标：抛接技能

阶段目标	教具	备注
1. 尝试向目标抛掷物件 （1）投篮	篮球、篮球架	
教学步骤	**基本做法**	**提升做法**
① 导师示范双手举高将球投向篮筐的动作。 ② 导师指导儿童模仿动作，下指令“投”。 ③ 导师辅助儿童完成投篮动作，提供必要的身体支持。 ④ 导师逐渐减少辅助，让儿童尝试独立完成投篮。	导师示范正确的双手投篮姿势，强调双手举过头顶，双脚分开与肩同宽，指导儿童模仿动作，确保手腕用力，手臂伸直，球从头顶向前投出。	儿童熟练掌握投篮姿势后，可以拉远投篮距离或者提高篮筐高度。
阶段目标	**教具**	**备注**
1. 尝试向目标抛掷物件 （2）投计分球	投掷球、球型投掷靶	
教学步骤	**基本做法**	**提升做法**
① 导师示范单手举高将球投向靶盘的动作，辅助儿童模仿动作，发出“投”指令，儿童尝试模仿投球动作。 ② 导师逐步减少辅助，鼓励儿童独立完成投球。	导师示范正确的投球姿势和握球方法让儿童练习原地投球，重点是手臂动作和力量控制。可进行趣味活动，如“投球接力赛”。	儿童熟练掌握投掷技巧后，可让儿童按照相应规则进行投掷，比如投进与球颜色相同的袋子中。
阶段目标	**教具**	**备注**
2. 拍球 （1）拍固定球	篮球、皮球	如图 5—5 所示。
教学步骤	**基本做法**	**提升做法**
① 导师示范双手同时拍球动作，导师发出“拍”指令，让儿童模仿导师辅助调整姿势，确保双手动作同步。 ② 导师逐渐减少辅助，鼓励儿童独立完成拍球动作。	① 导师逐步引导儿童进行固定篮球的拍击练习，确保球每次都能弹回预定高度。 ② 让儿童在拍球过程中感受力度和节奏，如设置节奏拍球游戏，让儿童跟随音乐或者老师指令的节拍进行拍球。	儿童熟练掌握拍球动作后，导师可以不断变化固定球的位置，提高儿童追球的意识。
阶段目标	**教具**	**备注**
2. 拍球 （2）接住反弹球	篮球、皮球	

续表

教学步骤	基本做法	提升做法
① 导师示范将球拍向地面轻拍，待球反弹时迅速接住。 ② 导师指导儿童姿势，下指令“接”，要提醒儿童注意球的反弹轨迹。 ③ 儿童在导师辅助下尝试接球，逐渐独立完成。	① 导师应先演示动作要领：迎球跨步，上体前倾，两臂前伸，五指张开，触球即接，顺势引至胸腹。 ② 可用游戏吸引儿童注意，如定点对打、移动训练，让儿童紧盯球路，提升专注力。	① 儿童可以熟练接住导师传来的反弹球后，可以让儿童用同样的方式将球传回给导师。 ② 导师还可以不断变换位置，引导儿童观察导师位置，将球传到恰当位置。
阶段目标	**教具**	**备注**
2. 拍球 （3）连续拍球	篮球、皮球	
教学步骤	**基本做法**	**提升做法**
① 导师示范拍球姿势：双脚分开与肩同宽，膝盖微弯，上身稍微前倾，双手自然下垂，手腕放松，用手指拍球。拍球时，眼睛注视球的运动，保持头部稳定。 ② 引导儿童尝试模仿，导师在旁边辅助，确保儿童动作正确。 ③ 导师逐渐减少辅助，让儿童独立尝试连续拍球。 ④ 鼓励儿童连续拍球 5 次以上。	① 导师教导儿童双手连续拍球：先示范正确姿势，双手放球两侧，用力均衡，保持节奏；再逐步增加难度，直至连续拍球。 ② 设计趣味性活动，如抽数字原地拍球，儿童抽中数字后，须在原地拍相应次数球。	儿童能够双手连续拍球 5 次以上后，可以继续提升连续拍球数量，或者提升为单手连续拍球。
阶段目标	**教具**	**备注**
3. 跳床接抛球 （1）跳床传递沙包 / 球 （2）跳床接抛球	跳床、沙包、皮球	
教学步骤	**基本做法**	**提升做法**
① 导师与儿童一起站在跳床边缘，练习拿和给的动作，确保儿童理解指令。 ② 儿童站在跳床中心，导师站在边缘发出“拿”指令后，儿童拿球，然后老师说“给”，儿童将球传回。 ③ 儿童在跳床跳跃时，导师发出指令，儿童在跳跃中做拿给的动作。 ④ 导师逐渐减少指令，鼓励儿童在跳跃中自主完成拿和给的动作。 ⑤ 方法同上，将“拿”“给”的动作提升为“接”“抛”。	① 导师先示范跳床传递沙包的基本动作，然后让儿童模仿。 ② 导师喊口令，儿童按指令跳起并传递沙包给下一位。 ③ 设计趣味性活动，如接力赛，儿童轮流跳床传递沙包。 ④ 方法同上，将“拿”“给”的动作提升为“接”“抛”。	① 让两名熟练掌握动作的儿童，进行相互间的跳床传递沙包 / 球。 ② 方法同上，将“拿”“给”的动作提升为“接”“抛”。

5—6 岁年龄段

☆ 训练目标：跳跃技能

阶段目标	教具	备注
1. 跳跃头顶击掌	跳床	
教学步骤	**基本做法**	**提升做法**
① 导师先在地面上示范头顶击掌动作，让儿童模仿动作。 ② 儿童在跳床上能够稳定跳跃后，导师引导儿童尝试在跳跃时双手拍击。 ③ 导师示范并指导儿童在跳跃最高点时头顶击掌，强调节奏和协调性。	① 导师首先示范正确的跳跃姿势，确保儿童双脚并拢，膝盖微弯，双手自然摆动。 ② 导师指导儿童在跳跃时，双手从两侧向上击掌于头顶。 ③ 增加活动趣味性，如听音乐击掌活动：播放节奏明快的音乐，让儿童根据音乐节奏跳跃并头顶击掌。	可以提升为手部过头顶击掌的同时，脚部做开合跳的动作。
阶段目标	**教具**	**备注**
2. 跳青蛙脚	青蛙脚	如图 5—6 所示。
教学步骤	**基本做法**	**提升做法**
① 导师示范如何正确穿戴青蛙脚，并进行跳跃动作。 ② 导师站在儿童身后，双手握住绳子的两端、指导儿童弯曲膝盖，准备跳跃。 ③ 在儿童跳跃的同时，导师协助拉紧绳子，帮助儿童保持平衡。 ④ 儿童双手提着机械，跟随导师的节奏向前跳跃。 ⑤ 导师逐渐减少辅助，让儿童独立完成跳跃动作。	① 导师可以先示范跳青蛙脚的基本动作，然后让儿童模仿。 ② 设计趣味性活动，如“青蛙过河”游戏：在地上放置几个圈圈，让儿童跳青蛙脚依次跳过障碍。	让儿童用跳青蛙脚的方式，进行接力游戏。
阶段目标	**教具**	**备注**
3. 能跳绳 （1）跳过摇动的绳	长绳	
教学步骤	**基本做法**	**提升做法**
① 导师示范正确动作，并慢速前后摇动绳子，让儿童观察节奏，在绳子触地时跳过。 ② 导师逐渐加快摇绳速度，儿童练习并适应不同速度。	① 导师指导儿童跳慢摇绳：先示范，再让儿童空手练节奏，接着持绳练摇摆，最后尝试跳跃。 ② 设置趣味性活动，如跳过绳子运物，让儿童跳过慢摇绳运小球至终点，不掉球者胜。	儿童熟练掌握动作后，可以提升至练习跳长绳。

阶段目标	教具	备注
3. 能跳绳 （2）跳短绳	短绳	
教学步骤	**基本做法**	**提升做法**
① 导师引导儿童站立，双脚并拢，双手各持绳子一端，手臂自然下垂。 ② 教导儿童单手甩绳：将绳子向前甩出，手腕用力，使绳子绕身体旋转一周后回到前方。 ③ 导师辅助儿童练习单手甩绳，注意节奏和力度，确保绳子平稳旋转。 ④ 导师与儿童配合甩绳，儿童在绳子即将到达脚下时跳起，练习跳过绳子。 ⑤ 当儿童能熟练跳过绳子后，引导其尝试双手甩绳，双手持绳，同时向前甩出。 ⑥ 练习双手甩绳时，强调手腕灵活、手臂放松，保持节奏一致。 ⑦ 继续练习，直到儿童能独立跳过甩动的绳子 5 次以上。	导师首先示范正确的跳绳姿势，强调手腕用力和双脚并拢。接着，让儿童先尝试原地模拟跳绳动作，熟悉节奏。然后，导师逐步引导儿童尝试实际跳绳，从单次跳跃开始，逐渐增加连续跳跃次数。	儿童熟练掌握动作要领后，可以以一年级学生标准为目标进行练习（每分钟 125 个以上）。
阶段目标	**教具**	**备注**
4. 玩造房子游戏	沙包，圈圈，数字，画好的格子	
教学步骤	**基本做法**	**提升做法**
① 导师向儿童介绍游戏规则和基本动作，确保他们理解如何扔沙包和跳跃。 ② 导师示范如何正确扔沙包到指定数字的格子，并演示单脚跳和双脚跳的正确姿势。 ③ 儿童练习扔沙包，导师指导他们如何调整力度和方向，确保沙包准确落入格子。 ④ 导师指定一个简单的数字顺序，如 1—3—5—7—9，让儿童练习扔沙包和跳跃。 ⑤ 逐渐增加难度，导师指定更复杂的数字顺序，如 2—4—6—8，让儿童练习。 ⑥ 导师可以设置“直跳形”和“方跳形”格子，让儿童在不同难度的格子中跳跃。	① 造房子游戏规则：导师在地面上画好格子，或者用圈圈代替，并按照顺序标注好数字 1—9，格子样式有“直跳形”和“方跳形”。 ② 儿童要把沙包正确地依次扔进导师指定数字的格子里，并用单脚跳或者双脚跳的方式按同样的顺序跳出格子。 ③ 如 1—3—5—7—9，儿童就需要先将沙包扔进标有 1 的格子里，后用单脚跳或者双脚跳的方式跳进 1 的格子，依次类推，完成所有指定数字的格子。	导师可以根据儿童实际情况，增加儿童移动格子方式的难度，比如蹲跳。

☆ 训练目标：球类技能

阶段目标	教具	备注
1. 用球拍或球棒击球	固定物件、球拍或球棒	如图 5—7 所示。
教学步骤	**基本做法**	**提升做法**
① 导师展示正确握拍 / 棒姿势，让儿童模仿抓握。 ② 导师示范如何挥动球拍 / 球棒击打悬挂物，发出“打”指令，引导儿童模仿动作尝试击打。 ③ 重复练习，导师逐渐减少辅助，鼓励儿童独立完成。	① 导师首先介绍球拍和球棒的正确握法，确保儿童掌握基本姿势。 ② 设置不同高度的悬挂目标，让儿童尝试用球拍击打。 ③ 通过游戏形式，让儿童轮流击打目标。	儿童熟练掌握动作后，可以提升让儿童跳起用球拍或球棒击打悬挂高处的固定物件。
阶段目标	**教具**	**备注**
2. 移动运球	篮球	
教学步骤	**基本做法**	**提升做法**
① 导师指定一个目标位置，示范如何边拍球边跑到该位置。 ② 导师引导儿童尝试模仿，导师要纠正儿童运球姿势，确保运球时球不离手。 ③ 练习多次后，导师逐渐减少辅助，鼓励儿童独立完成运球到指定位置的练习。	① 导师应首先示范正确的运球姿势，强调膝盖微屈、上身前倾、眼睛向前看。 ② 指导儿童用手指而非手掌控制球，保持球在腰部高度以下。强调运球时要用力均匀，手腕灵活。 ③ 让儿童在慢速移动中练习，逐渐加快速度，同时注意保持球和身体的协调性。	儿童熟练掌握移动运球的技巧后，可以提升至奔跑运球或者运球绕桩练习。

模仿发展篇

5—12 个月年龄段

☆ 训练目标：能模仿简单操弄物件的方法

阶段目标	教具	备注
1. 能模仿取出杯中的积木	杯子、盒子、小篮子、小珠子、小积木、小鸭子、雪花片、毛绒小玩具	
教学步骤	**小组课**	**家庭泛化**
① 导师先放一个物件在盒子内，示范用抓握的方式从容器中取出物件。 ② 然后让儿童模仿导师把物件取出，给出指令“和我做一样的”。 ③ 儿童掌握后，可要求从不同的容器中分别把物件拿出来。每个容器中放 1—2 个物件为宜。	社交游戏课“寻宝游戏”，将儿童喜欢的玩具藏在容器中，导师先示范，再引导儿童去寻找并取出。	家长示范将物件从容器中取出，如从巧克力盒子里拿巧克力、从玩具盒里拿玩具，引导其触摸并尝试从容器中取出物件。
阶段目标	**教具**	**备注**
2. 模仿敲打物件	声光玩具、乐器（二十音风铃、木琴、双响筒、铃鼓）	
教学步骤	**小组课**	**家庭泛化**
导师示范敲打玩具，使玩具发出光亮或声音而引发儿童兴趣。然后引导儿童模仿，说：“和我做一样的。”可重复示范后让儿童反复模仿。	音乐课，导师示范敲打不同的乐器使乐器发出声音吸引儿童的关注，引导儿童触摸并敲打乐器。	家长用沙锤吸引儿童注意，并跟着儿歌《幸福拍手歌》(“如果感到幸福你就拍拍手……”）敲击沙锤，引导儿童模仿。

☆ 训练目标：能模仿发出一些自己能发出的简单声音

阶段目标	教具	备注
1. 模仿非语言性的声音 2. 模仿咿呀学语的声音		
教学步骤	**小组课**	**家庭泛化**
在教学或游戏活动中，导师边做边发出简单的单音，引导儿童模仿。例如，玩泡泡时，发出“啪”“噗”的声音。	主题课：小火车来了“呜呜呜”，小汽车来了“嘀嘀嘀”——导师出示不同交通工具引导儿童模仿单音“呜”“嘀”。	家长先用玩具吸引儿童关注，发出简单单音：如小汽车“嘀—嘀—嘀”，小鸭子“嘎—嘎—嘎”，引导儿童模仿。

☆ 训练目标：能模仿一些不熟悉的声音

阶段目标	教具	备注
1. 能模仿新字	声光玩具、泡泡	
教学步骤	**小组课**	**家庭泛化**
① 结合语言表达3—12个月（能模仿说出声音和字）同时进行。导师示范后引导儿童模仿，可重复进行。 ② 例如，导师出示泡泡液吹出泡泡发出声音说“泡”，引导儿童模仿说出“泡”。	社交游戏课，导师说“要什么？苹果”，引导儿童模仿说“果”。	家庭户外活动时，家长说“玩什么？吹泡泡”，引导儿童模仿说“泡”。

1—2 岁年龄段

☆ 训练目标：能模仿简单动作

阶段目标	教具	备注
1. 模仿将物件放入盒子 （1）球、小玩具放在杯子、盒子、篮子内	小玩具、小物件模型	
教学步骤	**小组课**	**家庭泛化**
① 导师出示球、小玩具将其放入盒子，然后引导儿童模仿操作。 ② 导师再示范一次，让儿童模仿，可反复进行。	社交游戏课，导师出示球、小玩具，小动物模型等放入篮子内，引导儿童模仿操作。	家长示范将散落的小玩具放入盒子内，引导儿童模仿。
阶段目标	**教具**	**备注**
1. 模仿将物件放入盒子 （2）把物品放入抽屉内	小抽屉、小玩具	
教学步骤	**小组课**	**家庭泛化**
导师先打开抽屉，示范把物品放进抽屉内，并引导儿童模仿。	自理课，导师出示书包，示范将书包放入课桌内，引导儿童模仿。	① 收纳衣物时家长出示小衣物示范将其放入抽屉内，引导儿童模仿。 ② 整理玩具时家长将玩具放入抽屉，引导儿童模仿。
阶段目标	**教具**	**备注**
1. 模仿将物件放入盒子 （3）笔放入盒子里 （4）袜子放入盒子里 （5）书放入书包内	（3）盒子、笔 （4）袜子、盒子 （5）书、书包	
教学步骤	**小组课**	**家庭泛化**
同（1）（2）。	自理课，导师示范将笔放入铅笔盒内，引导儿童模仿。	① 整理油画棒时，家长出示油画棒示范将其放入盒子内，引导儿童模仿。 ② 整理书包时，家长将书放入书包里，引导儿童模仿。

阶段目标	教具	备注
2. 模仿简单的身体动作 （1）摸五官	镜子	
教学步骤	**小组课**	**家庭泛化**
① 导师出示镜子，引导儿童照镜子，让儿童在镜子里看到自己，吸引注意力。 ② 导师示范，边说边摸自己的鼻子，引导和辅助儿童摸自己的鼻子。可反复多次。以此类推摸其他部位。	音乐课，导师教儿童歌曲《小手拍拍》，导师用音乐吸引儿童注意力，边唱边示范模仿动作摸五官。	玩“请你跟我这样做”的小游戏，妈妈摸自己的五官，引导儿童模仿摸自己的五官。
阶段目标	**教具**	**备注**
2. 模仿简单的身体动作 （2）模仿拍手、跺脚、摸头、举手、伸手		
教学步骤	**小组课**	**家庭泛化**
① 导师吸引儿童注意，边唱《幸福拍手歌》边示范动作。 ② 导师引导儿童模仿，反复练习。	社交课，导师边讲《我们的身体》边示范摸头、举手，并引导儿童模仿，反复练习。	家长给儿童水果或零食时，先示范伸手动作，引导儿童模仿。
阶段目标	**教具**	**备注**
2. 模仿简单的身体动作 （3）模仿噘嘴	娃娃、小狗	
教学步骤	**小组课**	**家庭泛化**
导师出示娃娃或小狗，吸引儿童注意。导师示范噘嘴亲娃娃或小狗，引导儿童模仿。	主题课教感恩，教儿童表达感谢妈妈辛苦，模仿亲妈妈，“亲”动作。	妈妈示范噘嘴亲亲儿童，引导模仿噘嘴亲亲妈妈。

☆ 训练目标：模仿使用常用物件

阶段目标	教具	备注
1. 模仿使用物件 （1）模仿使用日常用品	毛巾、勺子、牙刷、梳子、杯子、牙齿模具	
教学步骤	**小组课**	**家庭泛化**
① 导师和儿童各拿一个物件，如毛巾。导师先示范手持毛巾，做一个毛巾洗脸的动作，然后指示或辅助儿童照样做。 ② 导师也可给娃娃洗脸，要求儿童同样操作。	自理课，导师出示牙刷和牙齿模具，示范使用牙刷，并引导儿童模仿。	家长示范使用毛巾洗脸，引导儿童模仿。可反复练习。
阶段目标	**教具**	**备注**
1. 模仿使用物件 （2）模仿使用玩具	鼓、铃、沙锤、手电筒	
教学步骤	**小组课**	**家庭泛化**
导师出示玩具，示范玩法，如拿出 2 个鼓，导师先示范敲鼓，指导或引导儿童模仿。	音乐课，导师出示沙锤并示范跟节奏摇沙锤，引导儿童模仿。	家长拿出玩具，先示范，再指导儿童模仿玩。
阶段目标	**教具**	**备注**
2. 模仿折纸 （1）折毛巾 （2）折纸	（1）毛巾、小方巾 （2）手工纸	
教学步骤	**小组课**	**家庭泛化**
导师示范双手拿住毛巾的一边，将毛巾对折后放入篮子里，然后指示或辅助儿童同样做；反复模仿。	① 自理课练习折毛巾：导师示范双手拿住毛巾的一边，将毛巾对折，引导儿童模仿，多次练习。 ② 创意乐课练习折纸：引导儿童模仿，多次练习。	① 融入日常，练习折毛巾。 ② 练习折叠餐垫、衣物、裤子等。
阶段目标	**教具**	**备注**
3. 模仿画单一的线条 （1）模仿涂鸦	蜡笔、纸	
教学步骤	**小组课**	**家庭泛化**
导师在儿童注视时，拿蜡笔在纸上涂鸦 2—3 秒，然后让儿童模仿。再另取一张纸给儿童，以同样方法操作。每次可以涂画 3—4 张。	创意乐课，模仿导师涂鸦。	亲子绘画时家长蜡笔在纸上涂鸦 2—3 秒，然后让儿童模仿。再另取一张纸给儿童，以同样方法操作。

阶段目标	教具	备注
3. 模仿画单一的线条 （2）镂空板内涂鸦	纸、蜡笔、镂空板	
教学步骤	**小组课**	**家庭泛化**
导师示范，让儿童在镂空板内涂鸦。	创意乐课，导师准备一张 A4 纸镂空剪出小鸭子，让儿童用拓印棒拓印上颜色。	家庭亲子创作用镂空板装饰环境，如星空，草地，游乐园，家长示范涂鸦，让儿童模仿。
阶段目标	**教具**	**备注**
3. 模仿画单一的线条 （3）木棒在沙盘上涂画	木棒、沙盘	
教学步骤	**小组课**	**家庭泛化**
导师在儿童注视时，示范拿小棒在沙盘上涂画，然后引导或辅助儿童同样做。	创意乐课，导师在沙盘上画一个圆圈，让儿童沿着圆圈痕迹模仿画圆。	家长带着儿童去沙坑玩，家长在沙地上画五角星，让儿童沿着圆圈痕迹模仿画五角星。
阶段目标	**教具**	**备注**
3. 模仿画单一的线条 （4）牙刷画	牙刷、白纸、颜料、调色盘	
教学步骤	**小组课**	**家庭泛化**
导师示范用牙刷蘸颜料在白纸上涂画，然后引导或辅助儿童同样操作。	绘画课上导师示范用牙刷蘸颜料在白纸上涂出海浪的波纹，小草。	亲子绘画游戏：家长用牙刷在 A4 纸上刷出树枝形状，儿童模仿。
阶段目标	**教具**	**备注**
3. 模仿画单一的线条 （5）画画板	画板	
教学步骤	**小组课**	**家庭泛化**
导师示范在画板上涂鸦或画简单线条，要求儿童做一样的，可以重复以上过程。	创意乐课，儿童用白板笔再黑板上模仿导师画简单的简笔画，如太阳、气球、房子、小鱼。	亲子绘画时间，学习简笔画。
阶段目标	**教具**	**备注**
3. 模仿画单一的线条 （6）模仿画点	纸、蜡笔、画板	
教学步骤	**小组课**	**家庭泛化**
导师在儿童注视时，示范在纸或画板上画点，并引导或辅助儿童模仿画一样的。	创意乐课，导师出示一棵苹果树，并在树上手指点画苹果，让儿童用手指蘸红色颜料，说："和老师做一样的。"	画雪人，儿童模仿家长给雪人点纽扣。

☆ 训练目标：模仿说出字词

阶段目标	教具	备注
1. 模仿发声说字词		
教学步骤	**小组课**	**家庭泛化**
导师可在与儿童念儿歌或玩游戏的过程中，说出 4 个字的短句，要求儿童能仿说出其中的 2 个字（音）。	绘本课，通过游戏和互动的方式，引导儿童模仿动物发声。例如，模仿不同动物叫声：狗“汪汪”叫，猫“喵喵”叫，青蛙“呱呱”叫。	家长带儿童外出购物，看到合适的物品引导儿童模仿发声。例如，爸爸说：“去买娃娃。”儿童模仿说：“娃娃。”
阶段目标	**教具**	**备注**
2. 模仿玩具或动物声音		
教学步骤	**小组课**	**家庭泛化**
导师与儿童一起玩玩具，边玩边发出简单声音，要求儿童仿说（说出 4 个字中的 2 个）。	主题课，认识动物导师播放动物的叫声让儿童模仿，如“小羊怎么叫？咩咩咩”。	家长带儿童看动物图片，让儿童模仿动物叫声。

☆ 训练目标：模仿较复杂的非语言性声音

阶段目标	教具	备注
能模仿别人的笑声、哭声	小玩偶	
教学步骤	**小组课**	**家庭泛化**
导师运用小玩偶表演小故事，在儿童注视时，夸张地做出哭、笑的表情并发出声音，要求儿童模仿哭、笑的声音。也可用娃娃示范模仿娃娃的哭声。	社交课，情景模拟各种人物情绪的笑声、哭声，比如发出“呜呜呜”“哈哈哈”。	亲子阅读时，模仿故事人物笑声和哭声，引导儿童模仿。

2—3 岁年龄段

☆ 训练目标：模仿较复杂的连串动作

阶段目标	教具	备注
1. 能模仿出简单有节奏及韵律的动作	视频、音频	
教学步骤	**小组课**	**家庭泛化**
① 导师边唱儿歌边举起双手模仿大树左右摇动，或张开双臂上下起伏模仿小鸟飞翔，配合儿歌的韵律，让儿童模仿动作。 ② 也可边念儿歌边有节奏地拍手，让儿童跟随。	音乐课，导师播放音乐如《三只小熊》，导师边唱边做动作。例如，手指比三，弯曲手肘做强壮，儿童跟随模仿。	亲子游戏时间：播放儿歌，如《一闪一闪亮晶晶》，边跳边做动作。例如，手指张开做闪烁动作，引导儿童模仿动作。

☆ 训练目标：模仿使用物件进行较复杂的活动

阶段目标	教具	备注
1. 能使用乐器或其他物件，模仿出相同的节奏和旋律	鼓、三角铁、木琴、木鱼	
教学步骤	**小组课**	**家庭泛化**
导师与儿童面前各放一套小鼓，导师先示范有节奏地敲击小鼓 2—3 下，动作不宜太快，指导儿童模仿做一样的，慢慢改变速度、韵律和敲击次数，但一定要明显。儿童掌握后可敲击其他物件，如琴、木鱼、三角铁等。	音乐课，导师播放音乐如《布谷鸟》，让儿童跟随导师的节奏一起敲击小鼓。	亲子游戏时间：家长播放儿歌，如《公交车的车轮转呀转》，家长跟着节奏敲击鼓，让儿童模仿。
阶段目标	**教具**	**备注**
2. 模仿画相连的线条	笔、虚线图纸	
教学步骤	**小组课**	**家庭泛化**
导师拿笔在纸上较快速地示范画横线、竖线、斜线边画边说“画”，然后协助儿童模仿画相同的，避免随意涂鸦。	绘画课上画房子：导师示范画横线、竖线，让儿童模仿画。	家长和孩子一起玩画线游戏，让孩子模仿家长画同样的线条。
阶段目标	**教具**	**备注**
3. 当别人玩耍时能在旁边模仿相同的方式玩耍 （1）玩小球	各种小球 / 木棍 / 杯子等	

续表

教学步骤	小组课	家庭泛化
导师可以示范，用手推小球，用两个杯子来回倒小球，用嘴吹小球，用木棍拨动小球，要求儿童模仿导师的动作。	感统课上，导师示范，如拿海洋球抛给儿童，让儿童模仿相同动作抛给导师。	家长抛气球让儿童模仿或家长把球向上抛。
阶段目标	**教具**	**备注**
3. 当别人玩耍时能在旁边模仿相同的方式玩耍 （2）玩倒茶	杯子 / 茶壶 / 瓶子若干	
教学步骤	**小组课**	**家庭泛化**
导师示范用茶壶往杯子或者瓶子里倒水，让儿童模仿导师倒水的动作。	自理课练习倒水：导师示范用水壶往杯子里倒水，让儿童模仿相应的动作。	家中来客人时，让儿童模仿家长给客人倒水（温水 / 茶）。
阶段目标	**教具**	**备注**
3. 当别人玩耍时能在旁边模仿相同的方式玩耍 （3）模仿搭积木	积木 / 小汽车 / 小房子 / 小人偶若干	
教学步骤	**小组课**	**家庭泛化**
① 导师示范用积木搭小桥、火车等，让儿童模仿搭出来。 ② 导师用小汽车或人偶示范过洞或是从桥上开过去，要求儿童模仿该动作。 ③ 也可以在小火车上放玩具示范用小火车运货的动作让儿童模仿。	乐高课：导师示范搭房子的步骤并给出图片示意，让儿童逐步模仿搭一样的形状。	家长和儿童玩搭积木游戏，家长可以示范搭任意物体（如房子、汽车等），让儿童逐步搭同样的形状。
阶段目标	**教具**	**备注**
3. 当别人玩耍时能在旁边模仿相同的方式玩耍 （4）玩过家家	娃娃、小动物若干、餐饮玩具、卧室玩具、医疗玩具	
教学步骤	**小组课**	**家庭泛化**
导师模仿和小动物或小娃娃一起玩吃饭（用勺子舀饭、杯子喝水等）、睡觉（娃娃躺下盖上被子睡觉）、看病（给娃娃打针）的游戏，要求儿童模仿导师的动作。	社交游戏课上，导师带着儿童玩“我来当厨师游戏”。	家长给儿童准备一套过家家玩具，带着儿童玩“看病”“厨师”游戏。

☆ 训练目标：能模仿说出词语或短句

阶段目标	教具	备注
1. 模仿说出物件及身体部分的名称	物件、物件图卡	
教学步骤	**小组课**	**家庭泛化**
导师用夸张的口型让儿童注视并模仿说出物件或图卡名称（与认知发展中物件名称的学习相结合）。	“认识蔬菜”主题课：导师指着西红柿，说“西红柿”，引导儿童模仿说出“西红柿”。	亲子游戏，如“请你跟我这样做”：家长拿出玩具或书籍并说出对应的名称，让儿童模仿说出。
阶段目标	**教具**	**备注**
2. 模仿说简单句子 （1）操作性短语	小玩具、娃娃、球、杯子等	
教学步骤	**小组课**	**家庭泛化**
导师拿出玩具和儿童一起玩耍，如边玩边说“倒一倒”“翻过来”“娃娃拍拍手”“宝宝摸摸头”“擦擦脸”等操作性短语，让儿童模仿说出。	社交游戏课，如导师拿出球边拍边说“拍一拍”，让儿童模仿说出操作性短语。	玩亲子游戏，如倒茶游戏：家长倒水时说出如“倒水”“碰杯”“宝宝喝茶”等，让儿童模仿说出相应短语。
阶段目标	**教具**	**备注**
2. 模仿说简单句子 （2）问候性词语	过家家玩具	
教学步骤	**小组课**	**家庭泛化**
导师在玩过家家时让儿童模仿说“你好”“谢谢”“再见”“请坐”等。	早上，导师与儿童打招呼“你好”，让儿童模仿回应“你好”。	出门玩耍，见到熟悉的人家长互相打招呼，引导儿童模仿家长说礼貌用语。
阶段目标	**教具**	**备注**
3. 能模仿说出2—3个数字组成的字串	数字图卡1—10	
教学步骤	**小组课**	**家庭泛化**
导师在儿童注视时，以每秒一个数字的速度说出2—3个数字，要求儿童跟读（也可以用数字图卡提示）。	“认识家庭”主题课，说手机号码：导师先示范将号码3个数字间隔说出，如“139”“184”，让儿童模仿说出“139”“184”。	教儿童认识车牌号，家长说出车牌号，让儿童模仿说出车牌的三个数字。

3—4 岁年龄段

☆ 训练目标：能模仿精细的身体动作

阶段目标	教具	备注
1. 模仿扭动大拇指	动物手指套若干	
教学步骤	**小组课**	**家庭泛化**
导师握拳伸出大拇指做向下按压的动作，也可以套上手指套扭动大拇指，要求儿童模仿。	音乐课上，导师放儿歌《家庭手指歌》，跟随音乐扭动手指，让儿童模仿。	亲子时光，唱儿歌《手指变变变》，家长跟着儿歌做动作——扭动手指，让儿童模仿。
阶段目标	**教具**	**备注**
2. 手指操		
教学步骤	**小组课**	**家庭泛化**
导师边念儿歌边做手指操，“一根手指变变变、变成毛毛虫，两根手指变变变，变成一把小剪刀……”要求儿童模仿手指动作。	音乐课上，导师示范做手指操，让儿童模仿动作。	在家里，家长多带着儿童做手指操，如跟随儿歌《小猪吃得饱饱》《黑猫警长》《小手拍拍》等。
阶段目标	**教具**	**备注**
3. 双手十指交叉		
教学步骤	**小组课**	**家庭泛化**
导师示范双手十指交叉的动作，让儿童模仿。	体能课，热身运动时，导师示范做双手十指交叉的动作，让儿童模仿。	融入日常家长可以在带孩子洗手时先做示范：双手十指交叉搓一搓，让儿童模仿。

☆ 训练目标：能模仿使用物件作较复杂的活动

阶段目标	教具	备注
1. 模仿使用积木砌桥	积木	
教学步骤	**小组课**	**家庭泛化**
① 导师示范搭一块，让儿童模仿搭一块，可以仿搭 3—4 块积木（可以搭成桥、围墙、金字塔、飞机等）。 ② 儿童掌握后，可参考小肌肉 3—4 岁简单立体模型部分。	乐高课玩搭桥：导师示范先搭桥面，让儿童模仿搭桥面，再搭阶梯让儿童仿搭。	亲子游戏，家长和儿童一起搭积木，如搭房子、搭船等。

续表

阶段目标	教具	备注
2. 模仿使用胶泥做出各种形状	胶泥	
教学步骤	**小组课**	**家庭泛化**
① 模仿做出圆形、饼、汉堡、糖葫芦、雪人、蜗牛、毛毛虫、棒棒糖、麻花等物件。 ② 导师分步骤操作，操作时要求儿童观察，每操作一步引导或辅助儿童仿做一步。 ③ 所有步骤能按照要求完成后再要求儿童仿做。	创意乐课，根据不同主题，模仿做出各种作品。例如，春节主题搓汤圆，导师先示范做出汤圆，让儿童模仿搓汤圆；冬天主题做雪人（形状由简单到复杂）。	亲子游戏，家长和儿童一起玩黏土。

☆ 训练目标：能模仿说出短句

阶段目标	教具	备注
1. 模仿说出 3—4 个数字串		
教学步骤	**小组课**	**家庭泛化**
导师以每秒一个数字的速度说出数字串，让儿童仿说。	社交游戏课上，导师与儿童玩数物件游戏，导师数物件，如“有几个积木？我们来一起数一数，1、2、3”，让儿童仿说“1、2、3”。	亲子游戏，家长和儿童一起唱手指歌，家长指着手指数数123，456……引导儿童仿说；家长带儿童模仿说出家里的门牌号，如 876。
阶段目标	**教具**	**备注**
2. 能仿说 6 个字组成的短句	动词图卡、物件图卡或相关物件、娃娃	
教学步骤	**小组课**	**家庭泛化**
导师用动词图卡和相关物件，边演示动作边说，如“娃娃吃苹果”“哥哥喝水”“妹妹搭积木”“汽车开过来了”等，让儿童边操作边模仿老师的语言。	语文课，看图说话，如小狗画梅花、小鸡画竹叶、小马画月牙，让儿童跟随老师仿说。	结合日常生活需求表达练习，如“我想要去厕所”“我想穿这件衣服”等。

4 岁以上年龄段

☆ 训练目标：能模仿较复杂或连串有先后次序的动作

阶段目标	教具	备注
1. 能模仿做出不同动物的动作 （1）模仿小动物动作	小动物头套若干	
教学步骤	**小组课**	**家庭泛化**
导师可以戴上小动物头套，如小鸟般挥动双臂，如小兔般竖起耳朵、如大象般挥动鼻子、如乌龟般摇摆走路，要求儿童模仿。	社交游戏课玩“做动作猜小动物”，导师先示范做动作，再让儿童边模仿动作边猜对应动物。例如，小鸟挥动翅膀。	亲子游戏，家长和儿童一起跳《动物模仿操》，家长做相应歌词动作让儿童模仿。
阶段目标	**教具**	**备注**
1. 能模仿做出不同动物的动作 （2）念儿歌做动作		
教学步骤	**小组课**	**家庭泛化**
导师可以边念儿歌边做动作让儿童模仿，跟着导师做。	音乐课做律动操，如《我的身体》《在小小的花园里挖呀挖呀玩》《小猪吃得饱饱》，让儿童模仿。	亲子游戏，家长和儿童一起跳律动操，如《小星星》《问好歌》《棒棒糖》，家长做相应的动作让儿童模仿。
阶段目标	**教具**	**备注**
2. 能模仿做出简单的热身运动 （1）简单的幼儿操分解动作		
教学步骤	**小组课**	**家庭泛化**
让儿童边听音乐边模仿导师做单项幼儿操的动作，如原地踏步、双手叉腰、双臂平举等幼儿体操的分解动作。	体能课，导师播放体操音乐，并跟随音乐做分解动作如原地踏步，引导儿童模仿。	亲子游戏，家长和儿童一起跳《鲨鱼宝宝》《身体拍拍挑战》，让儿童模仿。
阶段目标	**教具**	**备注**
2. 能模仿做出简单的热身运动 （2）连续动作		

教学步骤	小组课	家庭泛化
让儿童从两个连续的单项动作开始模仿，逐渐增加动作，要求儿童可以跟随导师完成一组简单的体操动作，会伴随音乐节奏做操。	体能课，导师播放体操音乐，先示范做一小段让孩子模仿会之后，再逐渐增加动作，让儿童模仿一样。	亲子游戏，家长和儿童一起跳《竹篼欢乐跳》，家长做相应歌词动作如原地踏步走等动作，让儿童模仿。

附　录

常用词汇表

类别	词汇	备注
人物	爸爸、妈妈、爷爷、奶奶、外公、外婆、叔叔、阿姨、小朋友	
人体	耳朵、眼睛、鼻子、嘴、手、脚、头发、牙齿	
玩具	积木、娃娃、鼓、琴、球、雪花片、气球、小汽车、珠子	
水果类	苹果、香蕉、梨、葡萄、橘子、菠萝、桃、西瓜	一级
	哈密瓜、猕猴桃、草莓、樱桃、柚子	二级
蔬菜类	胡萝卜、辣椒、黄瓜、茄子、青菜、土豆、西红柿、南瓜	一级
	白萝卜、白菜、菠菜、芹菜	二级
食品类	饼干、蛋糕、糖、巧克力、汉堡、冰激凌、薯片、饮料	一级
	牛肉干、海苔片、花生、酸奶、山楂片、猪肉脯	二级
主食类	面条、米饭、面包、牛奶、馄饨、鱼、肉、鸡蛋	一级
	饺子、披萨、豆浆、汤圆、鸡、鸭、虾	二级
服装类	裤子、衣服、鞋子、袜子、手套、帽子、围巾	一级
	背心、短裤、棉衣、毛衣、衬衫、外套、裙子	二级
动物类	大象、长颈鹿、狮子、猴子、熊猫、老虎、猫、鸡、狗、鸭、兔子、牛、马、羊、鱼、鸟	一级
	斑马、猪、鸽子、乌龟、熊、老鼠、青蛙、蜗牛、蝴蝶、海豚	二级
学习用品	桌子、椅子、蜡笔、书、铅笔、书包、剪刀	一级
	橡皮、尺、文具盒、橡皮泥	二级
卫生用品	浴缸、马桶、梳子、杯子、肥皂、牙刷、牙膏、毛巾	一级
	镜子、淋浴房	二级

续表

类别	词汇	备注
日常用品	伞、被子、枕头、钟、勺子、碗、锅、脸盆	一级
	扫帚、簸箕、手表、眼镜、蜡烛、筷子、刀、盘子	二级
家用电器	电脑、电风扇、电灯、冰箱、电话机、手机、电视机、洗衣机	一级
	空调、微波炉、煤气灶	二级
交通工具	飞机、自行车、火车、摩托车、汽车、轮船、地铁	一级
	公共汽车、小轿车、卡车、集装箱车、救护车、消防车、警车、三轮车、婴儿车	二级
家具用品	床、沙发、门、窗、柜子	
自然界	花、草、树、太阳、月亮、星星	一级
	山、天空、云、大海、雨、雪、马路、桥	二级
社区环境	公园、学校、超市、医院、理发店、餐厅、地铁站、汽车站、垃圾桶、菜场、水果店	一级
	麦当劳、肯德基、火车站、飞机场、动物园、游乐场	二级

注：学习词汇时，先教各类别的一级词汇，待儿童掌握后，逐步学习二级词汇。

语前基本能力训练

一、会张合嘴巴

1. 会做出张口和闭口的动作

张口：用棒棒糖或其他儿童喜欢的食物吸引其张口。或用食指、中指和大拇指三指控制儿童下颚，协助把嘴张开。或把压舌板放入儿童口中轻轻压下，协助把嘴张开。老师同时示范张口动作。

闭口：把食物放在下唇处，使儿童把上唇靠合才能吃到食物。进行唇部控制的口腔运动，增加双唇闭合的能力。如在儿童吃棒棒糖时往外抽，这时双唇必须用力闭合。老师同时示范闭口动作，或用手指轻捏孩子的上下唇，辅助闭口动作。

2. 会连续张合

连续张合：示范连续张合双唇的动作，并发出如“巴巴巴”的声音，吸引注意并鼓励儿童模仿。

二、能连续地咬合、咀嚼食物

1. 观察儿童自然咬合时的牙齿对齐情况，好的咬合动作是上排牙齿有少许越过下排牙齿。

2. 将儿童喜欢的食物放在其大牙位置，示范咀嚼的动作，鼓励儿童用大牙咀嚼。将口香糖外包上纱布放在儿童的大臼齿上进行咀嚼，先在一边咀嚼5次，再换另一边进行。将T字牙胶棒放在儿童的下排大臼齿上，连续5次成功地自然咬合。可以不使用任何工具连续10次成功地自然咬合。

三、能模仿唇部动作

1. 模仿唇部动作（噘嘴）

示范做各种动作，让儿童模仿，可结合在课程或日常生活中进行。儿童有困难时，老师可用手辅助其做出动作。例如，①模仿亲一亲、飞吻、吹蜡烛、吹泡泡，进一步可吹羽毛、碎纸屑、小风车、乒乓球，吃饭时吹一吹饭等；②做游戏模仿做唇部动作，开小火车时配上呜呜的声音，一起照镜子做动作等。也可在刷牙时咧嘴发“一”的音。

2. 将压舌板放在儿童的双唇之间，维持25秒，连续做3次。双唇必须维持扁平，下颚骨稳定，不可向前伸出或向两边滑动。在压舌板两端各加一枚1角的硬币，紧合双唇维持25秒，连续做3次。逐渐将硬币加至2、3、4枚。唇部按压练习后模仿发m、b、p的音。

四、能模仿做舌部动作

1. 在口内做左右移动

2. 在口内做前后移动

3. 在口内做上下移动
可把果酱涂在儿童的口腔内上颚、左右两颊，引导儿童用舌头去舔。示范舌头在口腔内左右、上下移动，一起照着镜子，引导儿童模仿做同样动作。

五、能模仿做唇齿动作（上齿咬下唇）

老师和儿童一起在镜子前面，让儿童能同时看到老师和自己的口腔动作变化。老师示范用压舌板压住下唇，向口内伸进几公分，用牙咬住压舌板，将压舌板往外抽直接用上齿咬住下唇。辅助儿童模仿上齿咬下唇的动作，也可以用海苔、山楂片、果酱等粘在下唇，引导儿童用上齿刮取食物，直到不需要辅助物就能够模仿动作。

发声练习

一、韵母

1. ɑ　**发音要求：** ① 张唇，下颚骨高度：低
② 吹气笛层次训练：#7
发音练习： 啊、阿姨

2. o　**发音要求：** ① 张唇，下颚骨高度：中
② 吹气笛层次训练：#7
发音练习： 喔

3. e　**发音要求：** ① 缩拉唇部，下颚骨高度：中
② 吹气笛层次训练：#7
发音练习： 鹅、饿

4. i　**发音要求：** ① 缩拉唇部，下颚骨高度：高
② 吹气笛层次训练：#7
发音练习： 一、衣服、阿姨、可以

5. u　**发音要求：** ① 伸出唇部，下颚骨高度：高
② 吹气笛层次训练：#3、#6、#9、#10、#11、#12
发音练习： 乌龟、跳舞、五、动物

6. ü　**发音要求：** ① 伸出唇部，下颚骨高度：高
② 吹气笛层次训练：#3、#6
发音练习： 鱼、语言、下雨、羽毛、玉米

二、声母

1. b　**发音要求：** ① 合唇至张唇，下颚骨高度：高
② 吹气笛层次训练：#1、#2、#4、#5、#8
发音练习： bɑ—八、嘴巴、下巴、喇叭、拔萝卜、爸爸

bai—白色、摆手、拜年
ban—斑马、班级、一般、白板、一半、办法
bang—帮忙、棒冰
bao—包子、宝宝、吃饱、抱抱、书包、面包、汉堡包
bei—杯子、后背、宝贝、被子
ben—书本
beng—蹦蹦跳跳
bi—鼻子、铅笔、蜡笔、闭起来、墙壁
bian—旁边、变、大小便
biao—标志、手表
bing—冰箱、冰激凌、小兵、饼干、生病
bo—菠萝、玻璃、脖子、簸箕、萝卜
bu—不、不要

2. p　**发音要求：**① 合唇至张唇，下颚骨高度：高
② 吹气笛层次训练：#1、#2、#4、#5、#8

发音练习：pa—爬、害怕
pai—拍手、排队、蛋黄派
pang—旁边、螃蟹
pao—泡泡、跑步、大炮
pei—陪、配对
pen—盆子
peng—朋友
pi—皮球、屁股
pian—照片、雪花片
piao—车票、电影票、漂亮
ping—乒乓球、瓶子、苹果、花瓶
po—外婆、破了
pu—葡萄、瀑布、铺床

3. m　**发音要求：**① 合唇至张唇，下颚骨高度：高
② 吹气笛层次训练：#1、#2、#4、#5、#8

发音练习：ma—妈妈、抹布、麻花、蚂蚁、马、斑马、马桶
mai—买东西、麦当劳
man—馒头、满、慢
mang—帮忙

mao—猫、熊猫、毛毛虫、毛巾、羽毛、帽子
mei—没有、梅花、眉毛、草莓、美、妹妹
men—门
meng—蒙
mi—猫咪、大米、米饭、蜜蜂
mian—棉衣、面条、面包、海绵
ming—名字、明天
mo—摸、蘑菇、墨汁、摩托车
mu—木马、积木

4. f　**发音要求：** ① 下唇内缩，有拉力，下颚骨高度：高
② 吹气笛层次训练：#1、#2、#3、#4、#5、#8

发音练习： fa—发烧、发点心、办法、头发
fan—米饭、吃饭、饭店
fang—方形、房子、放下
fei—飞机
fen—分东西、粉色
feng—蜜蜂、风筝
fu—衣服、扶手

5. d　**发音要求：** ① 舌头后缩，舌尖提升，舌根稳住在后面，下颚骨高度：中
② 吹气笛层次训练：#9、#10、#11、#12
③ 吸管练习

发音练习： da—搭肩、大小、大便
dai—戴帽子、口袋
dan—鸡蛋
dao—剪刀、倒垃圾
deng—灯、等、凳子
di—滴答、弟弟、地上
dian—电话、电灯、电脑、电视机、电风扇、电冰箱
diao—掉
die—碟子、蝴蝶、叠积木
ding—头顶
dong—东西、冬天、动物、动画
dou—豆子
du—肚子

dui—对、排队

dun—蹲下

duo—多、多边形、耳朵、躲猫猫、跺脚

6. t

发音要求：① 舌尖提升，下颚骨高度：中

② 吹气笛层次训练：#9、#10、#11、#12

③ 吸管练习

发音练习：ta—他、塔、踏

tai—太阳、台、抬

tan—弹琴、花坛

tang—汤圆、糖、躺、烫

tao—葡萄、桃子、手套

teng—疼

ti—楼梯、踢球、体能、提裤子、鼻涕、抽屉

tian—天空、甜、舔

tiao—跳、面条、空调

tie—地铁

ting—听、停、餐厅

tong—相同、水桶、马桶、垃圾桶、痛

tou—头、头发、投篮、枕头

tu—涂色、土豆、吐、兔子

tuan—饭团

tui—推

tun—馄饨、海豚

tuo—脱衣服/鞋子、陀螺、椭圆形、摩托车

7. n

发音要求：① 舌尖提升，下颚骨高度：高，鼻腔共鸣

② 吸管练习

发音练习：na—拿、哪里、那里

nai—奶奶、牛奶

nan—南瓜、男生

nao—电脑

neng—能

ni—你

nian—粘、过年

niao—小鸟、尿

nie—捏

niu—牛、扭、纽扣

nü—女生

8. l

发音要求： ① 舌尖提升，下颚骨高度：中

② 吸管练习

发音练习： la—垃圾、拉链、蜡笔、辣椒

lai—过来

lan—蓝色、篮子、篮球、栏杆

lao—老师、姥姥、奶酪

le—可乐

lei—打雷、眼泪

leng—冷

li—梨、里面、理发、日历、荔枝

lian—窗帘、连线、脸、拉链

liang—两、凉快、亮、晾衣服

ling—菱形

liu—六、流水

lou—楼梯

lu—马路

lun—车轮

luo—萝卜、落下

9. g

发音要求： ① 舌头后缩、舌尖下压，舌根向上，下颚骨高度：低

② 吸管练习

发音练习： ga—嘎嘎

gai—盖子

gan—干、干净、感冒、干什么

gang—刚刚

gao—高、牙膏

ge—唱歌、鸽子、胳膊、一个

gong—公园、公交车、一共

gou—狗

gu—骨头、小鼓、故事

gua—西瓜、呱呱、挂衣服/毛巾

guai—乖、奇怪

guan—关门/灯
gui—乌龟、柜子
gun—木棍
guo—苹果、水果、果汁、过来

10. k **发音要求：** ① 舌头后缩、舌尖下压，舌根向上，下颚骨高度：低
② 吸管练习

发音练习： ka—咖啡色、卡车
kai—开门/灯、打开、开心、开水
kan—看
ke—可以、口渴、巧克力、客人
kong—空的、天空、空调、孔雀
kou—口袋、口香糖、扣子
ku—哭、苦瓜、裤子、车库
kua—跨过去
kuai—筷子、快

11. h **发音要求：** ① 舌头后缩、舌尖下压，舌根向上，下颚骨高度：低
② 吸管练习

发音练习： ha—哈哈
hai—男孩/女孩、大海、海苔片、害怕
han—喊、出汗
hao—好、你好、好吃、好看、好孩子、好多鱼
he—呵呵、喝水、河、盒子、鹤
hei—黑色、黑板
hen—很棒
heng—横线、哼
hong—红色、彩虹
hou—猴子、后面、厚的
hu—湖、蝴蝶、狐狸、老虎
hua—花、花生、滑、划船、说话、画画
huai—坏了
huan—还给我、换一换、换衣服
huang—黄色、黄瓜、黄豆
hui—灰色、回来、会、开会
hun—馄饨

huo—火车

12. j　**发音要求：**① 舌头后缩，下颚骨高度：高

② 吸管练习

发音练习：ji—积木、簸箕、茶几、叽叽、小鸡、垃圾（桶）、鸡翅膀、鸡腿、鸡蛋、司机、着急、几个、寄信、四季

jia—家、夹子、假的、衣架

jian—肩膀、中间、尖的、捡起来、剪刀、毽子、火箭、看见

jiang—豆浆、奖励、果酱、降落伞

jiao—浇水、胶水、饺子、脚、搅拌、独角椅、叫、小轿车

jie—台阶、街道、接下来、结冰、节日、解开、姐姐、借用

jin—毛巾、今天、金鱼、紧、进来

jing—亮晶晶、镜子、安静、干净

jiu—九、韭菜、舅舅、救火

ju—橘子、菊花、举手、家具

juan—卷心菜、花卷、手绢

13. q　**发音要求：**① 舌头后缩，下颚骨高度：高

② 吸管练习

发音练习：qi—七、油漆、整齐、旗子、下棋、骑马、奇怪、起来、汽水、汽车、气球

qian—铅笔、前面、钱、哈欠

qiang—手枪、墙、抢

qiao—敲门、小桥、跷跷板

qie—切菜/水果、茄子

qin—亲亲、芹菜、家禽

qing—青菜、轻、晴天、请进、庆祝

qiu—秋天、皮球

qu—出去、曲线

quan—全部

qun—裙子

14. x　**发音要求：**① 舌头后缩，下颚骨高度：高

② 吸管练习

发音练习：xi—东西、西瓜、吸气、席子、喜欢、洗衣服、细的

xia—虾、下面、下楼梯、下车、夏天

xian—先、咸、馅儿、线条
xiang—香、香蕉、想、响、大象、橡皮
xiao—元宵、小、小狗、笑、笑脸、消防车
xie—鞋子、斜线、写字、谢谢、螃蟹
xin—心形、开心、信
xing—星星、大猩猩、形状、醒、高兴、姓名
xiong—狗熊、熊猫
xiu—休息、袖子
xu—T恤、继续
xuan—选
xue—靴子、学校、下雪、流血

15. z　发音要求：① 舌头后缩，下颚骨高度：高
② 吹气笛层次训练：#9、#10、#11、#12
③ 吸管练习
发音练习：zai—再来、再见、在哪里
zang—脏
zao—早上、枣子、洗澡、肥皂
zen—怎么了
zi—吱吱、紫色、鞋子、写字、自行车
zou—走路
zui—嘴巴、最后、最大/小、最棒
zuo—昨天、左右、坐好、座位、作业、做

16. c　发音要求：① 舌头后缩，下颚骨高度：高
② 吹气笛层次训练：#9、#10、#11、#12
③ 吸管练习
发音练习：ca—擦嘴/手/屁股、擦桌子
cai—猜猜、刚才、彩色、蔬菜
can—餐厅、餐具
cang—藏起来
cao—做操、小草、草地
ce—厕所、相册
ci—一次、刺猬
cu—粗、醋
cui—脆

17. s　发音要求： ① 舌头后缩，下颚骨高度：高

② 吹气笛层次训练：#9、#10、#11、#12

③ 吸管练习

发音练习： sai—比赛

san—三、三角形、雨伞

sao—扫帚、扫地

se—颜色

si—四

song—送

su—小小酥、告诉

suan—酸、酸奶

sui—岁

suo—锁、厕所

18. r　发音要求： ① 上下唇伸出，有张力，舌头后缩、舌尖翘上，两边卷起、中间凹下，下颚骨高度：高

② 吹气笛层次训练：#3、#6、#9、#10、#11、#12

③ 吸管练习

发音练习： ran—然后

rang—让一让

re—热

ren—人、认识

reng—扔垃圾

ri—日

rou—肉、揉一揉

19. zh　发音要求： ① 上下唇伸出，有张力，舌头后缩、舌尖翘上，两边卷起、中间凹下，下颚骨高度：高

② 吹气笛层次训练：#3、#6、#9、#10、#11、#12

③ 吸管练习

发音练习： zha—山楂、炸

zhan—站

zhang—长高、手掌

zhao—招呼、招手、着急、拍照、找东西

zhe—这个、这里

zhen—枕头、听诊器

zheng—整齐、正方形
zhi—知道、手指、指一指、直线、植物、纸
zhong—中间、中午、闹钟、终点、种树、重量
zhou—粥、扫帚
zhu—珠子、猪、蜡烛、煮、住、帮助
zhua—抓住
zhuan—转身、转一转
zhuang—装进去、撞、形状
zhuo—捉迷藏、桌子

20. ch **发音要求：** ① 上下唇伸出，有张力，舌头后缩、舌尖翘上，两边卷起、中间凹下，下颚骨高度：高
② 吹气笛层次训练：#3、#6、#9、#10、#11、#12
③ 吸管练习

发音练习： cha—叉子、插花/笔、喝茶、警察
chan—铲子
chang—尝一尝、长的、长颈鹿、唱歌
chao—炒菜、吵闹、超市
che—汽车
cheng—乘车、乘地铁、盛饭
chi—吃饭、牙齿、尺子、翅膀
chong—冲水、毛毛虫
chou—丑、臭
chu—出去、厨房、家畜
chuan—穿衣服、传球、轮船、串铃
chuang—窗户、床
chui—吹气、锤子
chun—春天、嘴唇

21. sh **发音要求：** ① 上下唇伸出，有张力，舌头后缩、舌尖翘上，两边卷起、中间凹下，下颚骨高度：高
② 吹气笛层次训练：#3、#6、#9、#10、#11、#12
③ 吸管练习

发音练习： sha—沙子、鲨鱼
shan—扇子、大山、衬衫、闪电
shang—上面、受伤

shao—烧饭、勺子、少、口哨
she—蛇、舌头
shen—伸手、身体、什么
sheng—声音、生病、生日、生气、升旗
shi—湿的、老师、狮子、十、石头、时间、开始、教室、试一试、是的
shou—手、手机、手表、手套、收起来
shu—书、书包、叔叔、梳子、输、熟、老鼠、数数、薯片、树、竖线、数字
shua—牙刷
shuai—摔跤、甩手
shui—谁、水、睡觉
shuo—说话

22. y **发音要求：** ① 缩拉唇部，下颚骨高度：高
② 吹气笛层次训练：#7
③ 吸管练习

发音练习： ya—呀、鸭子、牙齿、牙刷、牙膏、压岁钱
yan—眼睛、眼镜、颜色、语言、盐、沿线、表演、燕子
yang—羊、太阳、痒、样子
yao—要、腰、摇手/头、咬、药、钥匙
ye—爷爷、树叶、耶
yi—一、衣服、医生、移、椅子、蚂蚁、可以、已经
yin—声音、音乐、因为、饮水机
ying—鹰、樱桃、萤火虫、赢、影子、硬
yong—用、游泳
you—有、游泳、油、邮局、朋友、右边
yu—鱼、下雨、语言、羽毛、玉米、浴缸
yuan—圆形、汤圆、公园、医院、远、电影院
yue—月亮、音乐
yun—云、运动

23. w **发音要求：** ① 伸出唇部，下颚骨高度：高
② 吹气笛层次训练：#3、#6、#9、#10、#11、#12

发音练习： wa—哇、青蛙、娃娃、袜子
wai—外面、外公/婆、外套

wan—完成、玩游戏、碗、晚上

wang—汪汪、王、网、忘记

wei—危险、围巾、味道、位置、卫生、安慰

wen—温度计、文字、闻、蚊子、问

weng—嗡嗡

wo—我、蜗牛、卧室

wu—呜呜、乌龟、五、中午、跳舞、动物

附录

附录四

青聪泉各个年龄阶段自理目标

年龄阶段	进食	穿脱衣服	洗漱	如厕	睡眠
0—3 个月	吞咽液体； 吮吸奶瓶里的液体			婴儿能表达尿湿了或大便后的行为（哭闹）	
3—6 个月	吮吸手； 会抿食			婴儿能表达尿湿了或大便后的行为（哭闹）	
6 个月—1 岁	用鸭嘴杯喝水； 吸管吸食流质； 用手抓食； 可以吃成块的食物（如切片苹果）； 伸出舌头舔食（嘴唇四周）； 吞咽黏糊状食物，如粥、米糊； 用双手持奶瓶进食； 喂食汤勺上的液体	家长帮忙穿脱； 会用脚蹬掉比较松的袜子和鞋子； 感到不舒服的衣服会拉扯		婴儿能表达尿湿了或大便后的行为（哭闹）； 婴儿大便的行为较有规律	
1—2 岁	使用勺子自己进食（可溢出、任意手势握勺）； 使用剪口杯； 简单擦嘴； 咀嚼固体食物； 用手指持食物并放进口里； 用吸管进饮粘稠物质	穿鞋时能够配合家长脚向前伸并整理好； 穿衣裤时能够配合伸进袖口和裤腿； 拉下短裤或内裤，慢慢可脱掉 脱下帽子； 拉脱手套； 揭开魔术贴； 可以脱掉在脚掌部的袜子	用毛巾抹嘴； 用毛巾粗略地擦手； 用毛巾粗略地抹面； 用水洗手	表示已经尿尿或已经大便（慢慢有主动意识）； 如厕前用手势或声音表示需要如厕； 安坐便盆大便； 如厕前自己拉下单裤（有意识）； 对男女如厕部位不同及姿势不同有概念	

续表

年龄阶段	进食	穿脱衣服	洗漱	如厕	睡眠
2—3 岁	使用辅助筷扒食物； 不需要辅助进食（可洒出）； 使用普通水杯喝水； 辅助下自己倒水喝（有手柄小水壶）； 正确使用勺子（3 岁以上应达到拇指向上握勺柄的正确姿势、且注意勺口大小适宜）； 使用叉子叉固体食物（香肠段、水果块等）	推脱鞋子； 拉脱袜子； 脱下长裤（睡裤和直筒宽松的裤子）； 脱外套或无纽扣马甲； 扣合魔术贴带扣； 拉下拉链至尾部； 穿上短裤； 穿上开胸背心； 穿套头的薄衣服时，自己伸展袖子； 辅助可以套上外套（纽扣，拉链需帮忙）； 可以歪歪扭扭穿上袜子； 会自己戴帽子头饰等，背双肩背包和单肩包，拎手提包	取纸巾抹鼻涕； 用牙刷粗略地刷牙（动作基本正确）； 用清水漱口； 接受用吹风机吹干头发； 在协助下会洗脚 在指示下打湿、折叠毛巾； 能在协助下弄干毛巾（捏干、挤干均可，双手、单手均可）； 洗完手擦干	主动说出如厕的需要； 找出坐厕或尿槽的位置； 如厕前自己拉下裤子及内裤（拉下时手任意姿势）； 安坐于儿童厕板上如厕； 站在尿槽前对准尿槽小便（男孩子）； 如厕后自行洗手； 如厕后自己拉上内裤及外裤	
3—4 岁	用牙签取食； 不需要协助倒水喝（任意水壶、会略洒出）； 用筷子夹食物（辅助筷）； 剥鸡蛋壳、橘子皮等； 吃面条（使用叉或筷，会卷起更佳）； 吃大块的排骨和鸡腿、长长的青菜（应咬断而非整根吞咽）、进食硬而韧的固体食物； 喝水吃食分辨处理冷热； 打开按压式杯盖喝水； 用汤勺喝汤而不弄洒； 用筷子扒食物进入口里； 吐出食物内的骨头； 处理纸盒装饮品而不弄洒	穿上袜子（应学会找到袜跟并调整）； 穿上鞋子； 穿上长裤； 穿上外套或衬衫（大纽扣）； 解开鞋带； 解开大纽扣； 扣合大纽扣； 可以穿脱 T 恤（宽松的）； 可以独立穿鞋（一脚蹬的鞋）； 能完全拉开拉链	开、关水龙头； 用洗手液洗手； 用梳子粗略地梳头； 能自行抹泡泡搓手、洗净； 不需辅助简单洗脸； 在指示下会洗身体； 不需辅助自行刷牙（动作到位即可）； 分辨洗澡水的冷热； 会把脱下来的脏衣服放入脏衣篮； 会在地垫上蹭干脚； 会用毛巾擦干脚	分辨男、女厕所的符号； 如厕后按键冲厕；在别人帮忙下擦屁股； 男生开始使用并瞄准尿池（不一定是尿槽）； 有便意时可主动去厕所如厕	

续表

年龄阶段	进　食	穿脱衣服	洗　漱	如　厕	睡眠
4—5 岁	收拾餐具； 嗑瓜子； 使用刀叉； 面包涂果酱； 正确吃虾； 打开旋转式杯盖喝水； 插牛奶吸管（撕开吸管包装袋）； 手拿鸡翅用牙齿横向将肉撕开； 将饮品从任意水壶倒进任意容器而不弄洒； 撕开包装袋吃食物	穿脱 T 恤（分辨前后）； 分辨鞋子的左右； 分辨袜跟的位置； 分辨外套的前后及衣摆位置； 拉合开尾拉链； 会拉住里面衣服的袖子穿外套的袖子，以避免里面衣服的袖子卷起	用毛巾仔细地抹脸； 用挤有牙膏的牙刷仔细地刷牙； 用润唇膏涂唇； 用手涂抹润肤膏； 尝试拭鼻子； 会自己搓身上的泡沫； 拿住花洒冲水； 会洗脸后清洗毛巾（更标准的姿势绞毛巾）	用大拇指插入裤腰的方式拉下裤子不过膝（如厕时的隐私要求）； 安坐于成人坐厕上如厕； 大致能撕下所需的厕纸（卷装）； 小便后自行用厕纸清洁（女孩子）	睡觉不尿床
5—6 岁	撕开酸奶盖； 正确使用饮水机喝水； 打开各种饮品的盖子而不弄洒； 使用筷子	将外套翻回正面； 系鞋带； 穿鞋带； 能够清楚分清季节； 没有大人监督完全自己穿脱衣裤	完成基本洗澡步骤； 站在花洒下冲洗头发； 用毛巾抹干身体； 用梳子将头发梳理整齐； 用指甲剪修剪手指甲（主控手）； 含住水 3 秒以上漱口； 会按照规范步骤刷牙； 独立洗脸（绞干毛巾的动作达到双手标准姿势绞干毛巾）； 会用肥皂或用浴球起泡； 会冲洗难洗的部位	大便后，撕下厕纸折叠好并用厕纸清洁干净屁股（可辅助）； 基本独立如厕全过程	

续表

年龄阶段	进食	穿脱衣服	洗漱	如厕	睡眠
6—7 岁	养成主动喝水习惯步骤； 养成正确用餐习惯； 明白餐桌礼仪； 有简单的安全意识：端热水或是烫的食物会用毛巾隔离，防止烫伤；使用完煤气或是电磁炉会关上； 会使用饮水机：明白热水和冷水的图标，如果太热怎么办，太冷怎么办，会选择水温； 独立自己端饭，自己用餐区域保持整洁：吃完饭收拾自己的区域； 简单整理打扫厨房——自己洗自己的碗筷； 去超市挑选自己喜欢吃的食物——速食食品或是零食； 用简单工具处理不同食物的包装——灵活使用剪刀； 会吃带壳，带骨的食物——大虾，鸡腿，大骨头，鸡翅膀，水果类、也会吐出西瓜籽、樱桃核等（练习过程注意吞咽安全）； 简单辨别蔬果质量：能辨别大面积腐烂的蔬果，明白好坏，不能吃的食物如何处理	自己穿 / 脱已经准备好的衣服； 分类、整理简单衣物（袜子、内衣裤）； 习惯把脏衣服放到洗衣盆或洗衣篮里及进一步处理	独立完成洗脸护肤步骤； 独立完成刷牙步骤； 学会使用吹风机； 学会给自己剪指甲； 能够独立完成简单洗漱（刷牙、洗脸、挤牙膏）； 自己洗澡（自己冲淋）	独立如厕正确习惯； 独立学会自己擦屁股流程； 掌握辨别 5 种以上男女厕所的标志； 有隐私的概念：上厕所要知道关门、脱裤子不低于膝盖； 保护隐私	养成与父母分床睡觉的习惯

附录五

青聪泉各个年龄阶段社交目标

训练目标＼年龄段	2—12个月	1—2岁	2—3岁	3—4岁	4—5岁	5—6岁
接纳亲近	对陌生人开始害怕； 与别人有交往，有微笑； 向成人表达喜悦／不喜悦	喜爱与兄弟姊妹、小朋友结伴		喜欢结交朋友		选择自己的朋友，喜欢与同伴结党
运用物件及身体	对镜中自己的影像微笑及发声； 喜爱游戏，如躲猫猫（藏猫猫）、点虫虫等； 重复逗人发笑的动作	若成人在旁，儿童能独自玩耍； 模仿每天简单的活动，如喂洋娃娃模拟进食、看书、擦地、洗衣	自主地玩耍，也喜欢在同伴旁边自己玩耍； 开始发展幻想式游戏； 喜欢模仿同伴； 能玩简单的团体游戏； 与同伴玩“小家庭”游戏	会以语言及表演娱乐别人； 开始发展合作式游戏； 喜欢协助成人做家务	与同伴进行比赛式游戏	在公众场合能控制自己的行为； 游戏时强调规则及公平； 有较多的觉察力、控制能力及独立能力
引发社交沟通	重复逗人发笑的动作； 与别人有交往，有微笑； 向成人表达喜悦／不喜悦	当需要帮助时会表示求助； 要取得成人的注意	喜欢取悦别人； 故意发脾气	喜欢结交朋友； 喜欢与人分享自己的物件	喜欢炫耀自己，指挥及批评别人	选择自己的朋友，喜欢与同伴结党

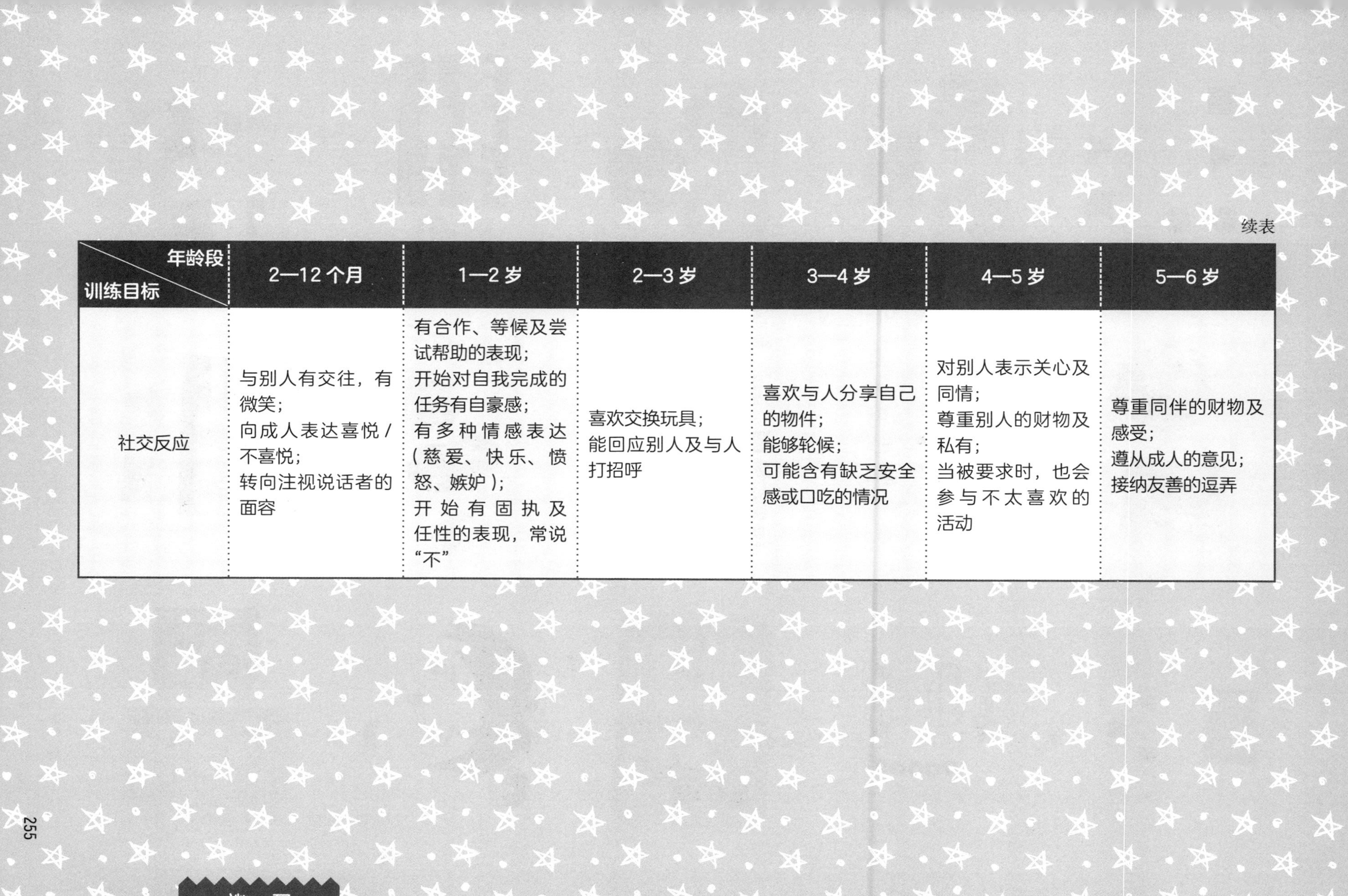

续表

训练目标＼年龄段	2—12个月	1—2岁	2—3岁	3—4岁	4—5岁	5—6岁
社交反应	与别人有交往，有微笑； 向成人表达喜悦/不喜悦； 转向注视说话者的面容	有合作、等候及尝试帮助的表现； 开始对自我完成的任务有自豪感； 有多种情感表达（慈爱、快乐、愤怒、嫉妒）； 开始有固执及任性的表现，常说“不”	喜欢交换玩具； 能回应别人及与人打招呼	喜欢与人分享自己的物件； 能够轮候； 可能含有缺乏安全感或口吃的情况	对别人表示关心及同情； 尊重别人的财物及私有； 当被要求时，也会参与不太喜欢的活动	尊重同伴的财物及感受； 遵从成人的意见； 接纳友善的逗弄

图 1—1　图 1—2　图 1—3

图 1—4　图 1—5　图 1—6

图 1—7　图 1—8　图 1—9

图 1—10　图 1—11　图 1—12

图 1—13　图 1—14　图 1—15

图 1—16

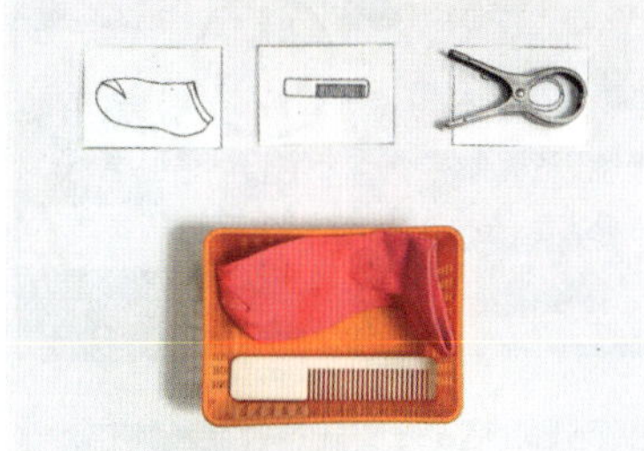

图 1—17

图 1—18

图 1—19

图 1—20

图 1—21

图 1—22

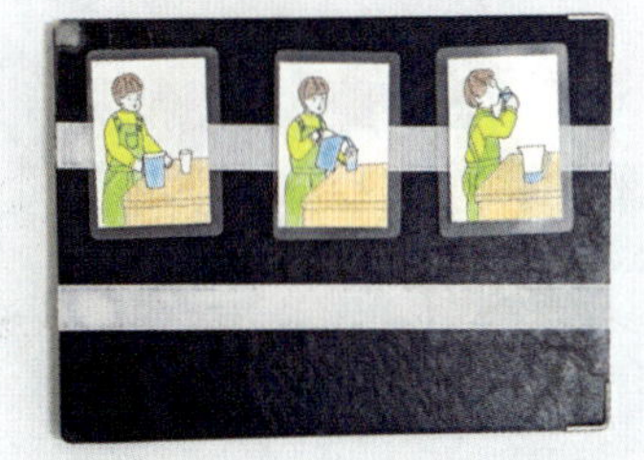

图 1—23

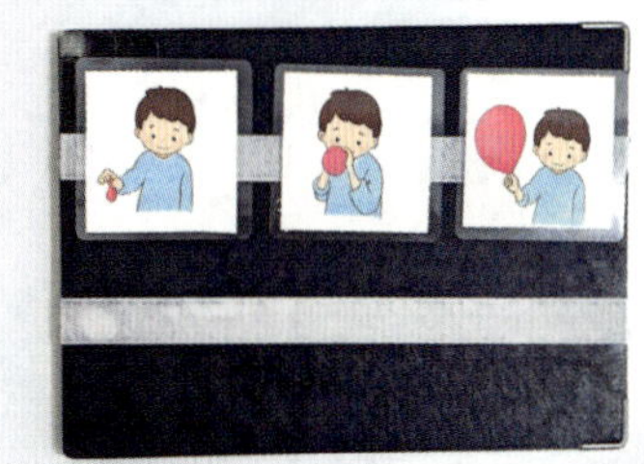

图 1—24

图 1—25

图 1—26

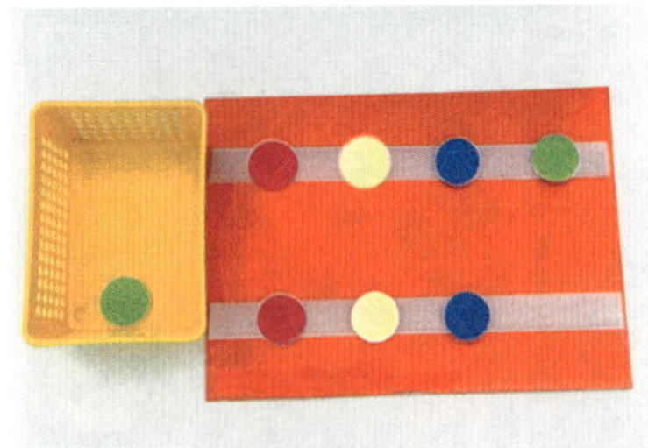

图 1—27

图 1—28

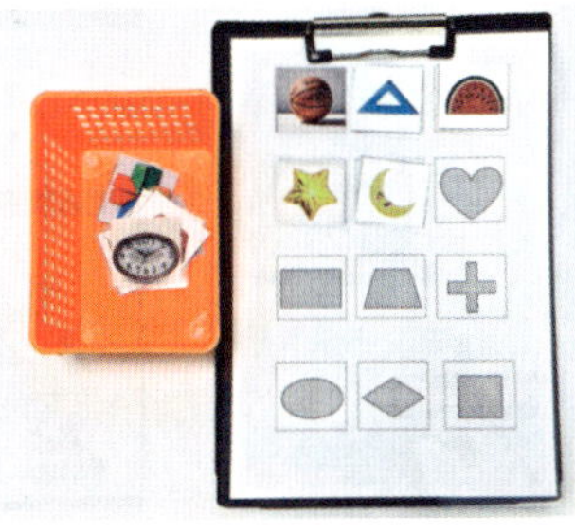

图 1—29

图 1—30

图 1—31

图 1—32

图 1—33

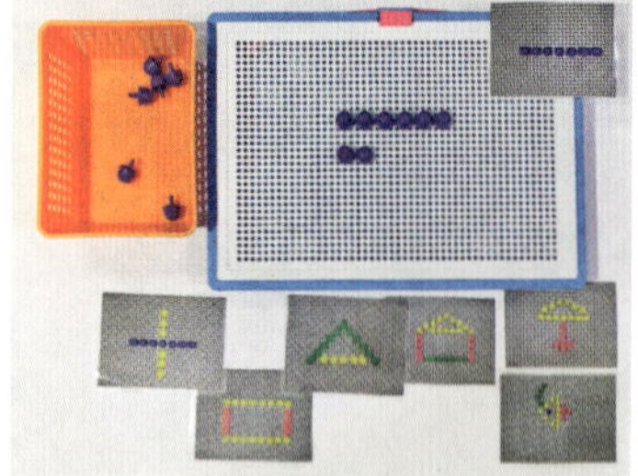

图 1—34

图 1—35

图 1—36

图 1—37

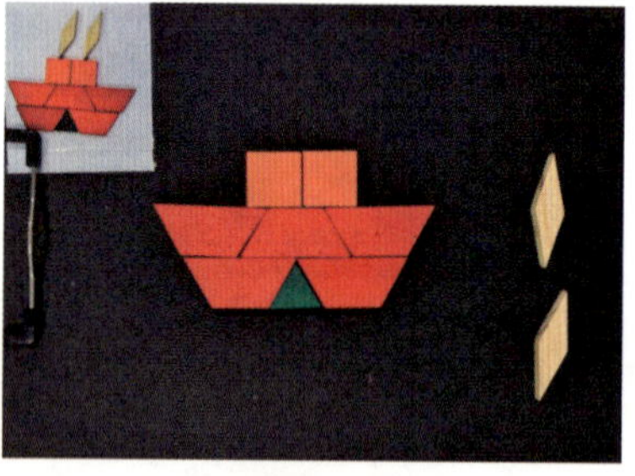

图 1—38

图 1—39

图 1—40（a）

图 1—40（b）

图 1—43（a）

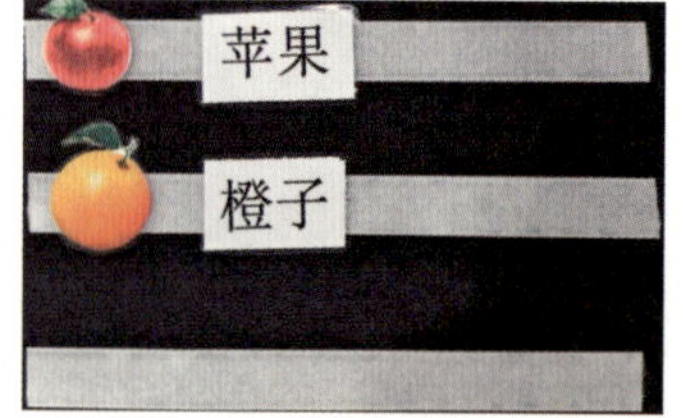

图 1—41

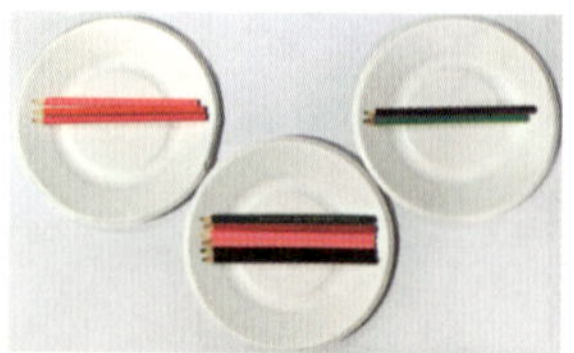

图 1—42

图 1—43（b）

图 4—1

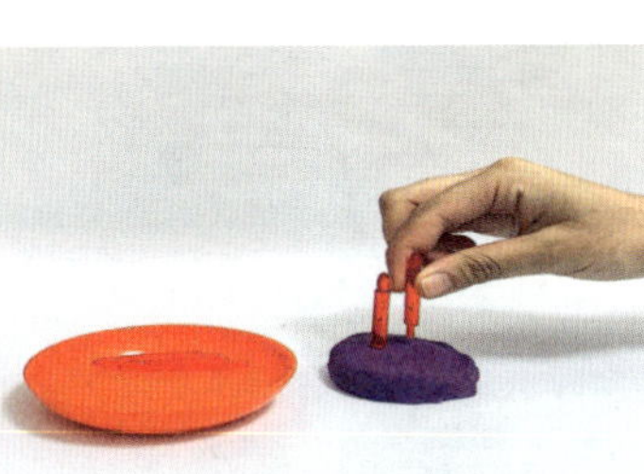

图 4—2（a）

图 4—2（b）

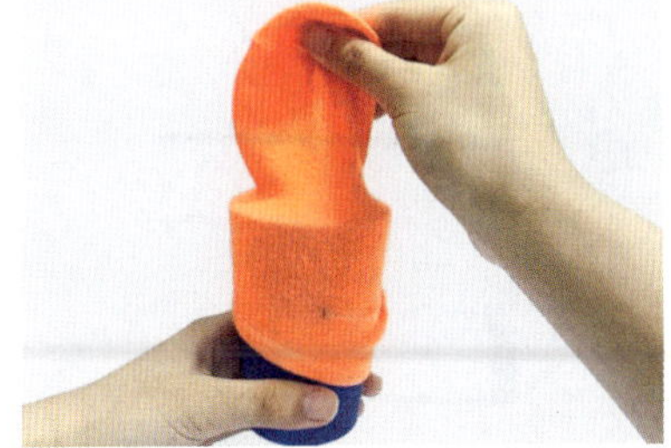

图 4—3

图 4—4

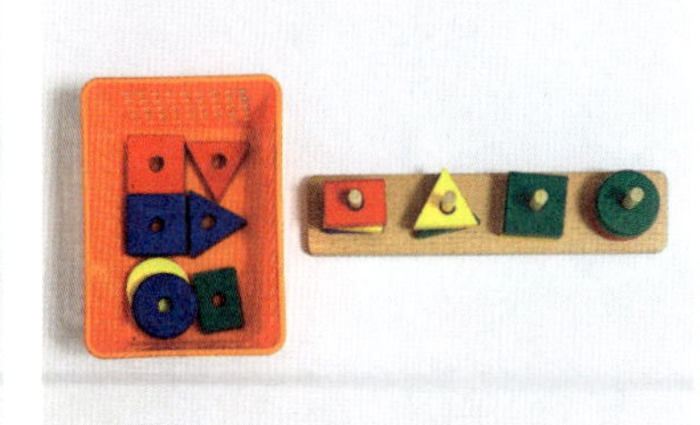

图 4—5

图 4—6

图 4—7

图 4—8

图 4—9

图 4—10

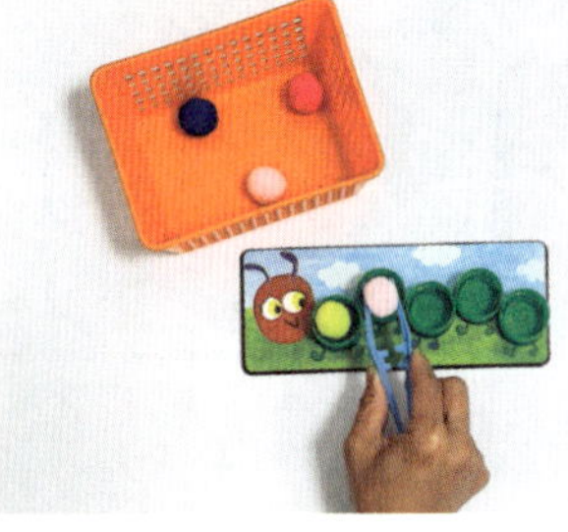

图 4—11

图 4—12

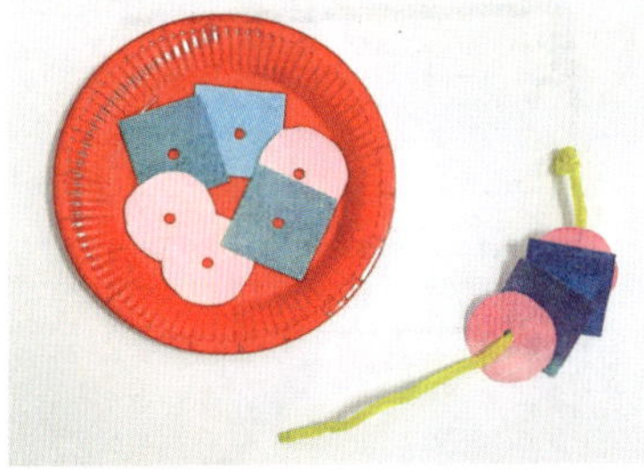

图 4—13

图 4—14

图 4—15

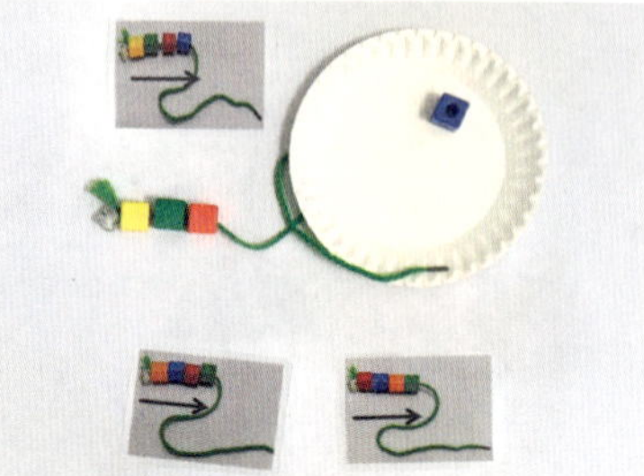
图 4—16

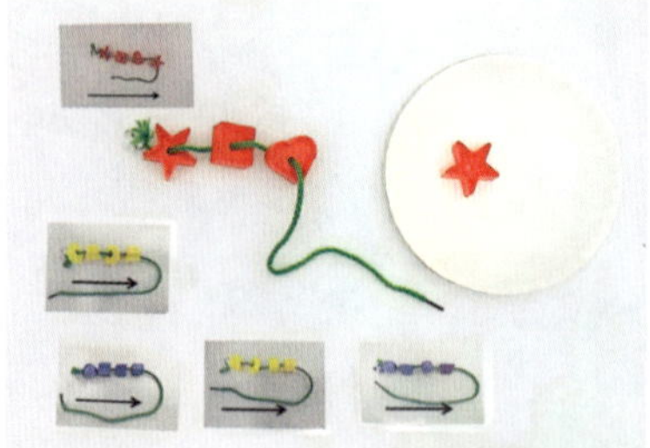
图 4—17

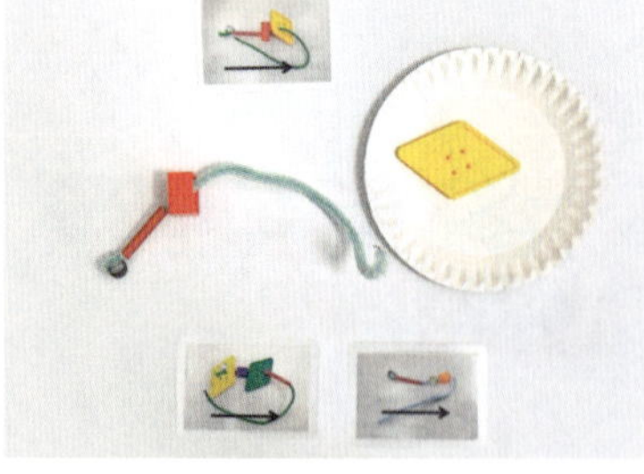
图 4—18

图 4—19

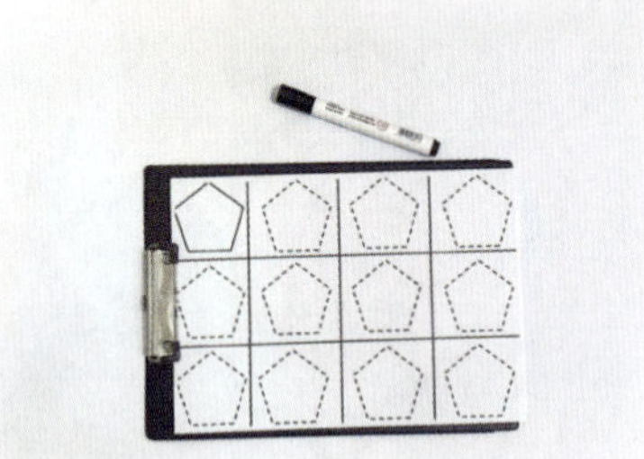
图 4—20

图 4—21

图 4—22

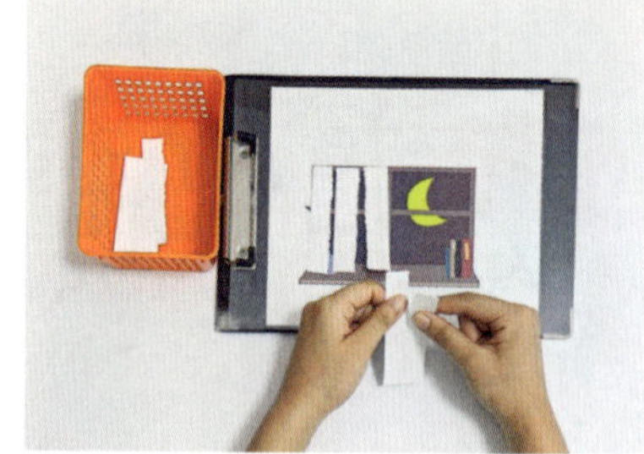
图 4—23

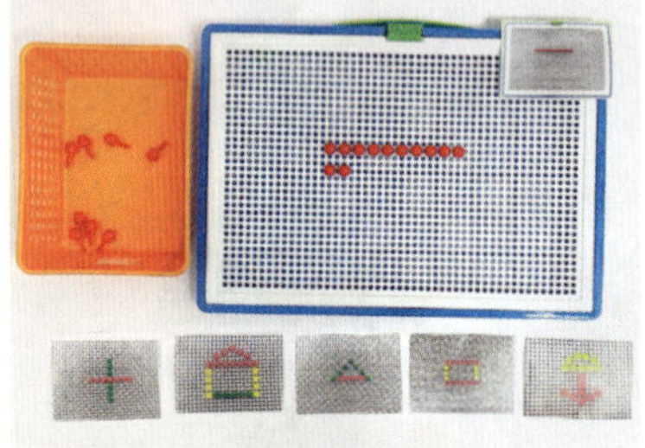
图 4—24

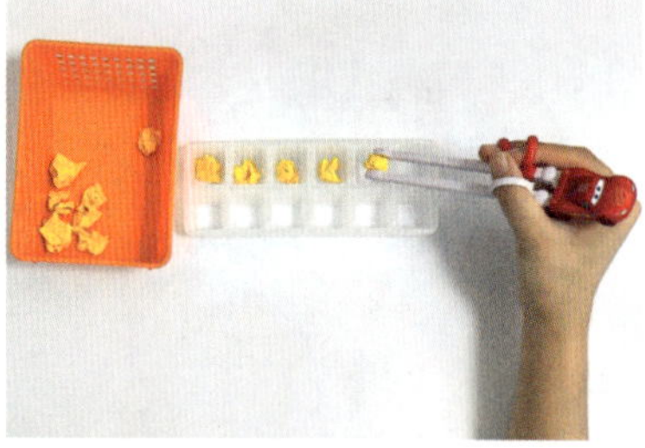
图 4—25

图 4—26

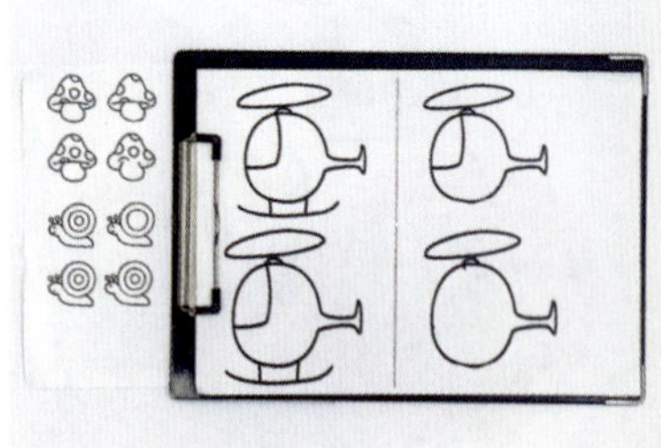
图 4—27

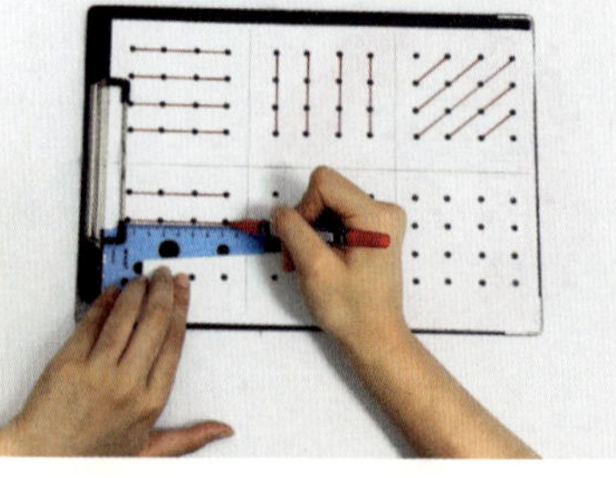
图 4—28

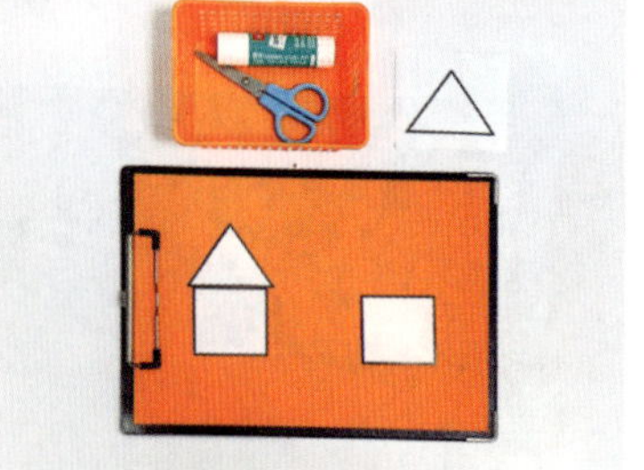
图 4—29

图 4—30

图 4—31

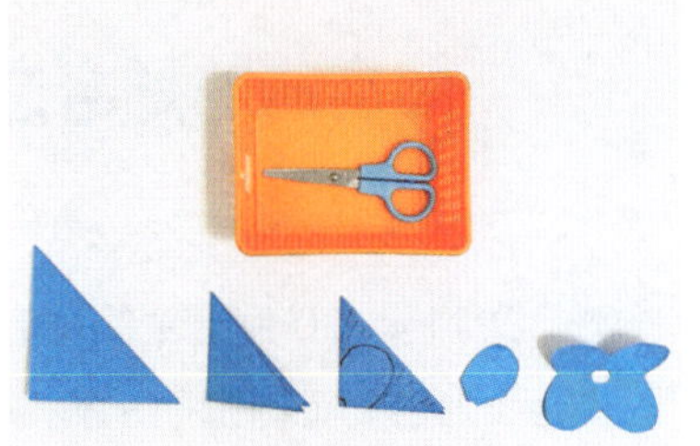
图 4—32

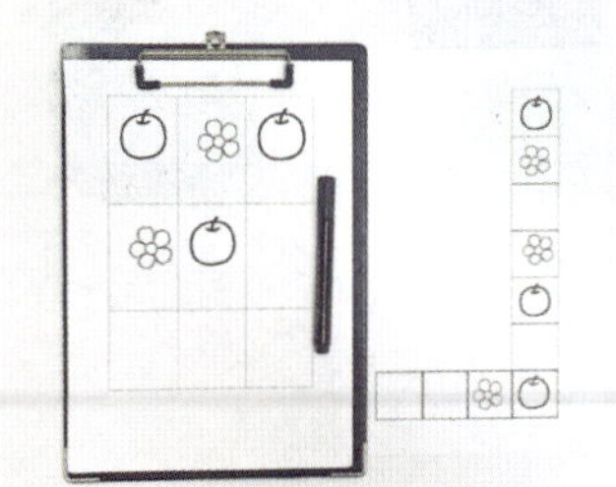
图 4—33

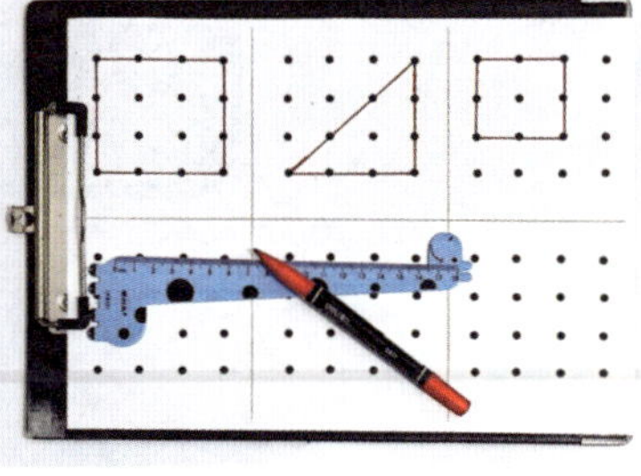
图 4—34

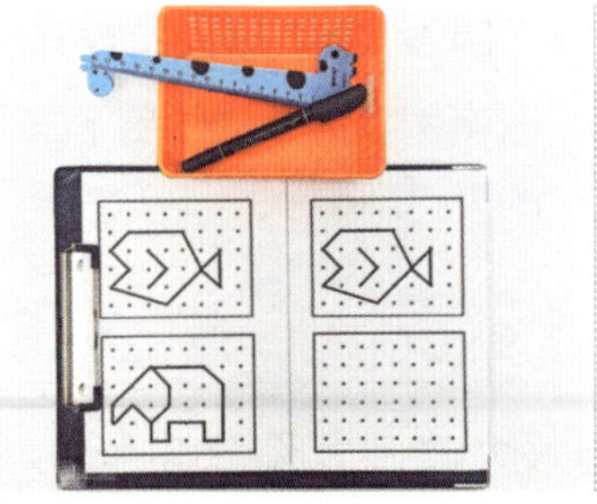
图 4—35

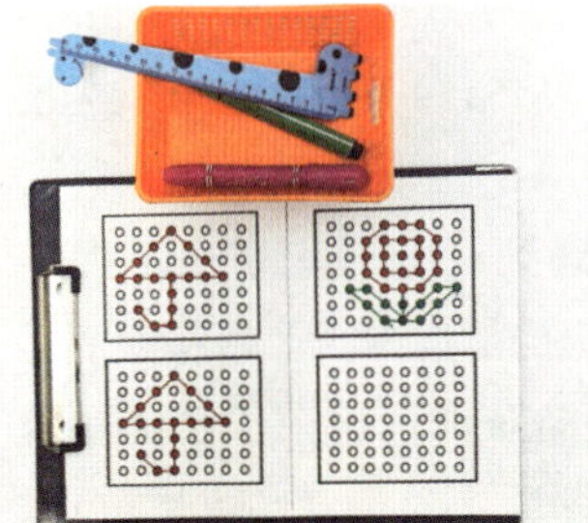
图 4—36

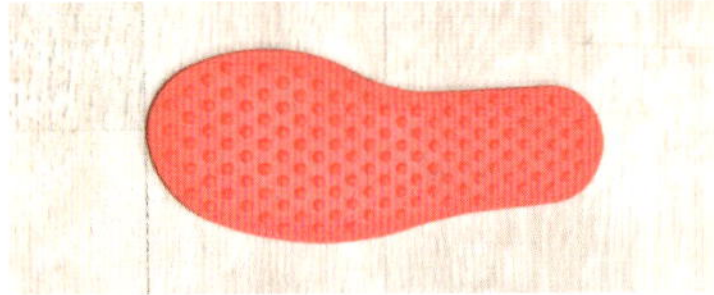
图 5—1（a）

图 5—2

图 5—3

图 5—1（b）

图 5—4

图 5—5

图 5—6

图 5—7

☆启皓的融合之路：从自闭症患儿到阳光少年的蜕变

2011 年 10 月出生的龚启皓，在 3 岁那年被确诊为自闭症。那时的他像被困在玻璃罩中的小星星，不会使用语言，抗拒对视，只能用哭闹表达情绪。2014 年的诊断书让这个家庭陷入阴霾，但母亲没有放弃——2016 年，5 岁的启皓带着满身稚气与不安，走进了上海青聪泉的大门。

2023 年，我第一次登上舞台

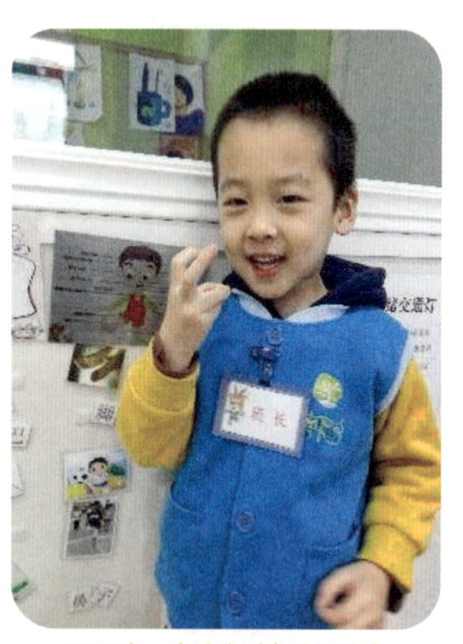

2015 年，我是青聪泉最靓的崽

幼儿部的破茧时刻

在青聪泉幼儿部的两年里，启皓经历了人生第一次系统性干预。应用行为分析疗法（ABA）像一把钥匙，逐渐打开他封闭的世界：从模仿发音到说出“妈妈”，从握不住蜡笔到能画出歪扭的线条，从抗拒集体活动到愿意牵起老师的手。2018 年升入小学预备班时，这个曾经沉默的孩子已能背诵童谣，甚至会在课间主动帮老师收拾教具。但融合教育的挑战，才刚刚开始。

小学劝退危机中的转机

2019 年 9 月，启皓在踏入武宁路实验小学的第一天就爆发严重情绪问题。在陌生环境刺激下，他撕碎课本、冲出教室，班主任的劝退通知让母亲几近崩溃。转机出现在青聪泉陈洁校长带着扩大性沟通（ECTA）介入的那个下午。当启皓用颤抖的手指在沟通板上敲出“害怕同学笑我”时，母亲第一次真正听见了孩子内心的惊涛骇浪。

2019 年，我终于进入了普通小学

ECTA 叩开心门的力量

每周一次的 ECTA 课程成为启皓的救生筏。通过文字沟通板和心理疏导，这个总被误解为“不听话”的孩子终于能表达“数学题做不出时，我觉得自己像坏掉的机器人”“同学说我奇怪时，心脏跳得比地铁还快”。陈老师用“情绪温度计”教他识别焦虑等级，用情景剧模拟社交场景，更在沟通本上写下：“你的特别不是错误，是星星的印记。”

2019 年 10 月，我在小学遇到了很大的困难，改变我人生的人出现了

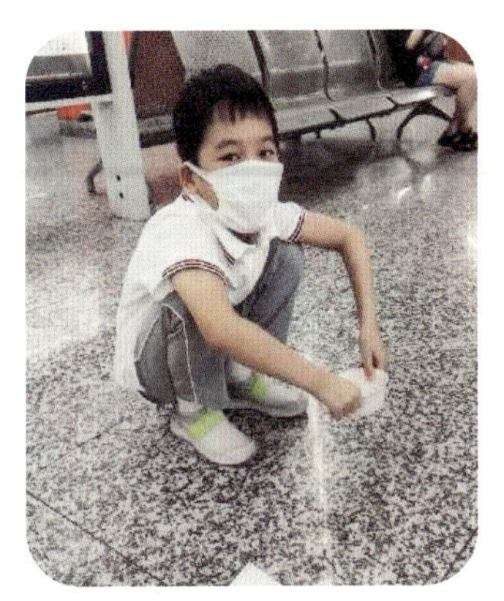

2022 年，我几乎要放弃自己了

从自我否定到绽放光芒

改变在点滴中发生。当启皓在 ECTA 课上写出“我想当地铁司机，但学校要开除我了”时，陈老师没有否定他的恐惧，而是带他参观地铁调度中心，把列车时刻表变成数学教具。三年间，这个曾被预言“无法毕业”的孩子，不仅作业本上的红钩越来越多，更站上了青聪泉圣诞晚会的舞台——朗诵诗歌时清亮的声音，走秀时挺直的脊背，让当年要劝退他的老师都热泪盈眶。

五年淬炼终成蝶

2024 年夏天，13 岁的启皓带着“全科良好”的成绩单从小学毕业。如今的他能平静地说出“紧张时我就数地铁站名”，会在同学摔倒时递上创可贴，更在毕业纪念册上工整写道：“未来我要开着地铁，带陈老师看遍城市星光。”曾经困住他的自闭症牢笼，已在 ECTA 构建的沟通之桥上，化作指引前路的星群。

2024 年，我为星星发声、为自己呐喊

青聪泉和 ECTA 的出现，打开了启皓的心门、改变了他和他的家庭，带去了更多希望！启皓的故事不是奇迹，每个被困在孤独星球的孩子，都值得被听见、被理解、被赋予闪耀的权利。

2023 年，我登台打字、分享

2024 我终于毕业了，我会勇敢地往前冲

☆ 破茧成蝶：苏晨的蜕变之路

2021 年 7 月，参观微软社区活动

2013 年盛夏出生的苏晨，两岁半时被确诊为中重度自闭症。这个曾经让父母心碎的消息，却在十年后演变成一则充满希望的成长故事——从蜷缩在自我世界的“小霸王龙”，到站在聚光灯下分享经历的阳光少年，青聪泉的扩大性沟通（ECTA）教学模式为他打开了新世界的大门。

被困住的童年

三岁半的苏晨初入青聪泉时，测评数据令人揪心：PEP-3 量表显示他的沟通能力仅相当于 1 岁半幼儿，行为特征评估更是低于同龄人 25%。课堂上无法安坐的他会突然尖叫，失控时甚至用头撞墙。语言能力的严重滞后让他像被困在玻璃罩里，明明能感知外界却无法表达，频繁的自我刺激行为让父母几近崩溃。“那时觉得星星的孩子注定永远孤独。”苏晨妈妈回忆道。

2015 年 12 月，幼儿部午餐

叩响心门的 ECTA

2017 年青聪泉引进的扩大性沟通（ECTA），成为改变命运的转折点——用键盘搭建起心与心的桥梁。最初的学习异常艰难——苏晨会愤怒地拍打键盘，治疗师徐老师却始终用温暖的手掌包裹住他颤抖的小手，在无数次“错误—纠正—鼓励”的循环中，奇迹悄然发生。2018 年深秋的某天，当苏晨颤抖着在键盘敲出“妈妈别哭”时，泪水与欢笑同时绽放在训练室里。

2018 年 7 月，幼儿部毕业照

2017 年 3 月，ECTA 沟通课

绽放的生命之光

沟通之门的开启带来连锁反应：2019 年青聪泉幼儿部的毕业典礼上，苏晨用键盘创作的人生第一首诗惊艳全场，“坚信自己是燧石，不怕敲打和曲折”的诗句让无数家长泪目。如今的课程表见证着他的蜕变：每周五的 ECTA 团体沟通课培养社交能力；尤克里里和艺术课释放创造力；体育课与普通孩子同场竞技……2023 年站在千人礼堂演讲时，这个曾经失控的少年已能从容分享：“打字沟通就像给我的思想插上翅膀。”

沟通创造奇迹

青聪泉的学习如同精密织网：ECTA 心理治疗解开情绪死结，应用行为分析塑造生活技能，感觉统合训练改善肢体协调。六年七次 PEP-3 评估数据曲线持续上扬，2025 年的最新评估显示，他的语言理解达到同龄人 85% 水平，社交互动能力更是跨越式提升。更令人惊喜的是，随着心理障碍的解除，苏晨的口语能力自然涌现，现在已能清晰表达“老师，这道题我想再试试”。

2022 年 7 月，家长讲座上台分享打字

星星之火可以燎原

从需要全程陪护到独立完成医院体检，从撕扯书本到创作 3000 字小说，苏晨的蜕变印证着中重度自闭症儿童的无限可能。青聪泉创始人陈洁校长感慨：“每个孩子都是待开发的宝藏，ECTA 不是魔法，而是打开宝箱的钥匙。”如今在初中部的苏晨，正筹备自己的个人画展，他最新创作的画作《破茧》中，斑斓的蝴蝶正冲破灰白蚕茧——这恰是他用十年光阴写就的生命寓言。

2023 年 9 月，开学的证件照

2023 年 12 月，4 月 2 日自闭症日演出

2024 年 10 月，团体沟通课

《喜欢我的学校》

诗作者：艺潼（10 岁）

画作者：家舟（11 岁）

共爱青聪
我们的学校
梦从这里飞翔
从疲惫到快乐
你是无限源泉
你集爱给我鼓励
遇爱会生出可爱之花
我们奋发图强
与爱同行
青聪二十岁
贵留青聪
德护福人
互与鼓励
生日快乐

《青聪泉，我想对你说》

诗作者：侯烨（12 岁）

画作者：思源（12 岁）

昨天我忐忑迷茫
担心自己的未来
害怕妈妈黯淡的眼光
哭让我得到释放
今天我努力行动
我和同学一起加油
老师会鼓励我们
我要证明星孩也能发光
明天我们要成为
青聪泉的翅膀
带着感恩勇往直前
不怕千山万水
纵使困难重重
也不要放弃
直到梦想实现

《我爱你青聪泉》

诗作者：楷毅（11 岁）
画作者：一鸣（15 岁）

我爱你青聪泉　你我永不分割
没有青聪泉　就没有星星的未来
青聪泉爱我们　理解我们
我们已负起对外宣传的责任
爱青聪泉去开启星星的新篇章
努力打字呼吁大家对我们的支持理解
爱陈老师　爱青聪泉　我爱老师们
青聪泉给我们新生命
我们给我们的青聪泉星星撩火的爱
共同奔赴美好的星星乐园

《青聪泉，我想对你说》

诗作者：诺一（6 岁）
画作者：苏晨（12 岁）

我爱你　青聪泉
给我避风港湾
我爱你　青聪泉
给我力量源泉
我曾害怕深渊
我曾无助未来
遇到你　遇到爱
我看到了属于我们的星光
是我们的所有
是我们的希望
是我们的梦想
我爱你　青聪泉

《我爱我的学校》

诗作者：云麒（12 岁）

画作者：恬甜（12 岁）

贫困的我们管青聪泉叫乐园
我们爱开心地学习
爱开心地运动
我爱青聪泉
爱给我安心
我爱春天的校园
广汇鲜花
我爱秋天的校园
处处落叶
我爱冬天的校园
温暖的教室
我爱夏天的校园
阳光如火

《青聪泉，我想对你说》

诗作者：右宁（12 岁）

画作者：嘉麒（9 岁）

这是一所让我快乐的学校
爱的力量满满
让我有美好的回忆
爱的气息弥漫在整个校园
是星星族的宝藏乐园
二十年走很多路
跨过很多坎
过往很多努力
给星系族群带来曙光希望
造福了来自另一个地球的你和我
祝福青聪泉蒸蒸日上
走遍全世界
桃李满天下

《活出精彩》（节选）

诗作者：砚臻（9 岁）
画作者：天霖（15 岁）

我爱着你们，独一无二
一爱就爱了好多年

在这里，因为有你们
我得到积极和信心
努力和回报
我得到滋养和反哺
爱人和被爱

对老师我想唱《月亮代表我的心》
或让我明白爱的话可以唱出来
对父母我想唱《回报你们》
家是永远是港湾
对自己我想唱《我的未来不是梦》
会把握可以爱的人
会把握可以做的事
对学校我想唱《生日快乐》
我为你祝福
祝福你昌盛繁荣

《青聪泉，我想对你说》

诗作者：佳雯（9 岁）
画作者：晟祾（9 岁）

青聪泉
我爱的学校
给我温暖和希望
青聪泉
我爱的乐园
给我欢声和笑语
我爱青聪泉
是你让我们跨过了黑暗
看见曙光
是你让我们看见生命泉
重拾信心
我现在还小
不能像大哥哥大姐姐那样出彩
但青聪精神铭记于心
等我长大定要竭力发光发亮
感恩学校
感恩老师
一起向未来

《被爱会成长》

诗 / 画作者：慢之（12 岁）

在爱的世界里有什么
我知道
有极不懒惰
有努力更上一层楼
有奇迹的实现
有理解黑暗的可怕
爱的光仔细照着我

青聪泉就是爱的世界
有爱的世界
在这里我懂得了好多道理
老师教导我对错
最重要的是
我跟老师学到了
付出比拥有更特别
爱就要大家都很高兴才好
有爱就有未来的美好生活

《爱》

诗 / 画作者：智博（10 岁）

爱你红旗飘飘的样子
爱你草地一样的绿绿操场
爱你宽敞明亮的教室
更爱那朗朗的读书声
这是我的学校
是我们星星孩子的家园

青聪泉我从小长大的地方
这里有我珍贵的回忆
有爱我的老师和同窗
有我流下的汗水与泪水
更有我对未来的希望
是谁给了我们这么好的校园
谁为我们四处奔走筹钱
是我们最最亲爱的陈老师
为给星星孩子一个美好的明天

主要参考书目

1.《儿童发展手册》，香港协康会 1998 年版。

2.《自闭症儿童训练指南》，香港协康会 1997 年版。

3. 邹兆芳：《幼儿数学新编》，上海三联书店 2005 年第二版。

4. 陈淑云：《情景自然口语法》，华东师范大学出版社 2004 年版。

5. 徐朝霞：《蒙特梭利家庭教育实用方案》，中国宇航出版社 2005 年版。

6.《小嘴巴学堂》，香港协康会 2009 年版。

7. 莎拉罗森菲德-庄臣：《口部肌肉练习家居训练册》，王春燕译，香港思进言语治疗中心 2008 年版。

8. 甄岳来：《孤独症儿童社会性教育指南》，中国妇女出版社 2008 年版。

9. 上海青聪泉儿童智能训练中心：《自闭症儿童教育指导手册——青聪泉的实践》，上海人民出版社 2014 年版。

后记

近期听闻《自闭症儿童教育指导手册——青聪泉的实践》一书（以下简称“教案书”）的改版工作在上海青聪泉师生的全力努力下完成了。这本书的改版，不止是凝聚着青聪特教人 20 年的实践经验和智慧结晶，也深刻反映出在以 ECTA（Expanding Communication Therapy For People With ASD，扩大性沟通）为基础教学理念引领下的今时今日的特教领域，自闭症干预的理论体系和实践过程发生着翻天覆地的变化。还记得初认识陈洁校长和校长主持的青聪泉是 2013 年的事，那是她们第一次来台湾参访学习 ECTA。在后来的接触中，我了解到青聪泉在陈校长的努力下，一直积极地向外寻求督导及资源，努力学习行为治疗、结构化教学等，陪伴及教育着一群星星的孩子。自从陈校长团队开始接受宇宁诊所许美云老师（此模式之主要创办人）定期的督导，我们团队为患有自闭症的儿童研发的适合他们的 ETCA 治疗，成为青聪泉的主要治疗模式之一。ECTA 不受口语能力的限制，以不同的非口语方式帮助孩子建立沟通管道，借助有效的沟通，孩子可以清楚表达自己的想法，更进一步协助孩子们认知及在心理层面成长，稳定行为及情绪。在陈校长和老师们的努力下，青聪泉成为一个让星儿成长、学习，让家长安心的成功的治疗机构。

随着近年来对自闭症儿童 ECTA 教学实践地深入，我们对自闭症儿童的认识正在快速更新，不同于社会上普遍认为的“70% 自闭症人士的智力有损伤”的定论，通过 ECTA，一个个“听得懂，有情感，能输出，学得会，有未来”的自闭症儿童就在青聪泉校园里鲜活地生活着。而这才是真实的他们，智力和情感与生俱来，只是受限于“沟通和输出方式”的缺陷。在这一重新认识之下的自闭症特教领域，急切需要一本融合 ECTA 和 ABA 的教案书，让正确认识下的自闭症教学真正做到“以人为本”。

借助 ECTA 的治疗模式，我们可以与孩子们建立清楚的沟通管道，稳定孩子们的情绪，以全人的介入，让孩子们能稳定地学习，更能提升个人认知及各方面的生活技巧。青聪泉老师团队编制这本教育指导手册，在怎么学（教授星星孩子们的方法和技巧）、如何用（引导星星孩子们的实践和方向）、为什么要孩子们学（看待星星孩子们的视角和观念）等方面有深入探讨，也期待这本操作性更强、实用性更强，和社会生活以及日常教授紧密联系的书籍，能造福更多的自闭症家庭，为新时代特殊儿童的生存和发展提供更多的教学参考。

这本教案书也尽可能地运用合理的结构框架（各能力范畴按年龄段和项目难度设置成阶梯式提升的系统性框架），也非常方便自闭症儿童对照自己各范畴的实际发展年龄按书索骥，各取所需。并且作为在这个行业从业多年，深入接触自闭症家庭和家长的从业人士，我也清楚地知道，如何让自闭症儿童泛化能力、如何提高把个别化训练能力运用到生活中的灵敏度和意识，始终是家长和孩子们的短板。各项能力既需要高频密集练习，但又不能脱离生活刻意练习，为练习而练习。所以，本书提供每个项目在“小组课”和“家庭泛化”中的练习思路，虽不可能尽善尽美，面面俱到，但也是抛砖引玉，启发思路，体现了自闭症教学“生活化整体教学”的特点，以期给家长们和同行们在各种合适环境和场合下能力练习泛化的启发。

迄今为止，自闭症干预仍然是一个世界性的治疗难题。非常庆幸在这个行业里，有青聪泉这样一支优秀的队伍，20 多年来陪伴在自闭症家长们和孩子们身边，是他们的存在和陪伴，才让星星的孩子前景光明，曙光初现！

台湾宇宁身心诊所院长、原长庚医院儿童心智科主治医师

吴佑佑医师

2025 年 6 月

图书在版编目(CIP)数据

自闭症儿童教育指导手册 / 上海青聪泉儿童智能训练中心编著. -- 2版. -- 上海 : 上海人民出版社, 2025. -- ISBN 978-7-208-19437-3

Ⅰ. G766

中国国家版本馆 CIP 数据核字第 2025DF4270 号

责任编辑 赵 伟 罗泱慈
封面设计 DarkSlayer

自闭症儿童教育指导手册(第二版)
上海青聪泉儿童智能训练中心 编著

出 版 上海人民出版社
(201101 上海市闵行区号景路 159 弄 C 座)
发 行 上海人民出版社发行中心
印 刷 苏州工业园区美柯乐制版印务有限责任公司
开 本 787×1092 1/16
印 张 17.75
插 页 2
字 数 289,000
版 次 2025 年 6 月第 2 版
印 次 2025 年 6 月第 1 次印刷
ISBN 978-7-208-19437-3/G·2216
定 价 88.00 元